Gottwald / Hibbeln / Lauffer
Alte Gesellschaft — Neue Medien

Schriftenreihe der
Gesellschaft für Medienpädagogik
und Kommunikationskultur
in der Bundesrepublik e.V.

Band 5

Eckart Gottwald/Regina Hibbeln/
Jürgen Lauffer (Hrsg.)

Alte Gesellschaft — Neue Medien

Leske + Budrich, Opladen 1989

Dieser Band geht auf eine Fachtagung zurück, die mit Unterstützung des Bundesministeriums für Jugend, Familie, Frauen und Gesundheit im Herbst 1987 durchgeführt wurde.

CIP-Titelaufnahme der Deutschen Bibliothek

Alte Gesellschaft — neue Medien /Eckart Gottwald ... (Hrsg.).
— Opladen: Leske u. Budrich, 1989
(Schriftenreihe der Gesellschaft für Medienpädagogik und
Kommunikationskultur in der Bundesrepublik e.V.; Bd. 5)

ISBN: 2-8100-0822-2

NE: Gottwald, Eckart [Hrsg.]; Gesellschaft für Medienpädagogik und
Kommunikationskultur in der Bundesrepublik: Schriftenreihe der Gesellschaft ...

Satz: Leske + Budrich
Druck und Verarbeitung: Druckpartner Rübelmann, Hemsbach
Printed in Germany

Inhalt

Dieter Baacke

Alte Gesellschaft — Neue Medien

Eine Skizze zur Einführung

Soll ein solcher Titel wie der dieses Buches mehr als eine Spielerei mit Worten sein, muß er wenigstens ein Stück weit entfaltet werden. Abgesehen von der prinzipiellen Eindeutigkeit des Gegensatzes ‚alt' und ‚neu' — dieser bestimmt sich, abstrakt gesehen, durch sich selbst — muß doch der Zeitrahmen, sollten die Phänomene angegeben werden, auf die sich die Kontra-Position bezieht. Der Titel dieses Buches meint mehr als einen Gag — er soll auf ein (wie mir scheint, bisher ungelöstes) Problem hinweisen.

1.

Beginnen wir mit den *neuen Medien* und sehen wir davon ab, daß es sich um eine umstrittene Begriffsfügung handelt. Der Einwand lautet ja: Was unter ‚Neue Medien' erfaßt werden solle, sei so ‚neu' gar nicht, da es sich nur um die konsequente Weiterentwicklung und Differenzierung längst vorhandener technischer Strukturen handele; im übrigen gehe es keineswegs nur um ‚Medien', sondern um umfassendere Produktions-, Disseminations- und Rezeptions-Systeme; geläufigerweise faßt man diese unter ‚Informations- und Kommunikations-Techniken' zusammen.

Auch wenn wir davon absehen, welche Entwicklungs*dauer* die ‚neuen' elektronischen Techniken bereits voraussetzen: deutlich wird doch, daß die *Wirkung* der neuen technischen Strukturen sich erst allmählich entfaltet und nunmehr ins Bewußtsein auch einer weiteren Öffentlichkeit rückt. Worin also besteht die ‚Neuheit' der ‚Neuen Medien':

1.1 Sie kann gesehen werden zunächst einfach als technischer Fortschritt auf verschiedenen Gebieten. Im Mittelpunkt solcher Betrachtung stehen vor allem die neuerdings erschlossenen Übertragungskanäle: Neben die terrestrischen Frequenzen treten das Kabel und Satelliten. Es handelt sich um zusätzliche technische Übermittlungssysteme, die zwar zu einer Vermehrung von Radio- und Fernsehprogrammen beitragen, aber als neue Trägersysteme zunächst nur eine quantitative Vermehrung von Informationsübertragungen ermöglichen. Der Endverbraucher oder Nutzer erhält gleichsam nur die Resultate: mehr Programme in (so wird wenigstens versprochen) verbesserter Empfangsqualität. —

Anders ist es schon mit Video- und Bildschirmtextsystemen sowie der nunmehr auch für private Haushalte verfügbaren Computer-Technik (Home-Computer und Personal-Computer). Diese machen nicht nur von Programm-Emissionen unabhängig, sondern versetzen uns auch in die Lage, jederzeit Informationen abzurufen oder selbst Informationen weiterzugeben bzw. für unsere Zwecke zu verarbeiten (Computer-Programme, Soft-Ware). Wesentlich ist also, daß diese technischen ‚Dienste' *interaktiv* angelegt sind, also den Nutzer in die Gestaltung von Informationen und Lösungen einbeziehen, und daß sie nicht nur für Büro-Kommunikation und öffentliche Dienste, sondern auch *privat* verfügbar sind. Im diesem Sinne sieht Turkle in ihrem Buch „Die Wunschmaschine" das Jahr 1975 als ein Jahr der Zeitwende an. Bis zu diesem Zeitpunkt wurden nämlich in den USA IBM-Lochkarten in zentrale Maschinen eingegeben, die es nur an wenigen Orten gab. Sie wurden ausschließlich von Experten bedient. Seit dem Jahr 1975 nun gibt es die sogenannten Personal-Computer und Home-Computer, die auch von Nicht-Technikern bedient werden können und über die Nutzung in privaten Haushalten in den gesellschaftlichen Alltag eindringen. Die Computer sind damit aus der bis dahin professionell eingegrenzten Nutzung in die Dynamik der Lebenswelt-Konstitution von Menschen freigegeben. Aber genügt es, durchaus bemerkenswerte technische Neuheiten nur in diesem Sinn zu betrachten?

1.2 Wesentlicher ist, daß die neuen Techniken in einer umfassenden Netzwerk-Struktur, einer informationellen Superstruktur, zusammengeschaltet werden. Die Deutsche Bundespost hat mit dieser Entwicklung begonnen. Angestrebt wird ein „Dienstintegrierendes digitales Fernmeldenetz" (ISDN), ein „Integriertes Breitband- und Breitbandvermittlungsnetz" sowie die Einbeziehung von Fernseh- und Fernmeldesatelliten auf der Basis der *Tele-Kommunikationsnetze;* gleichzeitig werden neue *Tele-Kommunikationsformen* entwickelt vom digitalen Fernsprecher, Bildschirmtext, Kabeltext bis zur Videokonferenz, zum Bildfernsprechen, zum Bewegtbildabruf und erweiterten Fernsehangeboten (Kabelfernsehen und Zweiwegkabelfernsehen). Die letzte Stufe der Entwicklung stellte ein Universalnetz auf Glasfaserbasis dar. Kupfernetze, wie sie derzeit in der Bundesrepublik vorhanden sind, ermöglichen, daß alle Fernsehprogramme gleichzeitig von einer Kopfstation ins Netz eingespeist werden und von den einzelnen Haushalten abgerufen werden können. Glasfasernetze hingegen erlauben den Abruf jedes Fernsehprogramms als computergesteuerte Vermittlung; deshalb ist jeder Haushalt dann auch direkt über eine eigene Leitung mit der Computer-Zentrale verbunden. Aber hierin erschöpft sich nicht das ‚Neue' der ‚Neuen Medien':

1.3 Wesentlich sind für den Nutzer, ja die gesamte Gesellschaft, nicht nur die *technischen* Konsequenzen der neuen Entwicklungen, sondern auch die Folgen, die bei der Programm-Nutzung in der Freizeit, im sonstigen Alltagsleben sowie in der Berufswelt möglicherweise zu gegenwärtigen sind. Es kann nämlich angenommen werden, daß die neuen Techniken, als Einzelgeräte wie in ihrer vernetzten Form, tief eindringen in die Gestaltung menschlicher Beziehungen auf den Ebenen des öffentlichen, beruflichen und privaten Lebens. Es finden Veränderungen statt, deren Qualität freilich überaus strittig ist, eben weil sie *neu* sind bzw. in ihren langfristigen Folgen derzeit schwer kalkulierbar. Der Bereich der hier in

Frage stehenden technischen Entwicklungen wird auf der einen Seite als Beitrag zur weiteren *Modernisierung* der Gesellschaft betrachtet, als Weg in ein neues Jahrtausend mit neuen Informationschancen. Die neuen Apparaturen und Netze können beitragen zu einer ökonomisch zweckmäßigen und lebenspraktisch hilfreichen Rationalisierung, die das Alltagsleben erfaßt. Von der Informationssammlung über die Zeitplanung bis zur Steuerung von Abläufen in privaten Haushalten (Heizungssystem, Sicherheitskontrollen etc.) wird zusätzlicher Komfort angeliefert. Alltagszeit wird von Routinetätigkeiten freigesetzt; sie wird nutzbar für soziale Kontakte mit anderen Menschen, für die Beschäftigung mit Kunst, Kultur und Bildung. Die interaktiven Dienste stellen reichhaltige Materialien für Lernen, Hobby und Freizeit zur Verfügung, befördern die Autonomie der Haushalte und der Konsumenten; die Verlagerung der Mobilität in die Informationsübertragung entlastet von langen Anfahrtswegen, ermöglicht Heimarbeit und öffnet damit den Zugang zu weitaus flexiblerer Lebensgestaltung als bisher (z.B. Haefner 1987; 1985). — Es gibt aber auch eine vorweggenommene *negative Bilanzierung*. Diese geht davon aus, daß die vermehrten Programmangebote zunehmend Leben und Wirklichkeit aus zweiter Hand anbieten; es wird befürchtet eine Formalisierung, Standardisierung und nicht nach humanen Interessen gesteuerte Effektivierung des gesamten Lebens; die vernetzten Daten erlauben eine ihrerseits kaum noch überwachbare Kontrolle der Arbeit, abgesehen von gesundheitlichen Risiken bei der Tätigkeit an Bildschirmen etc.

Die Utopie einer befreiten Informationsgesellschaft und die Apokalypse eines systemfunktionalisierten Überwachungsstaats stehen einander unversöhnlich gegenüber. Verzichten wir einmal auf die *Bewertung* der Folgen technischer Innovationen, so bleibt auf jeden Fall schon jetzt festzuhalten, daß das Alltagsleben der Menschen sich verändert. Dies soll im folgenden Abschnitt absichtlich nicht an der Informations-Mobilität illustriert werden, sondern an der Weiterentwicklung des Verkehrssystems, in dem ja der Mensch sich selbst noch bewegt.

2.

Der Journalist Jens Jessen berichtet über eine Reise als Passagier in der Concorde, jenem in Frankreich konstruierten Überschallflugzeug, das für den Flugverkehr freigegeben ist. Obwohl der Reisende sich mitten im technischen System befindet, erlebt er die neue Technik doch als Abstraktion. Ihre Leistung kommt in keiner Weise mehr zur Anschauung, allenfalls in *einem* Resultat: der verkürzten Reisezeit. Jessen berichtet: „Die Concorde ist das Mirakel einer Technik, die nicht mehr erlebbar ist. Den Knall beim Eintritt in die Überschallgeschwindigkeit hört man im Innern des Flugzeugs nicht. Auch das Äußere läßt die Eigenschaft nicht zur Anschauung kommen, durch die sich die Maschine definiert. Schon das gewohnte Düsentriebwerk hat nicht mehr das Sinnfällige eines Propellers; noch viel weniger offenbaren sich unterschiedliche Schubkräfte dem Auge. Am Boden betrachtet, sieht die Concorde schmal und zerbrechlich aus, ein dünnes kleines Flugzeug mit spitzer Nase … An ihrem physiognomischen Ausdruck ist die Concorde nicht zu fassen ... Es fliegt sich in der Concorde nicht wie in einer Concorde, man erkennt die Concorde eigentlich nur an dem Preis, den man für die Passage zahlt, und an einigen unauffälligen Indizien. Man muß sich etwas bücken beim Einsteigen, man kann sich mit dem Nachbarn nur schreiend unterhalten, man hat weniger Platz für die Beine als üblich ... Komfortabel oder gar luxuriös ist dieses Flugzeug nicht. Die Concorde fliegt sehr ruhig, sehr laut und sehr schnell. Das ist alles. Der Moment, in dem die quantitative Steigerung in eine qualitative umschlägt, stellt sich nur beim Flug in westliche Richtung und schockartig erst nach der Landung ein. Um ein Uhr sind wir in London gestartet, um halbeins kommen wir in Washington an. Die doppelte Schallgeschwindigkeit hat die Zeitdifferenz wie im Spiel unterlaufen. Die abstrakten Zahlenketten an der Kabinenwand haben gewissermaßen ihre arithmetische Pointe auf der Armbanduhr gefunden, mit der sie zu guter Letzt noch in den Alltag münden."

Hinzu kommt: die Technik ist nicht in allen Lebensbereichen gleich weit. Vielmehr ist sie unterschiedlich entwickelt und organisiert und schafft damit arhythmische, nicht aufeinander bezogene Erlebniseinheiten. Nach dem Concorde-Flug spricht Jessen von einer gewissen Ungeduld und einem „gelinden Wirklichkeitsverlust". Denn die halbe Stunde Lebenszeit, die er durch den Überschallflug gewann, wird nach der Ankunft im Flughafen wieder verspielt: „Jetzt steht er in der Schlange und sieht die Minuten, die selbst in Gold kaum aufzuwiegen sind, verrinnen wie zufällig plazierte Chips auf dem Roulettetisch. Sein Gepäck bekommt auch der Concorde-Passagier nicht schneller, und die amerikanischen Paßbeamten kontrollieren ihn mit der bürokratischen Langsamkeit, die der ältesten Demokratie unserer Welt eigen ist ... Das Taxi oder die Limousine, die das Hotel vielleicht schickte, ist womöglich klimatisiert, aber keinesfalls bereit, die gemächlichen fünfzig Meilen pro Stunde auf der Autobahn zu überschreiten. Auf der Fahrt vom Flughafen in die Stadt kann man vor lauter Ungeduld die Kopfschmerzen bekommen, die der Druckausgleich in der Kabine dem Passagier ersparen wollte. Gelassen gleitet der Verkehr." Ähnliche *Diskrepanzerfahrungen* haben offenbar zugenommen. Beispielsweise die Programm-Medien: Der Zuschauer erlebt in den ausgestrahlten Serien und Spielfilmen Spannung und Dynamik, Konzentration von Entscheidungen und geballte Schicksalsladungen — und kehrt an seinen Alltagsort zurück, in dem für ihn die bemerkenswerten Varianten entschieden selten auffindbar sind. Oder: ein langes Telefongespräch hebt Zeit und Raum zwischen den Partnern auf — bis sie nach seiner Beendigung in die Isolation ihrer unterschiedlichen Aufenthaltsorte zurückfallen.

Die Neuheit der ‚Neuen Medien', die Verknüpfungen und Verbindungen zwischen Menschen und Menschengruppen schaffen, besteht vor allem in der Tatsache, daß das technisch bestimmte Angebotssystem und die jeweilige Verarbeitungskapazität des oder der Nutzer nur in seltenen Fällen so aufeinander abgestimmt sind, daß keine Brüche, Widersprüche, Befremdungen und damit Aufschürfungen der lebensweltlichen Verläßlichkeit entstehen. Längst haben wir uns daran gewöhnt, daß auch die Komplexität der vernetzten Weltinteressen von einzelnen Personen gar nicht mehr zu erfassen sind, und wir verlassen uns zunehmend auf die großen Steuerungssysteme, deren Rationalität zwar nicht darauf angelegt ist, uns zu *verstehen*, aber gerade darum funktioniert: *sine ira et studio.*

Worin also besteht das Problem, das die in diesem Sinne erfahrenen ‚Neuen Medien' uns stellen? Wir müssen ganz offenbar einen Ausgleich schaffen zwischen dem, was uns über unser eigenes Handeln erreichbar und interpretierbar ist, und dem, was über die Rationalität der politischen, ökonomischen und sozialen Systeme ohnehin schon immer abläuft. Kurz, wir müssen gesellschaftliche Abstraktion in persönliche Verfügbarkeit zurückgewinnen. Dies gelingt offenbar weder dadurch, daß wir die technologische Rationalität unbegrenzt weitertreiben in der Hoffnung, von allen Entscheidungen entlastet zu sein, noch in dem Bestreben, Träume ganzheitlicher Erfahrungen durch die Beschwörung heiler Interaktionswelten und eines harmonisch-geschlossenen Naturambientes zurückzugewinnen. Rationalisierte Abläufe, ohne die eine moderne Gesellschaft nicht mehr ‚funktioniert', und eine auf Verständigung und partizipatorische Mitentscheidung angelegte Kommunikation müssen so aufeinander abgestimmt werden, daß sie ihre Spielräume gegenseitig begrenzen. Funktionale Abwicklungen und Handlungen wie Interaktionen müssen, wie Rammert (1988) in Anlehnung an Jürgen Habermas (1981) formuliert, jeweils organisiert und entschieden werden

„— über das Aushandeln in Interaktionsprozessen oder über das Steuern durch Kommunikationsmedien wie Geld oder Macht,
— über das spontane wechselseitige sich Abstimmen oder über Mechanismen formularer und bürokratischer Organisation,
— über Verständigung und soziale Bindung in Gemeinschaften oder über Verfahren technischer Integration zwischen funktional spezialisierten Wandlungssystemen."

Dieses Problem zu bearbeiten, liegt ganz offensichtlich nicht im Kalkül der ‚Neuen Medien'. Hier kommt, so behaupte ich, die ‚Alte Gesellschaft' zum Zuge.

3.

Was mit ‚Alte Gesellschaft' gemeint sein kann, steht auch zur Disposition und ist in der Diskussion:

3.1 Eine pessimistische Deutung unterstellt, die Gesellschaft altere und ihre Kultur sterbe langsam ab. Die technoide Systemrationalität ist danach derart auf dem Vormarsch, daß wirksames menschliches Handeln zur Fiktion wird. Wir hätten dann die Problemlösungskompetenz längst abgegeben. Die Hoffnung auf gesellschaftlichen Fortschritt hat sich in ihr Gegenteil verkehrt. Einen bemerkenswerten Beitrag dazu haben Horkheimer und Adorno schon 1947 gegeben, mit ihren Hinweisen auf die „Dialektik der Aufklärung": „Seit je hat Aufklärung im umfassendsten Sinne fortschreitenden Denkens das Ziel verfolgt, von den Menschen die Furcht zu nehmen und sie als Herren einzusetzen. Aber die vollends aufgeklärte Erde strahlt im Zeichen triumphalen Unheils". Die Idee der Aufklärung, die Ordnung der menschlichen Verhältnisse dadurch zu verbessern, daß Apparaturen der Macht geschaffen werden, die den Modernisierungsprozeß vollends von der Natur abkoppeln und in menschliche Hände legen,hat zu einer „Logik der Herrschaft" geführt und zu einem „eindimensionalen Denken", das den Menschen die Verbesserung der Welt als zunehmend totale Funktionalisierung aller Vorgänge über die Medien Geld und Macht erleben läßt, die schließlich gar nicht mehr hinterdacht werden: Die angestrebte Emanzipation des Menschen endet in gesellschaftlicher Bewußtlosigkeit. Die durch technischen Fortschritt heraufbeschworenen Ökokrisen sind ebenso ein beredtes Zeugnis für diese These wie die Automatik der Rüstungsmentalität oder die immer weniger beherrschbaren Strahlenkräfte des Atoms. In den modernen Gesellschaften wäre die Menschheit dann an ihr Ende gekommen. Im hedonistischen ‚Tanz auf dem Vulkan' betäuben wir unsere Todesfurcht, oder wir versuchen, im Beschwören irrationaler Mythen (Rassismus, nationaler Größenwahn u.a.) eine fatale Gegensteuerung. — Es liegt auf der Hand, daß zwar die kritische Diagnose dieser Auffassung ernst zu nehmen ist. Aber wir können bei ihr nicht stehenbleiben, sondern müssen — so lange wir noch handlungsunfähig sind — nach Möglichkeiten suchen, den Untergang zu verhindern. Die ‚Alte Gesellschaft' als Abdankung des Menschen zu verstehen, ist unsere Sache nicht.

3.2 Eine Nuance der eben skizzierten Auffassung von ‚Alte Gesellschaft' besteht in der Deutung: der Mensch ist zu langsam, er ‚verspätet' sich gegenüber dem Modernisierungsprozeß, weil seine letztlich ans Konkrete verwiesenen und an ihm trainierten Sinne und Auffassungen mehr Zeit brauchen, die neuen Aufgaben zu bewältigen. Eine solche Auffassung bietet immerhin den Lichtschimmer einer schließlich doch bewältigten Zukunft, weil wir dann darauf sinnen müßten, wie wir die Entwicklung der menschlichen Kompetenzen so ‚beschleunigen', daß wir den vorausgeeilten technologischen Fortschritt, ehe er uns aus der Hand gleitet, wieder einholen. Lösungen lägen dann in Programmen wie

— mehr Informatik für alle, um das Computer-Handling für alle verfügbar zu machen
— Einübung in systemrationales Denken und Handeln
— Ausarbeiten von Stütz- und Kontrollmaßnahmen wie Datenschutz oder auch Medienpädagogik, um nicht überwachbare oder kalkulierbare Folgen des ‚rasanten technischen Fortschritts' ein Stück weit zu begleiten und, soweit es geht, wieder unter Kontrolle zu bringen.

Freilich: eine solche Auffassung mit entsprechenden Konzepten würde die eben zitierte Dialektik der Aufklärung zwar ein Stück weit kontrollierbar machen, sie aber nicht grundlegend bearbeiten oder gar aufheben. Die Bestimmungsmomente unseres Handelns blieben beschlossen in der technologischen Rationalität, der wir uns einfach ein Stück weit anpassen müßten. Aber es gibt einen dritten Weg.

3.3 ‚Alte Gesellschaft', das könnte auch meinen: die europäischen demokratischen und kulturellen Traditionen sind ‚alt' aufgrund ihrer historischen Verankerung, ihrer immer wieder interaktiven Erprobung und damit grundsätzlichen Bewährung. Dann gilt: das Alte ist das Wahre und das zu Bewahrende. Diese Position wird hier vertreten. Sie ist weder naiv fortschrittsgläubig noch prinzipiell

technikfeindlich. Sie insistiert aber darauf, daß Systemfunktionalität und Expertokratie keineswegs die ‚Endlösung' darstellen müssen, weil die menschliche Geschichte noch keineswegs abdanken muß. Folgen wir Daniel Bell, können wir die Gesellschaft in drei unterschiedliche Bereiche einteilen:
(1) die techno-ökonomische Struktur, die Wirtschaft also, (2) die politische Struktur, den Bereich des Gemeinwesens, mit den Dimensionen Macht und soziale Gerechtigkeit; (3) die Kultur (Künste, Literatur, Religion; soziale und wissenschaftliche Ideen; Philosophie; Geschichte etc.). Während die beiden ersten Bereiche bereits sehr stark von der Schwungkraft *technologischer* Steuerungsprinzipien beherrscht werden, bleibt doch der letzte — bisher — einigermaßen widerständig. Ich vermute, daß die derzeitige Wiederentdeckung der Chancen von ‚Kultur' in diesem Sinne nicht nur einen idealistischen Rückzug darstellt, sondern auch einen Verweis auf den Bereich, den humane Kräfte noch am ehesten beherrschen. Solange wir darauf insistieren und nach Wegen suchen, wie Moderne und Modernisierung durch sie gedeutet, aber auch, wo es nötig ist, in Frage gestellt werden, gibt es eine Chance, indem die ‚Neuen Medien' in der so verstandenen ‚Alten Gesellschaft' aufgehoben bleiben.

Stichwortartig sei verwiesen auf

1. das Erbe der *Renaissance* und des *Humanismus*. Seit dem 19. Jahrhundert ist die Bezeichnung ‚Renaissance' (Wiedergeburt) üblich geworden für geistige und künstlerische Bewegungen, die nach einer längeren zeitlichen Unterbrechung bewußt an ältere Bildungs- und Kunsttraditionen anknüpfen und sie *weiterentwickeln*. Damit ist auf zweierlei verwiesen: zum einen handelt es sich um das Prinzip der *Wiederanknüpfung* in dem Versuch, historische Erfahrungen nicht einfach zu vergessen, sondern unter veränderten Zeitumständen neu zu interpretieren. Zum anderen handelt es sich in inhaltlicher Ausfüllung um einen Epochenbegriff, der den im 15. Jahrhundert sich allmählich abzeichnenden Übergang von den mittelalterlichen zu den für die Neuzeit charakteristischen Vorstellungs-, Denk- und Darstellungsformen betrifft. Die Ursprünge dieser Renaissance werden in Italien gefunden und gehen insofern über die Beiträge der Baumeister, Maler, Bildhauer und Philosophen hinaus, als ihren Beiträgen ein *Prinzip* der Modernisierung zugrunde liegt, das bis heute nicht aufgegeben worden ist: Es geht um die historische Entdeckung der Individualität und der Autonomie des einzelnen. Dies war möglich geworden durch ein in ganz Italien schon im 15. Jahrhundert weitentwickeltes Stadtleben, das den Aufschwung von Kultur und Kunst entschieden begünstigte. Freilich, der „bürgerliche Humanismus" in Florenz als geistige Grundlage der Renaissance war das Vorrecht einer ziemlich kleinen bürgerlichen Oberschicht, die zu Wohlstand und Ansehen gelangt war. Sie agierte ihr Mäzenatentum aus auf einer oligarischen Verfassung eines beispielsweise in Florenz durch den Tuchhandel und durch Bankgeschäfte zu Wohlstand gekommenen bürgerlichen Patriziats.
2. *Das Erbe der Aufklärung*. Erst im 18. Jahrhundert wird das Prinzip der menschlichen Autonomie und moralischen Selbstverantwortung sozusagen

verallgemeinert — so, wie es Kant nun formulierte: „Aufklärung ist der Ausgang des Menschen aus seiner selbst verschuldeten Unmündigkeit. Unmündigkeit ist das Unvermögen, sich seines Verstandes ohne Leitung eines anderen zu bedienen ... Habe Mut, dich deines eigenen Verstandes zu bedienen ist also der Wahlspruch der Aufklärung." Zwar war es wieder die *bürgerliche* Gesellschaft, die solche Ansprüche formulierte, aber ihre Mitglieder sind nicht nur zahlreicher geworden, sondern der Anspruch wird grundsätzlich nun auch für alle Menschen formuliert. Daß der Anspruch gleichseitiger Emanzipation für alle, in der Französischen Revolution und in der amerikanischen Verfassung bekräftigt, dann durch allzu starren Anschluß an Modernisierungsprozesse in sein oben diskutiertes Gegenteil umschlug, ist ebenfalls eine historische Lehre, die bis heute bewahrt wurde: die Aufklärung *über* die Aufklärung ist notwendig, menschliches Schaffen und Denken ist immer wieder selbstreflexiven Überprüfungen zu unterwerfen. Aber die ‚Alte Gesellschaft' hat auch selbst in ihren historisch-kulturellen Ausprägungen immer wieder Gegenstoffe präpariert. —

3. *Das Erbe der Klassik, Romantik und der Geisteswissenschaften*
   So unterschiedlich die künstlerischen Hervorbringungen und Weltauffassungen sind, so wirksam waren und sind sie doch in ihrer Kritik gegenüber einer pragmatischen Verflachung des Aufklärungsdenkens. Goethes Verfahren einer „zarten Empirie" etwa fordert, das sich einschmiegende Wahrnehmen eines Gegenstandes in seine inneren Kompositionsprinzipien, das darauf beharrt: *wir* deuten, nicht die Datenbanken geben uns ihre Ergebnisse. Dieser Gedanke führt ebenso zum geisteswissenschaftlichen Prinzip des „Verstehens", das als Deutungsinteraktion zwischen Subjekt und Objekt zum „Erklären" hinzutritt, wie die Entdeckung von Träumen, Visionen, von Emotionalitäten und den „Nachtseiten" des menschlichen Gemüts in der Romantik eine klassizistische Engführung konterkariert.

Dies sind nur karge Andeutungen eines Reichtums, an dem die europäischen Gesellschaften bis heute teilhaben und den sie nicht nur museal verwalten, sondern auch beleben und weiterentwickeln sollten: Im Prinzip der ‚Renaissance', das der „Innovation" voraus hat, daß jeglicher Fortschritt eingebunden bleibt in den Spielraum humaner Deutungs- und Bewältigungskompetenz.

4.

Damit ist ein Konzept für die Interpretation des Verhältnisses „Alte Gesellschaft — Neue Medien" im Rahmen vorgegeben: Ohne unkritische Übernahme kultureller Erbschaften bauen diese doch den Horizont, in dem Bewegung und Gegenbewegung human praktizierbarer Modernisierung aufgehoben bleiben muß. Freilich, das ist leicht gesagt und schwer getan. Denn es bleibt ja die Widersprüchlichkeit der Differenz von Systemintegration und sozialer Integration, um mit Rammert (1988) zu sprechen: „Je mehr Kommunikationsprozesse formal organisiert und technisch integriert werden, desto höher steigen die Ansprüche an die sozialen Bindungskräfte und die wechselseitige Abstimmung in den kulturellen Milieus des Alltagslebens. Wird sozialen Gruppen und kulturellen Gemeinschaften nicht ausreichend Zeit, Raum und Autonomie gegeben, eigene Erfahrungen zu sammeln und über das Ausmaß und die Art der informationstechnischen Systemgestaltung nach ihren Interessen zu verhandeln, so ist auf der einen Seite mit Krisen sozialer Akzeptanz und auf der anderen Seite mit Krisen sozialer Verträglichkeit zu rechnen. Betreffen die ersteren nur kurzfristige Probleme des Einstellungswandels, so sind letztere schwerwiegender, weil sie die Abstimmung der technischen Systeme mit den widersprüchlichen und wechselnden Bedürfnissen des Gemeinschaftslebens berühren." In dieser Aussage deutet sich an, daß auch die Technorationalität nicht automatisch stark ist und sich durchsetzt, sondern sich reibt an den eingeschliffenen alltäglichen, aber bewährten Routinen wie an den Alltag transzendierenden Hoffnungen und Erwartungen des Menschen. Sie müssen in der Technostruktur „aufgehoben" werden, sofern diese dem Anspruch genügen will, menschliche Kultur instrumental zu unterstützen, nicht aber durch das Informationsverarbeitungsmonopol von Datenbanken abzulösen. Freilich genügt es da nicht, wenn beispielweise die Programm-Medien Radio und Fernsehen über ihre Vertreter nur nach dem Prinzip der Einschaltquoten und Zuschauermeßwerte gesteuert werden, nicht aber auch über die Fragen nach kulturell bindender und verpflichtender Programmqualität. Hier haben sich inzwischen Verkürzungen in den medienpolitischen Debatten eingeschlichen, die ahnungslos hinter dem Rücken einer Dialektik der Aufklärung ablaufen. Sie sind blind in verkürztem Faktizismus und total leer, weil sie ethische und philosophische und demokratietheoretische Fragen ausschließen und damit unter der Hand das betreiben, was sie doch in ihren offiziellen Verlautbarungen und Bekundungen gerade ausschließen möchten: Ein Mediensystem, das den ‚Nutzer' nicht zum Mitagenten macht, sondern zur automatisierten Gliederpuppe eines nicht einmal mehr einstudierten Rollenspiels — weil Rollen nicht einmal mehr *gewählt* werden können, sondern vorab verordnet sind. Die ‚Alte Gesellschaft' stellt keine Sicherheiten bereit, aber einen kulturellen Such-Raum, in dem auch die ‚Neuen Medien' ihre Identität noch finden müssen.

Literatur

Eurich, Claus: Computer, neue Medien und Kultur. Hamburg 1988

Haefner, Klaus: Die neue Bildungskrise. Herausforderung der Informationstechnik an Bildung und Ausbildung. Basel 1982

derselbe: Mensch und Computer im Jahre 2000. Ökonomie und Politik für eine human computerisierte Gesellschaft. Basel 1985

Habermas, Jürgen: Theorie des kommunikativen Handelns. 2 Bände, Frankfurt 1981

Horkheimer, Max / Adorno, Theodor W.: Dialektik der Aufklärung. Philosophische Fragmente. Amsterdam 1947

Jessen, Jens: Über den Wolken verliert sich die Wirklichkeit. In: Frankfurter Allgemeine Zeitung, Nr. 167, 23. Juli 1987

Rammert, Werner: Paradoxien der Informatisierung — oder: Bedroht die Computertechnik die Kommunikation im Alltagsleben?, In: Rüdiger Weingarten (Hg.): Information oder Kommunikation? Frankfurt 1988
Ronneberger, Franz: Neue Medien. Vorteile und Risiken für die Struktur der demokratischen Gesellschaft und den Zusammenhalt der sozialen Gruppen. Konstanz 1982
Turkle, Sherry: Die Wunschmaschine. Vom Entstehen der Computerkultur. Reinbek 1984

Tendenzen

Hermann Glaser

Postmoderne — Eine Zwischenbilanz

1954 hat Arnold Toynbee seine kulturmorphologische Prognose, daß die Vorherrschaft des Westens durch den Aufstieg des Ostens und des pazifischen Raums abgelöst werde, dahingehend zusammengefaßt, daß nun die Moderne beendet sei und die Postmoderne anbreche.

Die Karriere des Begriffs „postmodern" vollzog sich freilich erst in den letzten Jahren; einen Höhepunkt erreichte sie im letzten und vorletzten Jahr. Kein geisteswissenschaftlicher Kongreß, der an dem Thema vorübergeht, und auch beim Small talk kann man mit dem Begriff auf schicke Weise hantieren — denn irgendwie paßt er immer — muß es ja auch, denn sein Inhalt ist das Irgendwie. Nach Georg Hensel würde Luthers Verweigerung des Widerrufes heute — im Gefolge der inzwischen weltberühmten Parole des amerikanischen Philosophen Paul Feyerabend: „Anything goes" — lauten: „Hier stehe ich. *Ich* kann auch anders." Gedankliche Anstrengung ist degoutant. Geliebt wird wieder der Dandy, dessen mokanter Charme vor allem darin begründet liegt, daß er an nichts glaubt, sich über nichts aufregt und nichts bewegen will. Die Zukunft ist schon angekommen, meint Jean Baudrillard. „Alles ist schon angekommen. Alles ist schon da. Es lohnt sich nicht zu träumen, oder irgendeine Utopie der Umwälzung oder der Revolution zu nähren. Es ist schon alles umgewälzt." Zum Dandy paßt stets ein Fin de siècle. Nur die Topoi wechseln; im Rokoko der Park mit Rotunde. Ende des 19. Jahrhunderts das Boudoir. Heute die Boutique. Das Gemeinsame: Die Unterordnung der Wahrheit unter den Reiz. Plaisir. „Als Plaisir ist der Mensch Subjekt. Das heißt: So wenig wie das Faktum des Denkens kann das Faktum des Plaisir bestritten werden, ob es nun mit richtigen oder mit unrichtigen Vorstellungen, mit lauteren oder mit unlauteren Mitteln operiert. Plaisir ist Plaisir." (Niklas Luhmann)

Die postmoderne Lebenskunst hat kürzlich Michael Rutschky am Beispiel des „Vergnügungstagebuches" von Maja, dem Fotomodell im „leuchtenden München", aufgezeigt. Samstag: Ausstellung mit den Fabergé-Preziosen in der Hypobank („Das ist doch von einer derartigen Schönheit, daß man bei einem einzigen Besuch gar nicht alles in sich aufnehmen kann.") — Sonntag: Ausgiebiges Frühstück. Langer Spaziergang über die winterlichen Felder. Abends zum „Brandner Kaspar" ins Residenztheater. Das Videogerät nimmt derweilen den ersten Teil der Fernsehserie über Peter den Großen auf. — Mittwoch: Zweiter Teil der Serie, genossen bei Feuer im Kamin, brennenden Kerzen, gutem Rotwein, Sandwiches (auf Silbertablett). „Solche Abende sind für mich die vollkommene Entspannung!“ Und deshalb hinterher vermutlich Geschlechtsverkehr. — Donnerstag: Man freut sich auf das festliche Bachkonzert im Kongreßsaal des Deutschen Museums. — Und so fort ... „Wir können Majas ‚Vergnügungstagebuch‘ hier abbrechen, da die Sache klar sein wird. Während in den siebziger Jahren strenge Begründungszwänge auch ein Fotomodell sich im einzelnen fragen ließen, welchen gesellschaftlichen Bezug, welche Relevanz ihr Tun und Lassen habe, welche Legitimation (und wie die altmodischen Wörter lauten mögen) sich dafür anführen lasse (spätestens in einem Text wie diesem hier), währenddessen hat die Postmoderne mit der Parole ‚anything goes‘, alles ist möglich, der egozentrischen Lebenskunst, der freizügigen Organisation der Reize und des Vergnügens nach Maßgabe des Individualgeschmackes ein weites Feld geöffnet.“ „Behübschung“ heißt die Parole. Und: „Nach uns die Sintflut!“ Diese aufzuhalten hat man keinen besonderen Bock. Theorie ist out, Praxis ist in; erkenntnisleitendes Interesse — was soll's ... Die postmoderne Jugendkultur, so Bernd Guggenberger, ist geprägt durch die Absage an alles Visionäre und Utopische, an alles Ferne und Hehre, an Ordnung und Sinn, an Ziel und Zukunft, an Idyllen und Ideen. Man ist, weil man ißt; und man ißt, was schmeckt. Und wem der „Big Mac“ näher ist als die „Große Verweigerung“ (Herbert Marcuse), der scheut sich nicht, dies auszusprechen. „‚Wir sagen ja zur modernen Welt‘, tönt die ‚Freiwillige Selbstkontrolle‘, ‚liebt, was Euch kaputt macht‘, Annette Jumpe, die Sängerin von ‚Ideal‘. Wenn man Plastik und Beton eh' nicht wegkriegt (und Denver und Dallas und McDonalds und Mickymaus) — dann ist es am besten, man fährt darauf ab!“

Nun würde man dem postmodernen Zeitgeist Unrecht tun, sähe man ihn nur, auf libidinösem Grund, parterre angesiedelt. Er schwebt auch ganz oben, dort, wo die azurnen Meta-Ebenen sich ausbreiten und die professionellen Begriffsjongleure sich tummeln. Die Geisteswissenschaftler an manchen Universitäten verfallen zunehmend einem radikalen Konstruktivismus, den man auch Arrieregarde der Scholastik nennen könnte. Sprach- und Begriffsspiele ersetzen die Analyse der Welt, von der man sich geistig abwendet. Autopoiesis nennt Niklas Luhmann Systeme, die alle elementaren Einheiten, aus denen sie bestehen, durch ein Netzwerk eben dieser Elemente reproduzieren und sich dadurch von Um-welt abgrenzen. Die Beobachtung der Beobachtung der Beobachtung ergibt dann etwas derartiges: „das Theorem ist, methodologisch gesehen, ein Korrelat des Problems der Intransparenz strukturierter Komplexität und, wissenschaftstheoretisch gesehen, eine Variante der Paradoxie, daß man Wahrheiten nur durch Sicheinlassen auf Unwahrheiten gewinnen kann. Und es zeigt gut, wie sich jene abstrakt formulierten Probleme in konkrete Forschungsdesigns umsetzen lassen und dann in der Wissenschaft Resonanz erzeugen.“ Man kann füglich annehmen, daß solche Sprachspiele nur noch einen kleinen Cercle interessieren. Die Leere der Tiefe ist dabei raffiniert inszeniert.

Das postmoderne Sprachspiel wird freilich häufig auch nach einer verhältnismäßig einfachen Masche gestrickt. Man löst Begriffe, die sich einer umgangssprachlichen Übereinkunft erfreuen, auf, kombiniert sie mit anderen, gleichermaßen „wirklichkeitsentkernten“ Begriffen. Hauptziel dieser Begriffsalgebra: Einfache Sätze so weit wie möglich „nach oben“, in die Abstraktion hinein, zu treiben. Rot ist nicht grün: Eine bestimmte subjektive okulare Empfindung unterscheidet sich von der zu ihr in Bezug gesetzten dadurch, daß jene mit dieser nicht identisch ist, weil eben das, was sich spezifisch abbildet, nicht zugleich das sein kann, was sich als spezifisch differierend erweist ... Der Vorteil eines solchen Satzes besteht darin, daß man ihm ganze Farbspiele subsumieren kann, ohne Farbe bekennen zu müssen.

Neben der Begriffsalgebra gibt es auch ein postmodernes Sprachspiel, das durch mystifizierende Vagheit charakterisiert ist. Eine bestimmte Spezies im Wissenschaftsbetrieb hat offensichtlich erkannt, daß es sowohl einfacher als auch ergiebiger ist, sprachlich-begriffliche Unfähigkeit als eigentliche Qualität „auszuspielen". Am Beispiel des zum postmodernen Modephilosophen gewordenen Dietmar Kamper spricht Klaus Laermann vom „rasenden Gefasel der Gegenaufklärung". Es sei durch geringste begriffliche Anstrengung gekennzeichnet. Die Texte wirkten, als schielten sie. Kaum je setze ein Satz den vorigen fort; meist erscheine er verdreht oder beantworte eine Frage, die der vorherige Satz so nicht gestellt habe. „Dadurch gerät die Diskursivität der Texte ins Rutschen, sie münden in Begriffstrance. Die Verstiegenheit und Verquastheit gegenwärtiger Moden in den Sozial- und Geisteswissenschaften beruht auf der Entrückungsstrategie einer Sprache, die ihre Inhalte nicht mehr bis zur Kenntlichkeit entwickeln will, sondern sie lieber im schiefen Irgendwie beläßt."

Für beide Formen des Sprachspiels, des sublim-logischen wie des vernebelt-vagen, gilt, daß sie im Ungefähren und Unverbindlichen verharren: angesichts der enormen Gefahren, mit denen die Menschheit konfrontiert ist und die in weiten Teilen zwar politisch, stets aber auch wissenschaftlich bewältigt werden müßten, wahrhaftig ein Ausdruck von Vermessenheit.

Als enormer „Verstärker" postmoderner Beliebigkeit erweist sich die Telekratie. Für Bernd Guggenberger ist es kein Zufall, daß die Vervielfachung des Medienangebotes mit einer breiten Geistes- und Verhaltensströmung in Kunst und Wissenschaft, in der Architektur und Pädagogik einhergeht, die man als „postmodern" etikettiert. Die televisionäre Abgeklärtheit scheine der pädagogisch beflissenen Aufklärung endgültig den Garaus zu machen. Das Fernsehen sei der Motor einer rundum populären Trivialisierung, die alles mit allem bis zur Unkenntlichkeit mische. Es fungiere als der große Gemischtwarenladen der Motive und Meinungen, der Ideen und Stile, der konsequent Eindeutigkeit durch Masse ersetzt („Einschaltquote") und damit die Beliebigkeit ins Grenzenlose wuchern lasse: Nur die Fernsehwerbung bringt es fertig, Gulaschfix mit Schumanns „Arabeske" zu kombinieren, und nur die postmoderne Zeitgeist-Avantgarde einen McDonald's-Besuch als Kult(ur)ereignis zu inszenieren.

„Für Grundstimmung und Lebensgefühl unserer Epoche ist die Wortkarriere des Präfix ‚post' durchaus symptomatisch: Das Abgründige, ja Absurde von Spätlingsexistenzen prägt das geistige Klima. Leben erscheint als annehmbare Banalität, mit der sich obendrein trefflich kokettieren läßt. Man beginnt zu ahnen, was man alles nicht weiß und nicht kann, und dem Frust wehrt man mit Zynismus. Das Nicht-Gekonnte wird das Gesollte, die ‚Neue Unübersichtlichkeit' (Habermas) wird ins Moralische, mindestens aber ins Ästhetische gewendet, das ‚anything goes' avanciert zum kategorischen Imperativ der notorisch Erkenntnis-und Urteilsgeschädigten. Pulverdampf liegt über der intellektuellen Szene, was nicht nur bedeutet, daß man wenig sieht, sondern eben auch, daß vorwiegend jene sie besetzt halten, die ihr Pulver verschossen haben.

Wie das postmoderne Lebensgefühl ist auch das Fernsehen beides zugleich: Ausdruck der Krise und versuchter Ausweg; Ausdruck der Ratlosigkeit einer übergeschäftigen Welt, die, mangels verbindlicher Kriterien für nützlich und schädlich, unerheblich und bedeutsam, aus der Not der Unentscheidbarkeit flugs die Tugend des ‚Alles-und-Jederzeit' macht."

Der Bürger erweise sich zunehmend als „Zerstreuungspatient". Die Lebensmacht „Fernsehen", zusammen mit den Folgen der Mikroelektronik- und Computerrevoulution, bedeute einen „Angriff" auf das Wesen der Menschen, auf die Gesamtheit seiner Lebensäußerung und seines Weltverhaltens. Eine fernsehfreie Realität gebe es bereits nicht mehr; die „Freizeitkatastrophe" in Gestalt einer lähmenden Passivierung durch exzessiven Fernseh- und Videokonsum sollte mindestens ebensosehr beunruhigen wie das Waldsterben. Mit dem milden, gleichwohl aber unerbittlichen Zwang seines unerschöpflichen Bildervorrats von allen nur denkbaren Lebenssituationen werden Denk-, Gefühls-, Erlebnis- und Handlungsweisen vorgeprägt. Spontaneität, Kreativität, „Unbefangenheit" gehen verloren. „Das Apriori der Bilder macht uns gerade auch in der banalen Choreographie des Alltags unentwegt zu Nachsagern und Nachlebern; es vernichtet uns als Subjekte mit Willen und singulärer Biographie. Die Medien liefern uns, auf ganz unprätentiöse Art, suggestive Vorbilder auf Vorrat, Verhaltensschemata für eine Fülle von Standardsituationen des täglichen Bedarfs."

Fernsehsucht münde in Lebensfrust. Wie andere Drogen erzeuge auch das Fernsehen selbst die Leiden, die es via Unterhaltung vergessen machen wolle. Die Verführungskunst des Mediums beruhe darauf, daß es uno actu krank mache *und* salviere, daß es uns unterhaltungsbedürftig mache *und* Unterhaltung biete. Das Fernsehen sei die fragwürdige Stundentherapie wider Frust und Ohnmacht, die es fortlaufend selbst hervorbringe. „Ausgerechnet eine Gesellschaft mit einem historisch ganz unvergleichlichen Tradierungs- und Innovationsbedarf wie die unsere leistet sich den fragwürdigen Luxus, den größten Teil ihrer Mitglieder systematisch der Realität zu entfremden, ihnen jedwede Form von Anstrengung vorzuenthalten, jede ‚Zumutung' ans eigene Mit-Denken und Mit-Gestalten, jeden Appell an die eigene Verantwortung, jede 'Nötigung' der Vernunft und des Gewissens sorgfältig zu vermeiden, indem sie das Panorama des Lebens mit dem Zukkerguß der Unterhaltung überzieht. Wie kann eine Gesellschaft, die mit dem Ensemble ihrer politischen und sozialen Einrichtungen auf den ‚mündigen Bürger' setzt, so sehr vergessen, daß Mündigkeit nicht ohne Wissen und Urteil, ohne Phantasie und Tatkraft, ohne Anstrengung und Selbstüberwindung besteht?" Guggenberger verweist mit Recht darauf, daß das „Anything-goes" der Postmoderne sich in besonderem Maße in der Telekratie erfülle. Es avanciere zum kategorischen Imperativ der notorischen Erkenntnis- und Urteilsgeschädigten; vor allem mit Hilfe der Kommerzialisierung von Rundfunk und Fernsehen wird der pädagogisch beflissenen Aufklärung endgültig der Garaus gemacht.

Postmoderne Kunst: Die Konservativen sind richtig glücklich, daß nun überall drauflos erzählt, gemalt, musiziert wird, und Botschaften nicht mehr „gefragt" sind. Die Taube bei Patrick Süßkind ist keine Friedenstaube, die ein Manifest im

Schnabel trägt; sie entspricht voll den narrativen Erwartungen: sie ist eine Taube. — Wer der List der Idee abschwört, wird salonfähig, auch wenn er früher zu den „Schmeißfliegen“ gehörte. Man solle Martin Walser doch mehr ins Ausland schicken, meinte kürzlich ein CSUler, um die Säuberung der Goethe-Institute vom aufklärerischen Ungeist besorgt. In einem Interview antwortete Walser auf die Frage, ob ihm Heinrich Bölls „Einmischung — erwünscht“ noch imponiere, ob von ihm noch ein politisches Engagement zu erwarten sei: „Keines, das über Schreiben hinausgeht. Also, was ich nicht schreiben kann, das sollte ich auch nicht tun. Das ist eine Erfahrung, die ich gemacht habe. Das kann natürlich auch mit dem Alter zusammenhängen.“ Die ehemals linken Helden, ob sie nun altersweise oder fortschrittsmüde sind, oder beides, vermitteln über narrative Sprachspiele die erträgliche Leichtigkeit des Seins.

Die bildende Kunst tut sich dabei besonders hervor. Die Ästhetisierung der Kunst kompensiere als spezifisch moderne Ersatzverzauberung die moderne Entzauberung der Welt, meinte schon Max Weber. Dieser Trend erreichte offensichtlich im letzten Drittel des 20. Jahrhunderts seinen Höhepunkt. Meist fehlt sogar die handwerkliche Befähigung zur Kreation des schönen Scheins. Die Kritiker gehen freundlich darüber hinweg; irgendwie ist das alles wahnsinnig interessant ... Ein gewisser Pop-Witz ist in der Tat — als ein Beispiel unter vielen — Sigmar Polkes plakativer oder gerasteter Trivialkunst nicht abzusprechen. Die Abkehr von bedeutungsvollen Inhalten kann durchaus, wie bei Gerhard Richter („Ich habe kein Programm, keinen Stil, kein Anliegen“), antiideologische Aufräumarbeit leisten; der Anblick einer Kuh, versehen mit dem Wort „Kuh“, macht Gehalt völlig unwichtig.

Nach einiger Zeit enerviert jedoch das Nichts-Sagende; die Banalität des Schönen reduziert ästhetischen Genuß auf Plaisir. Die Verpackung ist die Botschaft. Und diese wird dann sogar wieder pathetisiert. Die Farb-Raum-Muster, die etwa Gerhard Merz auslegt, sind Ehrenhallen der Gedankenlosigkeit. Die „documenta“ 1987 nannte Petra Kipphoff ein „hohes Fest der Beliebigkeit“. „Kunst in schicken Räumen kitzelt und kalauert.“ (Ulrich Wanner)

Die Lust an der Verantwortungslosigkeit und die Absage an die Bemühung, den Menschen „weiterzubringen“ (durch geistige Herausforderung), macht postmoderne Kunst zu einem wichtigen Faktor kapitalistischer Vermarktungsstrategien. Andy Warhols Losung: „All is pretty“ schließt ein, daß alles verkäuflich ist. „Die Kunst der Postmoderne in der Rolle des Handlangers bei der affirmativen Zurschaustellung dessen, was ohnehin so und nicht anders ist, Kunst als PR-Agentur des Bestehenden, zuständig für dessen Putz, Reklame, Zierat, Kosmetik.“ (Peter Niebaum) So ist es durchaus signifikant, daß landauf landab, souffliert von geschickten Galeristen, die extensive Subventionierung bildender Kunst mit dem Argument gefordert wird, daß ihre Präsentation in Kunstsammlungen, Kunsthäusern, Kunstmuseen einen wichtigen Standortvorteil bei der Ansiedlung wirtschaftlicher Unternehmen verheiße. Natürlich kann dies durch eine Kosten- und Ertragsberechnung nicht bewiesen werden. Tiefenpsychologisch ist die Argumentation jedoch sehr plausibel: High Tech umgibt sich mit Soft Art; eine Ökonomie, die in Richtung Zweidrittelgesellschaft (mit einem Drittel Arbeitslosen) zunehmend auf Sozialdarwinismus rekurriert, baut sich mit Hilfe postmoderner

Kunst eine abschirmende Fassade, die Transparenz durch Blendwerk ersetzt. Die postmoderne Architektur ist in ihrer Mehrdeutigkeit die eindeutigste Verdinglichung des neuen Leerlauf-Designs. Allerdings genießt man geradezu — ernüchtert von der Einfallslosigkeit des heruntergewirtschafteten Funktionalismus — die grassierende Schnuckligkeit. In der Theorie sieht das wesentlich gehaltvoller und keineswegs unsympathisch aus. Charles Jencks hat 1978 den Post-Modernismus als „doppelkodiert" charakterisiert: in einer Hälfte modern, in der anderen jedoch anders (das in der Regel der traditionellen Bauweise entspräche), gekoppelt mit dem Versuch, eine Kommunikation sowohl mit einer breiten Öffentlichkeit, als auch einer engagierten Minderheit, meistens anderen Architekten, herzustellen. Da überall postmoderne Bauten wie Pilze aus dem Boden schießen, wobei Gestaltung mit technoider Verschnörkelung gleichgesetzt wird, funktioniert offensichtlich die Kommunikation zwischen Architekt und Bauherrn recht gut.

Daß die Doppel- und Mehrfachkodierung der Postmoderne postmodern ist, muß freilich bezweifelt werden. Denn bereits zu Beginn des bislang unvollendeten Projekts der Moderne spielte die Fähigkeit zur gebrochenen Naivität eine große Rolle. Friedrich Schiller bezeichnet sie als „sentimentalisch": „Sie (die Alten) empfanden natürlich; wir empfinden das Natürliche. Es war ohne Zweifel ein ganz anderes Gefühl, was Homers Seele füllte, als er seinen göttlichen Sauhirt den Ulysses bewirten ließ, als was die Seele des jungen Werthers bewegte, da er nach einer lästigen Gesellschaft diesen Gesang las. Unser Gefühl für Natur gleicht der Empfindung des Kranken für die Gesundheit." In seinem Aufsatz „Über das Marionettentheater" stellt Heinrich von Kleist die Frage, wie man denn nach dem Sündenfall zu einem neuen Stand der Unschuld gelangen könne. Seitdem wir vom Baum der Erkenntnis gegessen haben, sei das Paradies verriegelt und der Cherub hinter uns; wir müßten die Reise um die Welt machen und sehen, ob es vielleicht von hinten irgendwie wieder offen ist.

Die Sehnsucht nach dem Paradies läßt sich nicht durch Wort- und Begriffsspiele absättigen, ablenken oder einlullen. Doch ist es sehr dienlich, wenn spielerisch die Fähigkeit zur Distanzierung eingeübt wird — gerade gegenüber den Machern, die ihre instrumentelle Vernunft und ihre Systemzwänge, überwölbt von einem eindimensionalen technologischen Fortschrittsglauben, uns zu oktroyieren trachten. Die „großen Erzählungen", doppelkodiert dargeboten und damit vor Illusionismus bewahrend, fördern den Versuch, aus dem Reich der Notwendigkeit in das der Freiheit zu gelangen, am unvollendeten Projekt der Aufklärung weiter zu arbeiten. Sapere aude! Das Wagnis des Vernunftgebrauchs will die Kopflosigkeit von Praxis verhindern, die Totalität des gelungenen Lebens verwirklichen. Dieses Unterfangen bedarf, nach den geschichtlichen Erfahrungen des 20. Jahrhunderts, des absurden Muts des Sisyphos, der an das glaubt, was nicht zu glauben ist: daß der gewältze Stein droben bleibt. „Der Kampf gegen Gipfel vermag ein Menschenherz auszufüllen. Wir müssen uns Sisyphos als einen glücklichen Menschen vorstellen." Und als einen ironischen. In der Postmoderne als Arrieregarde der Prämoderne gilt es, die ironische Kompetenz als wesentliche Voraussetzung kommunikativer Kompetenz wieder zu entdecken, neu zu fundieren. Deshalb spricht Umberto Eco mit Recht davon, daß ein Postmodernismus, der ein klügeres und damit besseres Leben verheißt, eigentlich keinen historischen Stil, keine zeitlich

lich begrenzte Strömung darstellt, sondern ein Strukturprinzip bedeutet; er ist eine Geisteshaltung, oder, genauer gesagt, eine Vorgehensweise, ein Kunstwollen. Man könne geradzu sagen, daß jede Epoche ihre eigene Postmoderne habe, so wie jede Eposche ihren eigenen Manierismus. Zum Manierismus unserer Zeit gehören die postmodernen Wort- und Begriffsspiele in ihrem Raffinement und mit ihrer Masche. Die Prä-Postmoderne als anthropologische Kategorie steht jenseits solcher Beliebigkeit. „Die postmoderne Antwort auf die Moderne besteht in der Einsicht und Anerkennung, daß die Vergangenheit, nachdem sie nun einmal nicht zerstört werden kann, da ihre Zerstörung zum Schweigen führt, auf neue Weise ins Auge gefaßt werden muß: mit Ironie, ohne Unschuld. Die postmoderne Haltung erscheint mir wie die eines Mannes, der eine kluge und sehr belesene Frau liebt und daher weiß, daß er ihr nicht sagen kann: ‚Ich liebe dich inniglich', weil er weiß, daß sie weiß (und daß sie weiß, daß er weiß), daß genau diese Worte schon, sagen wir, von Liala [im deutschen Bezug: Hedwig Courths-Mahler] geschrieben worden sind. Es gibt jedoch eine Lösung. Er kann ihr sagen: ‚Wie jetzt Liala [Courths-Mahler] sagen würde: Ich liebe dich inniglich.' In diesem Moment, nachdem er die falsche Unschuld vermieden hat, nachdem er klar zum Ausdruck gebracht hat, daß man nicht mehr unschuldig reden kann, hat er gleichwohl der Frau gesagt, was er ihr sagen wollte, nämlich daß er sie liebe, aber daß er sie in einer Zeit der verlorenen Unschuld liebe. Wenn sie das Spiel mitmacht, hat sie in gleicher Weise eine Liebeserklärung entgegengenommen. Keiner der beiden Gesprächspartner braucht sich naiv zu fühlen, beide akzeptieren die Herausforderung der Vergangenheit, des längst schon Gesagten, das man nicht einfach wegwischen kann, beide spielen bewußt und mit Vergnügen das Spiel der Ironie… Aber beiden ist es gelungen, noch einmal von Liebe zu reden."

Literatur

Eco, U.: Nachschrift zum „Namen der Rose". Hanser: München/Wien 1984.

Guggenberger, B.: Sein oder Design: Zur Dialektik der Abklärung. Rotbuch Verlag: Berlin 1987.

Guggenberger, B.: Vor uns die Freizeit-Katastrophe? In: Neue Rundschau, 3/1987.

Huyssen, A./Scherpe, K.R. (Hg.): Postmoderne. Zeichen eines kulturellen Wandels. Rowohlt: Reinbeck bei Hamburg 1986.

Koslowski, P./Spaemann, R./Löw, R. (Hg.): Moderne oder Postmoderne? Zur Signatur des gegenwärtigen Zeitalters. VCH Verlagsgesellschaft: Weinheim 1986.

Laermann, K.: Das rasende Gefasel der Gegenaufklärung. Dietmar Kamper als Symptom. In: Merkur, Heft 3 / 1985.

Luhmann, N.: Liebe als Passion. Zur Codierung von Intimität. Suhrkamp: Frankfurt am Main 1982.

Niebaum, P.: All is pretty? — Vom Schwindel zwischen modern(d)en Einbahnstraßen und postmodernen Sackgassen. In: Anschläge, Jgh. 1987.

Rutschky, M.: Über die Postmoderne, München und die Lebenskunst. Unterordnung der Wahrheit unter den Reiz. In: Frankfurter Rundschau 28. 2. 1987

Hans-Dieter Kübler

Informatisierung der Sozial- und Innenwelt oder: (notwendige) Vollendung der „okzidentalen Rationalisierung“ des Bewußtseins?

1. Industriegesellschaften im Umbruch

Als im Wandel zur „Informationsgesellschaft“ werden die modernen Industrienationen schlagwortartig beschrieben — sei es aus theoretischer Verlegenheit, sei es aus dem politisch motivierten Drang zur demonstrativen Zukunftsgewißheit heraus. Denn was dieserart Gesellschaftsformation tatsächlich ausmacht, wie sie sich oberflächlich oder gar kategorial von der ‚alten‘ Industriegesellschaft unterscheidet, soll heißen: wie ihre zentralen Reproduktionsmechanismen funktionieren, ist nicht nur weithin ungewiß, sondern auch umstritten. Relativ beliebig sind noch die angeführten Indikatoren: die Wachstumsraten in einzelnen Sektoren, wobei die sog. Informations- und Kommunikationsindustrie derzeit die höchsten aufweist und auch weiterhin verspricht; errechnete oder auch nur prognostizierte Wertschöpfungskalkulationen oder die Verteilungsquoten von Beschäftigten.

Grobe Einigkeit besteht allenfalls darin, daß Information/Kommunikation, und zwar die in technisierter Form, ins Zentrum gesellschaftlicher (Re)Produktion rückt, zum unentbehrlichen Rohstoff, wichtigen Produktionsfaktor und lukrativen Konsumgut zugleich wird. Dafür müssen sich die beiden zentralen Basis- und/oder Querschnittstechniken, die elektronische Datenverarbeitung (Computertechnik) und die optische Nachrichtentechnik, noch weiter entwickeln und vernetzen. Sie bilden die technischen und infrastrukturellen Voraussetzungen für den annoncierten Umbruch; sie werden universelle und mächtige Verkehrs-, Vermittlungs- und Distributionssysteme für alle anfallenden Funktionen. (Die Rede von den ‚neuen Medien‘ impliziert deshalb eher verniedlichende Aspekte).

Allerdings: je grundlegender und universeller man diesen Wandel begreift, um so schwieriger werden Folgeabschätzungen und Prognosen, um so globaler und unspezifischer müssen Analysekategorien ansetzen — mit dem fast unausweichlichen Preis ihrer nicht mehr konkret einholbaren Abstraktheit oder entleerten Pauschalität. Darin steckt das grundsätzliche theoretische Dilemma aller gesellschaftlichen Analysen derzeit, die J. Habermas zutreffend, aber auch eher ratlos als „neue Unübersichtlichkeit“ apostrophierte.

Ein markantes Beispiel: In seinem jüngsten Buch („Verdatet und vernetzt“) entwirft der Bremer Informatiker W. Steinmüller eine schematische Abfolge der Entwicklung moderner Gesellschaften unter dem Stichwort „Der ökonomische Systemzwang der Wachstumsgesellschaften“:

„Die erste Industrialisierung, d.h. der Übergang zur maschinellen Produktion und Distribution materieller Güter, basierte wesentlich auf naturwissenschaftlichen Kenntnissen und hatte die Ressource *Natur* zur Grundlage. Ihre rücksichtslose Ausbeutung wird als Zerstörung der Umwelt sichtbar. Wegen der tendenziellen Erschöpfung dieser Ressource folgt nun global (ausgehend von den am stärksten industrialisierten Ländern) die zusätzliche Ausbeutung der Ressource *Sozialwelt*, d.h. des Bereiches der Information und Kommunikation, mit Hilfe der Informationstechnologien. Es ist zu befürchten, daß diese zweite Phase der Industrialisierung eine zur Umweltzerstörung analoge *Sozialweltverschmutzung* nach sich ziehen wird.

Die Vermarktung der dritten Ressource, der *Innen- und Lebenswelt*, durch Biotechnik und (demnächst?) Psychotechnologie zeichnet sich bereits ab. Sie stellt den (vorerst?) letzten großen Wachstumsbereich dar" (Steinmüller, 1988, S. 20).

Eine andere Möglichkeit als die weitere Ausbeutung dieser Märkte unter dem Diktat des unbeschränkten, quantitativen Wachstums haben die Industriegesellschaften (in West *und* in Ost) nach der Einschätzung Steinmüllers nicht. Diese stringente Darstellung hypostasiert nicht nur eine globale (!) Systemlogik, für die es innerhalb des Systems keine Alternative gibt, allenfalls unter Preisgabe dieses weltweit herrschenden Systems, sie verurteilt letztlich auch jedes alternative Handeln in ihm zum Scheitern, mindestens als zu kurz greifendes Symptomkurieren. Und dies in einem Buch mit dem Anspruch, „sozialökologische Handlungsspielräume in der Informationsgesellschaft" aufzuzeigen und für sie zu motivieren!

Will sagen: die Ausmaße und Tiefendimensionen des anhaltenden gesellschaftlichen Wandels sind nicht nur deshalb so unüberschaubar und kaum vorhersehbar, weil ihre Größenordnungen tatsächlich so universal und immens sind, vielmehr — und damit im Zirkelschluß korrespondierend — weil die diskutierten und analytischen Zugriffsweisen mindestens ebenso unterschiedlich, inkonsistent und sich gegenseitig widersprechend sind. Sie reichen mit allen Zwischenstufen von der paradiesischen Verheißung einer humanen, demokratisierten und Wohlstand sichernden Gesellschaft bis hin zu ihrem totalitären, in sich polarisierten und nur noch mit einschneidenden Kontrollen aufrechtzuerhaltenden Gegenteil. Allein schon bei der Einschätzung des Computers, des technischen Motors des Umbruchs, scheiden sich die Geister: Für die einen verkörpert er ein harmloses unverzichtbares *Werkzeug* (wie vor ihm alle anderen Materialisierungen menschlicher Naturaneignung), für die anderen signalisiert er den unheimlichen Endpunkt eines unkontrollierbaren, sich unaufhaltsam perfektionierenden *Systems*.

2. *Ende des „Projektes der Moderne"?*

„Die Gesellschaft, in die die Informationstechnik stärker hineinzuwachsen beginnt, ist nicht in Ordnung, und wir müssen uns deshalb mehr als in irgendeinem anderen Wirkungsfeld davor hüten, solche unordentlichen Zustände leichtfertig von vornherein ganz oder teilweise dem Einfluß der Informationstechnik zuzuschreiben", befand eine Gutachter-Kommission im Auftrag der hessischen Langesregierung bereits 1984. Ob das „Projekt der Moderne", der „okzidentale Rationalismus", wie es M. Weber apostrophierte, sich allmählich erschöpft, ist eine vieldiskutierte, leider immer noch nur akademische Frage. Wenn dem so wäre, gelte auch nicht mehr die Steinmüllersche Stringenz. Andererseits wird man sich fragen müssen, ob es zu ihm eine ähnlich umfassende, grundlegende Alternative gibt: zur „wissenschaftlich fundierten Naturbewältigung, zur Rationalität wissenschaftlicher Wahrheitssuche, zur Rationalität methodisch-disziplinierter Lebensführung, zu sozial-ethischen Traditionen, zu den liberalen Überlieferungen der Machtkontrolle, Toleranz und Meinungsfreiheit, zum Selbstdenken und zur Freiheit gegenüber weltanschaulichem Dogmatismus, zu den Traditionen der Rechtssicherheit und der politischen Beteiligungsrechte, zu ästhetisch und literarisch entfalteten Visionen und Tragiken menschlicher Existenz, zu den überlieferten Kulturen des vernünftigen Umgangs mit der menschlichen Kontingenz" (Fend, 1988, S. 302). Oder ob sich nicht alle, auch die grundsätzlichste Kritik (wie etwa der Marxismus) letztlich als besserer, getreulicherer Verfechter und Vollender dieses Projektes versteht, das aufgrund menschlicher Eigennützigkeit, Kurzsichtigkeit und Unverantwortlichkeit, längst in Klassenstrukturen und soziale Disparitäten petrifiziert, ständig bedroht und streckenweise verraten ist.

„Der Computer", behauptet der prominente Kritiker J. Weizenbaum (1978), „kam gerade noch rechtzeitig, um gesellschaftliche und politische Strukturen intakt zu halten — sie sogar abzuschotten und zu stabilisieren —, die anderenfalls entweder radikal erneuert worden oder unter den Forderungen ins Wanken geraten wären, die man unweigerlich an sie gestellt hätte."

Abermals dürfte das Ansatzniveau, die unterstellte globale Reichweite des Computers, nicht ohne Widerspruch bleiben. Aber auch der Umkehrschluß müßte aus Weizenbaums These folgen dürfen: die Informations- und Kommunikationstechniken als unentbehrliche, gerade systemnotwendige Steuerungs- und Kontrollagenturen, um das stets labile „Projekt der Moderne", die an ihrer permanenten Selbstzerstörung vorbeischrammende „Risikogesellschaft" (U. Beck) noch überlebens- und damit für Menschen überhaupt noch lebensfähig zu halten. Der gesamte militärische Sektor, die Keimzelle und immer noch mächtigste Triebfeder aller informations- und kommunikationstechnischen Entwicklungen, läßt solche Vermutungen plausibel erscheinen. Weitere Folgerungen sind anzustellen, in unaufhebbarer Dialektik versteht sich.

3. Fortschreiten symbolischer Rekonstruktionen von Wirklichkeiten

Untrennbar zur kulturellen und mentalen Konstitution des „Projektes der Moderne" gehört die fortschreitende Rekonstruktion und Projektion von Wirklichkeit in symbolischen Formen: Die „Entzauberung" und Aneignung der Natur, das rationale menschliche Wissen, wie die Projektionen von Alternativen und Phantasien lassen sich nur in solcher Weise vergegenständlichen und auch tradieren. Solche Symbolwelten bedürfen mithin technischer Objektivierungen, deren Ambivalenz uns Zeitgenossen erst mit der medialen Vermehrung und Vervielfältigung bis hin zur tendenziell beliebigen Mutabilität deutlich wird. Gleichwohl:

Menschliche Kommunikation ist mindestens seit Verbreitung des Buchdrucks (und damit seit dem Beginn der Moderne) stets auch technisierte Kommunikation; die heute so oft bemühte Opposition zwischen direkter, personaler und medial-technischer Kommunikation führt in die Irre, sofern man mit ihrer (obendrein noch keineswegs empirisch verläßlich ermittelten) Verteilung Größenordnungen von Kommunikationsverlust und -zerstörung berechnen oder gar prognostizieren will.

Was unter den Vorzeichen der „Informationsgesellschaft" ansteht, ist die Ökonomisierung und Funktionalisierung von Kommunikation, ungeachtet ihrer vorfindlichen Quantität und Substanz. Unter dem Diktat des Marktes setzt dies Sortierung der profitablen Kommunikationsbereiche (etwa Fernsehen, Video etc.) voraus; unter dem Diktat der technischen Instrumentierung die der nach dem jeweiligen Stand der Technik standardisier- und automatisierbaren Dimensionen, Aufgaben, die jeder Systemanalytiker heute zu bewältigen hat; und unter dem Diktat der Kapitalakkumulation die möglichst weitgehende Vermehrung und mindestens oberflächliche Vervielfältigung der vermarktbaren Kommunikationsangebote.

So sind jeweils gegenläufige strukturelle Tendenzen auszumachen: Der forcierten Vergesellschaftung von Kommunikation, eben als Ökonomisierung und Instrumentierung, korrespondiert mindestens auf der Ebene des Marktes eine wachsende Privatisierung, die sich zwar international weiter konzentriert, aber zumindest in den Nischen, nicht zuletzt mittels der ebenfalls zu vermarktenden Endgeräte, auch neue Chancen individueller Kommunikation und Gestaltung zuläßt. Der fortschreitenden Instrumentierung und Formatisierung von Kommunikation in allen technisierbaren Sektoren, vor allem in der gewerblichen Arbeit, bei kommunikativen Dienstleistungen und auch bei inszenierten Freizeitangeboten (z.B. Automaten- und Telespiel), wächst das verstärkte Bedürfnis nach Emotionalität, Authentizität, sozialer Nähe entgegen. Dieses läßt sich natürlich wiederum durch konfektionierte Surrogate, durch Scheinsynthetisierungen, auffangen und ausschlachten, allerdings bislang — so zeigen alle empirischen Indikatoren — nur bis zu einem gewissen Grad, bei dem der Ersatzcharakter und die perfide Verhöhnung entdeckt und zugunsten echter, autochthoner Bedürfnisbefriedigung zurückgewiesen wird. Einen mächtigen „Individualisierungsschub" und die verstärkter Bedeutung informeller „Vergemeinschaftungsformen" konstatieren z.B. Jugendsoziologen als säkularen Trend gegenwärtiger jugendlicher Lebensweisen (ganz im Gegensatz zu konträren medienzentrierten Interpretationsfolien) (Fend, 1988).

Die Akzentuierung und/oder Forcierung des einen oder des anderen gegenteiligen Trends, vor allem dessen Legitimation als so unabänderlichen und systemisch notwendigen — darin erschöpft sich im übrigen herrschende Medien- und Kommunikationspolitik. Da sie außerdem in eng begrenzte Bereiche und Kompetenzen ressortiert ist, verfehlt sie die strukturellen Zusammenhänge zunehmend. Es dürfte daher analytisch falsch, zumindest ungünstig sein, hinter dem einzelnen Handeln der verschiedenen Politiken ein stringentes, konsistentes Konzept zu vermuten, das jede Planungspanne und Marktverwerfung ausschließt, auch wenn die Bundespost sich derzeit als potentester Investor und damit Technologielenker darstellt.

4. Strukturelle Funktionen der Informations- und Kommunikationstechniken

Aus funktionaler Sicht lassen sich die Potentiale und damit die daraus abzuleitenden, freilich nicht so unbedingt eintretenden gesellschaftlichen Folgen der informationstechnologischen Umwandlung evidenter und stringenter benennen, als wenn man auf das diffuse und unwägbare Feld gesamtgesellschaftlicher Entwicklungen gerät. Aber solche Ableitungen müssen mit wachsender historischer Nähe jene Relativierungen und Kontingenzen gewärtigen, sofern sie nicht zu überdimensionierten self fulfilling prophecies mißraten wollen:

1. Informations- und Kommunikationstechniken — als (skizzierte) Basis- und Querschnittstechnologien — sind universell einsetzbar; sie sind mithin keine einfachen Funktionserweiterungen oder -ergänzungen menschlicher Fähigkeiten, vielmehr produzieren sie als tendenziell autonome Maschinen eigene Wirklichkeiten, indem sie schrittweise Segmente inkorporiert bekommen, diese standardisieren und intensivieren und als immer perfektere und konsistentere Konstrukte dem (späteren) Nutzer aufnötigen. Das ist die interne Dimension der Universalität, die externe ist die Kapazität, potentiell sämtliche Aufgaben der Erfassung, Verarbeitung, Übertragung, Speicherung und Wiedergewinnung von Daten und Informationen zu übernehmen, und zwar ständig umfassender, komplexer, in fortschreitender Automation.

2. IuK-Techniken sind hochintegrativ und systembezogen; soll heißen: ihre avisierten Potentiale können sie nur entfalten, wenn sie sich zu letztlich totalisierenden, tendenziell geschlossenen Regelkreisen formieren. Das Ideal sind sich selbstregelnde, -steuernde und -anpassende Systeme in allen dafür geeigneten Prozessen. Unweigerlich wird der Mensch, zumal der einzelne Nutzer, aber auch zunehmend mehr der Konstrukteur, weil er nur noch eine Systemebene überblickt, zu einem Teilelement, zur sog. Schnittstelle, implementiert. Da er aber auch die (womöglich gefährliche) Quelle für Fehler ist, wird man ihn als Anwender so gründlich wie möglich eliminieren. Fehler scheinen dann nur noch als materialisierte Systemdefizite auf, deren Zustandekommen, vor allem deren (behebbare) Struktur immer schwerer zu durchschauen sein wird.

3. Im ökonomischen Kern zielen alle Informations- und Kommunikationstechniken auf die noch unausgeschöpfte, allenfalls ahnbare Rationalisierung geistiger Arbeit, vor allem ihrer ökonomisch profitablen Dimensionen. Nun ist Rationalisierung nur in der industriepolitischen Einseitigkeit angesprochen; daß diese zugleich erkenntnistheoretische Potentiale umfaßt oder diese niemals auszuschließen sind, selbst in der pervertiertesten Form gewerblicher Arbeit, verweist auf die eingangs umrissene Dialektik der Entwicklung. Rationalisierung so umfassend verstanden kann von Konstruktion dafür geeigneter Apparaturen sowie von Aufhebung automatisierbarer Routinearbeit durch diese Apparate nicht absehen: Chancen für anspruchsvollere, befriedigendere Arbeit sind mithin potentiell gegeben; allerdings dürfte die Gefahr realer sein, daß in den obwaltenden ökonomi-

schen Strukturen jeweils harte Kosten-Nutzen-Kalkulationen zwischen menschlicher und maschineller Arbeit angestellt und nach dem größtmöglichen Vorteil entschieden werden.

4. Neue IuK-Techniken sind hochkomplexe Technologien; sie absorbieren für ihre Entwicklung und Implementation gewaltige Kapitalsummen — Wertschöpfungsressourcen, die zunächst keine neuen gesellschaftlichen Werte produzieren, sondern nur die Produktion, Distribution und Verwaltung der bisher produzierten intensivieren und effektivieren (sieht man von dem vergleichsweise begrenzten Markt elektronischer Programmprodukte einschließlich Werbung ab) und die natürlich für andere, womöglich dringlichere gesellschaftliche Aufgaben fehlen — sofern man nicht die oben genannten Prämissen teilt. Unter dieser Maßgabe ist der öffentlich vielbemühte Strukturwandel der Wirtschaft zu beurteilen, der von seiten der maßgeblichen Politik durch die Privatisierung der erwirtschafteten Wertschöpfung gestützt und forciert wird — in der Hoffnung, auf diese Weise den weltwirtschaftlichen Umbruch bei gleichzeitiger Sättigung der aufnehmbaren Märkte zu bestehen. Abermals scheint hier eine Dialektik auf, die bei jeder Innovationstechnik sich ergibt, sich ‚nur' angesichts des Stadiums der Systementwicklung und der Komplexität der Innovation verschärft darstellt.

5. Schließlich eignen sich neue IuK-Techniken vorzüglich als totale Überwachungs- und Kontrolltechniken, selbst wenn sie von seiten der Kontrollorgane, vor allem von Politik und Administration, nicht zur extensiven Herrschaftssicherung genutzt würden. Denn bei allen informationstechnischen Vorgängen fallen außer den angestrebten, gegenständlichen Daten informelle, instrumentelle an, Daten mithin über das Wie des Vorgangs: „Datenschatten" werden diese fortlaufenden, formatisierten Protokolle anschaulich genannt. Sie werden für die weitere Arbeitsorganisation, Disposition und Order genutzt, gleichzeitig natürlich auch für die Leistungskontrolle und Überwachung der Beschäftigten / Anwender. Ein computerisiertes Terminal ist mithin stets alles zugleich: elektronisches Werkzeug, Datenverarbeitungsgerät, programmiertes und programmierbares Medium *und* Überwachungsinstrument. Gesetzliche Regelungen, so notwendig sie sind, so restriktiv sie ausfallen müßten, erreichen bestenfalls Rahmen- und Grenzbestimmungen, sie sind obendrein gegenüber der Dynamik der technischen Entwicklung stets in Verzug. Damit werden seit Menschengedenken die umfassendsten, penibelsten und perfektesten Kontrolltechniken zur lautlosen Herrschaftsausübung installiert, für die das herkömmliche politische Repräsentativ- und Regierungssystem, ebenfalls ein Produkt des „Projektes der Moderne", keine wirksame Handhabe mehr besitzt. Denn diese technisierte Herrschaft wird von ganz unterschiedlichen gesellschaftlichen Instanzen, ob von staatlichen, verbandlichen, industriellen, gewerbetreibenden, pekuniären, ausgeübt, ohne daß öffentliche Kontrollen dafür existieren und wirksam werden können. Besteht die einzige Kontrollchance in informatorischen checks and balances zwischen (noch) dezentralen Systemen, oder müssen wir die Orwellsche Vision eines totalitären, zentralen Systems gewärtigen?

5. Bewußtseinswandel — Spekulationen auf künftige Wirkungen?

Sämtliche Zukunftsvisionen, eher -warnungen und Szenarios antizipieren potentielle Wirkungen dieses technologischen und mithin gesellschaftlichen Wandels, Wirkungen auf Individuen, Gruppen, soziale Beziehungen, auf Abstrakta wie Kultur, Politik, Bewußtsein. So einleuchtend oder auch plausibel viele dieser Prognosen und Visionen anmuten mögen, freilich jeweils unterschiedlich für die Anhänger dieser oder jener ‚Zukunftsphilosophie', die wenigstens offenbaren ihre gedanklichen Prämissen und theoretischen Implikationen. Streng genommen, sind Wirkungen ‚ex-post'-Größen, sie können also erst im nachhinein, bei Existenz und Wirken der gesellschaftlichen Tatsache, bei vollzogener Veränderung also, ermittelt werden, und sie rekurrieren auf Kausalitätsbehauptungen, also auf dem präzisen Nachweis einer oder mehrerer Ursachen, einer oder mehrerer Folgen und deren bestimmbaren Verbindungen untereinander, zumal in einem abgrenzbaren, d.h. von anderen Faktoren unbeeinflußbaren Feld. Wenn man will: der Wirkungsbegriff ist wie kaum ein anderer dem rationalen, genauer: dem naturwissenschaftlichen Denken der Moderne geschuldet. Wer ihn verwendet, entgeht mithin nicht seiner Aporie — obgleich er womöglich für seine Aufhebung, mindestens für seine Eindämmung plädiert.

Wirkungen sind also nur retrospektiv zu bestimmen, und auch dann fällt ihre empirische Konstatierung schwer. Historische Rekonstruktionen unter dem Diktat des Kausalitätsnachweises vorzunehmen, geraten stets in die Gefahr der Vereinseitigung; funktionalistische oder auch nur deskriptive Modelle, multifaktoriell angelegt, überwiegen daher. Besonders heikel (oder auch unbefriedigend) sind strukturelle Evolutionsanalysen des gesellschaftlichen oder kollektiven Bewußtseinswandels; auch die mit empirischen Quellen gesättigten können kaum mehr als heuristische Interpretationskonstrukte sein.

Anstelle einer im Grunde unmöglichen antizipatorischen Wirkungsforschung wird heute angemessener und zurückhaltender von *Technologiefolgenabschätzung* gesprochen, und damit zugleich das unausweichliche Quantum prognostischer Spekulation eingestanden. Ihre Szenarien erweisen sich als immer dringlicher, um die gemeinhin unausweichliche Vielfalt und Interdependenz potentiell wirksamer und / oder betroffener Faktoren modellartig zu antizipieren und bei den anstehenden Großtechnologien — falls erstrebt — Optionen für Schadensbegrenzungen zu markieren. Mehr ist es in der Regel nicht, und oftmals nicht einmal dies; nicht selten dient es nur noch der Legitimation bereits gefällter Entscheidungen — wie etwa sämtliche Forschungen in den Kabelpilotprojekten — oder zutreffender noch der einigermaßen verläßlichen Abschätzung lukrativer Marktchancen, die nicht zuletzt angesichts der anstehenden Privatisierung der Informations- und Kommunikationstechniken, als Endgeräte wie als Programme, von Belang sind.

Freilich: auch hierbei sollte man sich nicht von irgendwelchen aufgebauschten Phantomen täuschen lassen. Die private Auftragsforschung ist für Außenstehende natürlich nicht einsehbar, aber die wenigen bekannt gewordenen wie etwa die „Prognos-Studie" arbeiten gleichfalls mit vielen Imponderabilien, statistisch zu

Modellrechnungen aufgewertet: „Prognos“ prognostizierte im übrigen eher gedämpfte Wachstums- und Konsumraten für den privaten Markt (Schrape, 1983), und eine jüngst durchgeführte Umfrage unter Medienexperten in Europa bilanzierte ebenfalls nur gemäßigte Zuwächse, für die Bundesrepublik im übrigen noch die geringsten (Knoche / Seufert, 1987).

Unabhängige, öffentlich geförderte Untersuchungen liegen mithin kaum vor, werden derzeit allenfalls mit geringen Möglichkeiten unternommen. (Darin offenbart sich ein prinzipielles Dilemma, über das in den einschlägigen Wissenschaften, als selbstkritische Meta-Theorien sozusagen, noch zu wenig nachgedacht wird: Daß die angeblich einschneidendste Umwälzung der modernen Industriegesellschaft mit derart schmalem und fragmentarischem wissenschaftlichem Verstand betrieben wird, und dies nach einer Phase überbordender und überzeugter Planungseuphorie und auch angesichts eines Niveaus sozialwissenschaftlichen Wissens, das sicher gewinnbringender und vorsorgender genutzt werden könnte (Beck, 1986). Das Debakel der Begleitforschung für den Bildschirmtext und die Kabelpilotprojekte (Kübler, 1987a) sowie die nur bescheidenen Anstrengungen zur wissenschaftlichen Begleitung der anfangs als radikal verändernd angekündigten sog. informationstechnischen Bildung (Armbruster / Kübler, 1988) können als symptomatisch firmieren). So beherrschen derzeit viele wohlmeinende oder auch nur wohlfeile Spekulationen über virtuelle oder schon nachweisliche Wirkungen Öffentlichkeit und Literaturmarkt, aber wenige gesicherte Erkenntnisse und auch wenige vor allem langfristig und weitreichend genug angelegte Untersuchungen.

Kategorial zu wenig geschieden wird ferner zwischen möglichen Folgen sog. harter und weicher, materieller und symbolischer Technik: Informations- und Kommunikationstechniken umfassen beide Aggregatformen, aber vornehmlich von ihren Programmen (wie immer eingegrenzt) werden gravierende Wirkungen auf das Bewußtsein erwartet. Die Gerätschaften werden bestenfalls von ergonomischen und physiologischen Erkundungen bedacht. Dennoch: auch die für die symbolische Technik verwendeten Argumentationsmuster entstammen ausnahmslos dem Präventions-Repertoire materieller Technologie. Anders gefragt: Wirken oder gar schaden symbolische Techniken wie materielle (etwa Atomkraft), oder bemühen wir nur dieselben Kategorien, weil wir keine anderen bislang entwickelt haben? Wird man so den symbolischen wie den materiellen Dimensionen der IuK-Techniken gerecht, oder vernächlässigt man die einen zugunsten der anderen vice versa?

Trendschätzungen und -skizzen für die objektiven Aspekte lassen sich wiederum leichter und verläßlicher entwerfen als für die subjektiven (wobei sich hypothetische Transfers stets aufdrängen, aber aus den erwähnten Defiziten nicht empirisch eingelöst werden können). Einige seien genannt:

— Der rasanten und mächtigen Expansion der informationstechnischen Infrastruktur steht zunächst kein ebensosehr wachsender Kommunikationsbedarf gegenüber, zumindest nicht in den privaten und informellen Segmenten. Darauf verwies bereits die „Kommission für den Ausbau des technischen Kommunikationssystems (KtK)“ in ihrem Gutachten 1976. Dieser Bedarf muß also künstlich geschaffen werden: durch Intensivierungen der Produktions- und Verkehrsprozesse sowie durch zusätzliche Kommunikationsofferten (die schon bestehende ergänzen oder verdrängen: Hierin liegt das Marktrisiko). J. Weizenbaum apostrophierte diese künstliche Bedarfweckung sehr plastisch als die grassierende *„Explosion des Quatsches“* (1987), die den Konsumenten/Rezepienten jedoch obendrein als unbedingt notwendig und begehrenswert eingebleut wird. Auf diesem Marktsektor wird man mithin in Zukunft noch etliche Eskalationen gewärtigen müssen, die sich zudem mit weiter prosperierenden technischen Oberflächen-Innovationen verbünden: Der Geräte- wie der Programm-Markt signalisiert genügend Auspizien.

— Im kollektiven Seelen-Haushalt, allerdings zu differenzieren nach verschiedenen sozialen Gruppen, scheint dieser Boom von Amüsement, Eskapismus und Scheinaktivität ein unverzichtbares, voraussichtlich noch stärker werdendes Muß zu verkörpern — vermutlich auch gerade angesichts (oder auch aufgrund) der fortschreitenden Rationalisierung der formellen Beziehungen in der Arbeit, in der Dienstleistung wie in administrativen Kontakten. Aber solche sozialpsychologischen und phylogenetischen Zusammenhänge sind noch viel zu wenig, vor allem viel zu wenig gründlich bislang erkundet (Volpert, 1985; Hafemann/Schlüpen, 1986). Der steigende Wohlstand, mindestens bei zwei Dritteln der Gesellschaft, und die wachsende Freizeit tragen ihren zusätzlichen Teil zu jener Hausse bei. Rationalisierung und Intensivierung formeller Kontakte produzieren offenbar spiegelbildlich einen expandierenden Bedarf nach Unverbindlichem, Spontanem, emotional Bestätigendem und sozial Integrativem, wenn auch vornehmlich nur vordergründig und deshalb ständig zur Wiederholung herausfordernd.

— Von objektiver Warte aus läßt sich diese Korrelation auch so formulieren: In dem Maße, wie Kommunikation in formellen Kontexten (und um die geht es vorzugsweise) sich immer weniger naturwüchsig, spontan und kontingent entfalten kann, vielmehr unter dem Diktat der Zweckrationalität und damit letztlich auch der Profitmaximierung entmischt, in ihren einzelnen, jeweils verwertbaren Komponenten ‚verzweckt‘ bzw. rationalisiert wird, so daß sich zunehmend präzis definierte, durchorganisierte und unbedingt zielgerichtete Kommunikationssegmente ergeben, die spezielle und weitgehend normierte Verhaltens- und Kommunikationsformen vorschreiben, wachsen gewiß auch gegenteilige, zumindest kompensatorische Bedürfnisse, ob insgeheim oder evident: einerseits das nach vorgeführten, inszenierten ‚Synthetisierungen‘ gerade auch in der gesellschaftlich organisierten und technisierten Kommunikation. Diese werden in versierter Scheinhaftigkeit von den diversen Unterhaltungsagenturen, vom Fernsehen bis hin zum Videospiel in der Spielhalle oder zuhause offeriert, namentlich mit ihren Illusionen des Abenteuers, des Risikos, des (vermeintlich) Unerwarteten und affektiv Unbändigen, aber auch des Sentimentalen, des Kalmierenden und sozial Einbindenden. Ausformungen und Eskalationen sind in allen Medien im vollen Gang und werfen sich in launischen Moden auf immer wieder andere Sujets, um sie mit denselben (Promotions)Mechanismen zu modellieren und aufzupuschen.
Andererseits verstärken und vertiefen sich die Bedürfnisse nach unverstellter,

zweckfreier, echter, emotional naher (mitunter zu naher) Kommunikation — oft genug mit vielen metakommunikativen, reflexiven Komponenten. Da sie jedoch häufig auch nur eines banalen Zwecks entbehren — denn solche Funktionen werden zunehmend von den formellen Kontakten und technischen Kommuniaktionsdiensten absorbiert —, gerinnen sie gemeinhin zu sehr persönlichen, bemühten, oft auch belasteten Beziehungs- und (Selbst)Ausforschungsgesprächen.
Wenn man überhaupt in Koordinaten des zivilisationsgeschichtlichen Verlust argumentieren will, dann wäre zu fragen, ob sich noch genügend, vor allem selbstverständliche Vermittlungsmöglichkeiten und Verbindungsfähigkeiten einstellen, zwischen diesen hier nur skizzierten Polen von Kommunikation angemessen zu wählen und zu wechseln. Das selbstverständliche, weil sozialisatorisch erlernte Einsichtsvermögen in die originären Zusammenhänge zwischen den Gesprächsformen sowie die Kompetenz, ihre jeweilige Angemessenheit für sich und die Gesprächspartner einzuschätzen, können darunter womöglich leiden; aber dafür wären empirische Recherchen anzustellen.
Fast tragisch mutet es schließlich an, daß die Typen der Beziehungsreflexion selbst den Weg der Formalisierung, Professionalisierung und damit der Vermarktung beschritten haben, und dies auf breiter Front, in Form vielfältiger psychologischer Therapien, Hilfen und auch Psycho-Kults (nicht zuletzt bei den sog. High-Tech-Freaks selbst (siehe etwa Turkle, 1984)). Offenbar gebiert jedes starke Bedürfnis sein unausweichliches, korrespondierendes Marktsegment — das wiederum von den Medien ventiliert und ausgeschlachtet wird. J. Weizenbaums Anstoß zum radikalen Gesinnungswandel, das zunächst spielerisch entwickelte psychoanalytische Therapieprogramm ELIZA, ist ja nicht nur deshalb so symptomatisch und bestürzend, weil es die Insensibilität, wenn nicht Unbekümmertheit etlicher professioneller Fachvertreter hervorlockte, mit solchen Programmen ihre Therapien zu standardisieren oder gar zu automatisieren, vielmehr weil es die strukturelle Analogie und Routine vieler solcher Therapiegespräche mit dem maschinellen Schematismus des Programms prägnant offenbarte (Weizenbaum, 1978, S. 13ff.).

— Mit der technisch vorangetriebenen Rationalisierung der Lebenswelt (bis in mentale Strukturen hinein) dürften sich die kulturellen Gewohnheiten und Wissensformen spezieller Bevölkerungsgruppen weiter segmentieren; demonstrativ vorgeführte und ausgeübte Detailinteressen gehören heute schon zum Attitüden-Repertoire vieler. Doch wiederum gilt es zwischen Oberfläche und Tiefenstruktur zu unterscheiden: An jener diversifizieren sich nicht nur die Medienprodukte in Materie und Form immer deutlicher, sie formen sich dadurch auch ihre jeweilige Klientel und Zielgruppe. In der Tiefe indes, sofern man auf elementare Mechanismen einerseits und basale Bedürfnisse andererseits rekurriert, sind substantielle Zuwächse bescheidener. Immergleiches wird gemeinhin nur in diversen, gleißnerischen Verpackungen offeriert, und auch die sonderlichsten oder auch exquisitesten Bedürfnissen entspringen und/oder huldigen vergleichbaren psychischen Konstellationen. Doch just solcherart Entkleidungen und Zentrierungen sind verpönt, sie entlarven die eingebleuten und gehätschelten Illusionen individueller Einzig- und Andersartigkeit. Jedenfalls: das der Moderne eigene, vornehmste Postulat der Integration von Wissen, des allgemeinen Diskurses über die zentralen Fragen wird immer unerreichbarer (sofern es jemals in erreichbarer Nähe gewesen ist). Auch die geläufige Vision des zentralen Computers und Wissensspeichers ist davon nur eine schlechte, eben technische Ausgabe. Die allmählich verfügbaren Datenbanken und Expertensysteme verdeutlichen dies allzu drastisch; obwohl sie natürlich als Herrschafts-, weil Verteilungsinstrumente eingesetzt werden können.

Dementsprechend wird man auch die geläufige Klage von den „wachsenden Wissenklüften" in der sog. Informationsgesellschaft anders, soll heißen: differenzierter bewerten müssen. Die schlichte Opposition zwischen den sog. Informationsreichen und den Informationsarmen beeindruckt oder ängstigt nur so lange, wie das jeweils verfügbare Wissen nicht beurteilt wird. Sicher: das der Informationsreichen ist das ökonomisch verwertbare und damit gesellschafltich einflußreichere. Aber wenn dieses Wissen vornehmlich unter der Obhut einseitiger Rationalisierung produziert und verwaltet wird, dann trägt es nicht zuletzt zur weiteren Zerstörung der Lebensgrundlagen bei, verliert mithin immer mehr an richtungsweisender Relevanz. Alternatives Wissen dürfte sich aber zum geringsten in den heute herrschenden Zentren rationalistischer, utilitaristischer Reproduktion bilden. Doch wie und wo entsteht es? Und wie wird es verteilt und gespeichert? Bedarf es anderer technischer Infrastrukturen? Oder ist der Computer, das telematische System schon akzeptabel, wenn es mit alternativem Wissen gefüttert ist?

— Da IuK-Techniken letztlich auf universale Regelkreise abzielen, sind ihre Sättigungsgrenzen vorgezeichnet, und zwar sowohl hinsichtlich individueller, subjektiver Kapazitäten als auch in der technischen Systemlogik. Sicher: eigendynamische, autistische Hypertrophien sind jedem technischen Subsystem immanent. Die Waffenproduktion ist dafür immer noch das ebenso sinnfälligste wie verheerendste Beispiel. Wiederum wird man nach der anderen Qualität von Information und Kommunikation fragen müssen: Lassen sich deren Produktion ohne Abnehmer, ohne Gebrauch, ja ohne Sinn und Zweck auf Dauer vorstellen? Sättigungen in zeitlicher, finanzieller und kommunikativer Hinsicht sind trotz mächtiger Investitionen und massiver Werbung hierzulande noch nicht überwindbar; alle verfügbaren Daten weisen in diese Richtung.

6. Dilemmata des Handelns — nicht nur für Pädagogen

Praktisches soziales und kommunikatives Handeln vermag den Aporien und Kontingenzen der realen Entwicklung wie auch ihrer mentalen Rekonstruktion nicht zu entgehen; medienpädagogisches erst recht nicht, in seinen gegenständlichen Dimensionen bleibt es mehr oder weniger eng reaktiven Bedienungsverhältnissen verpflichtet. ‚Nur' sollten diese nicht für jedes neu aufkommende Medium, zumal bei der voraussichtlichen Vielzahl und Oberflächenvariation, jedesmal neu entdeckt und beschworen werden, genau genommen: jedesmal neu mit den bekannten Begründungen und Zielsetzungen. Gleichviel: Begriffe der medialen Objekthaftigkeit und ihrer (potentiellen) Implikationen für die Wirklichkeitserfahrung bzw. -rekonstruktion, und zwar gemeinhin sehr verschiedene, wenn nicht widersprüchliche Begriffe, grundieren jedes medienpädagogische Handeln wie wohl kaum ein anderes bereichsspezifisches pädagogisches Handeln. Von daher ist das Postulat, medienpädagogisches Handeln als kommunikationspädagogisches (weiter) zu verstehen, weil es letzten Endes um die Chancen und Fähigkeiten der Individuen für Kommunikation geht, zwar verständlich und intentional zutreffend, aber es löst keine der involvierten, materialen wie erkenntnistheoretischen Aporien, im Gegenteil: bei allzu euphorischer Ausdeutung könnte es sie sogar verschleiern.

Medienpädagogische Theorie wird sich ihnen künftig unvoreingenommener, klarer und gründlicher stellen müssen (Kübler, 1987b): Medienpädagogisches Handeln ‚pendelt' — notgedrungen — zwischen dem (sympathischen) Pol des praktisch Machbaren, oft genug von medientechnischen Euphemismen begleitet, und dem des unerträglichen, aber letztlich wenig beeinflußbaren Systemganzen. Die Ambitionen oder auch nur Hoffnungen, diese Diskrepanzen oder gar Widersprüche mit speziellem medienpädagogischem Engagement und anwaltschaftlicher, aber sachlich begründeter Politikbeeinflussung überwinden oder mindestens subjektiv vermitteln zu können, haben sich bislang nicht verwirklichen lassen, und man wird einräumen müssen: ihre Realisierungschancen schwinden, sofern sie nicht von ganz anderer Warte, nämlich vom lähmenden Markt, Unterstützung erfahren. Dann lassen sie sich aber nicht als originär medienpädagogische Erfolge verbuchen. Am konsequentesten und engagiertesten haben diese Vermittlungsambitionen die Entschließungen des „Arbeitskreises Medienpädagogik" in Baden-Württemberg vertreten (vgl. Armbruster u.a., 1984, S. 97); vielleicht erklärt sich aus ihrem Scheitern nicht zuletzt die Resignation der Agierenden.

Doch als persönliches Versagen oder auch nur als politische Dezision lassen sich diese Diskrepanzen nicht begreifen; vielmehr sind sie von strukturellen Restriktionen bedingt, die sich in Erkenntnis und Handeln als die skizzierten Aporien erweisen. Wiederum in nur additiver Auflistung seien sie hier abschließend angesprochen:

— Von der Komplexität und Universalität der Gegenstands(re)konstruktion, von der Grundsätzlichkeit und Systemhaftigkeit des apostrophierten gesellschaftlichen Wandels hängt ab, wie sich (pädagogisches) Handeln definiert, welchen Radius und welche Intention es beanspruchen kann und wie erfolgreich es sein wird. Berüchtigt ist ja bereits die stereotype Klage über die Folgenlosigkeit medienpädagogischen Handelns — wobei weder die Referenzen des Handelns noch die Prädikatoren für Erfolg oder Mißerfolg gemeinhin expliziert werden. In sich kann ein medienpraktisches Projekt beispielsweise überaus gewinnbringend und gelungen sein, sei es in Form eines überzeugenden Produkts, sei es — auch ‚nur' — als gemeinsame Lern- und Sozialphase, gemessen an dem üblicherweise erwarteten Anspruch, Verhaltens- und/oder Einstellungsweisen im alltäglichen Medienumgang zu verändern, dürfte es voraussichtlich

eher scheitern — und zwar, wie man hinzufügen muß — notwendigerweise; denn solche Zielsetzungen überfordern in aller Regel (medien)pädagogisches Handeln, zumal wenn sie an einmalige Aktionen geknüpft werden.
Verglichen mit dem auch medienpolitisch gemeinten ‚Aufbruch' der Medienpädagogik zu Beginn der 80er Jahre, wobei dessen zufällige oder auch herbeigeredeten Motive und Triebkräfte längst noch nicht hinreichend aufgearbeitet sind (vgl. Armbruster u.a., 1984, S. 84ff.), ‚dümpelt' der medienpädagogische Impetus derzeit eher zwischen eingespielten, freilich ständig nach außen zu verteidigender Routine und politischer Resignation oder Bereichsbescheidung. Das Ende der Bescheidung, jenes geflügelte Postulat von den Medienpädagogen damals von den Literaten übernommen, wurde wohl zu früh reklamiert — gemessen wiederum an den tatsächlich bewirkten oder auch nur greifbaren Einflußmöglichkeiten in die allgemeinen Politik oder in einzelne relevante Politikbereiche. In spezielleren Koordinatensystemen etwa auf dem Feld der allgemeinen Bewußtwerdung über den Zusammenhang technologischer Innovation, gesellschaftlicher Verantwortung und pädagogischer Implikationen, dürfte das Urteil nicht nur einseitig negativ ausfallen.
Freilich: von schon fataler Tradition ist die ökonomische wie technologische Ignoranz der Pädagogik insgesamt; die Medienpädagogik mit ihrer schon angesprochenen Objekthaftigkeit wird sie sich jedoch am wenigsten weiterhin leisten können. Hier bedarf es allerdings gründlicher theoretischer Rekonstruktion; mit der Entdeckung und Anpreisung dieses oder jenes vermeintlich affinen Praxisfeldes ist es jedenfalls nicht getan. Überhaupt könnte die nun anhaltende ‚Marginalisierungsphase' — gemessen an der vorausgegangenen, freilich bedenklichen und fadenscheinigen Indienstnahme von seiten der Politik — für eine unvoreingenommene, weit ausgreifende und tief gehende Selbstdefinition und -konstitution zunächst in Theorie, dann auch womöglich in einer veränderten Praxis genutzt werden.

— Unausweichlich gehört dazu auch eine Neubesinnung und -abschreitung wesentlicher Zielhorizonte: Scheinen die bewahrpädagogischen Restriktionen und Vorbehalte für die Mehrheit zwar überwunden, wenngleich sie immer wieder hervorkommen in den unterschiedlichsten Begründungszusammenhängen und Argumentationsmuster, ob mit Absicht oder auch nur aus Unbedachtheit ihrer Urheber, so fallen die vorgebrachten alternativen, positiven Intentionen gemeinhin nicht recht überzeugend aus. Im Kern lassen sie sich auf die Zielmargen *Kompensation* und *Qualifikation* hin konzentrieren. Um nicht mißverstanden zu werden: Die überwiegende Mehrheit anderer, allgemeinpädagogischer Zielhorizonte besticht keineswegs mit beeindruckender Plausibilität, schärferer Präzision und gewisserem Realitätspotential, wie die kürzlich geführte und schon wieder abflauende Debatte um eine neue, zeitgemäßere Definition von „Allgemeinbildung" sinnfällig einräumen muß (Klafki, 1985; Heid/Herrlitz, 1987). Doch medienpädagogisches Handeln steht unter doppelter Herausforderung: der der technologischen Entwicklung einerseits und der der Befürchtung vieler, gerade die nachwachsenden Generationen könnten jene nicht mehr förderlich aushalten, geschweige denn steuern. Kompensation orientiert sich demnach stets stärker auf die Adressaten, avisiert Al-

ternativen, zumindest erträgliche Umgangsformen; der Qualifikation inhärieren gegenständliche, mithin technische, materielle Dimensionen, also bezogen auf die Geräte und Programme, und mit ihnen die beschriebenen Implikationen. Zu ihnen gesellen sich als weitere Probleme die Fragen nach den Anteilen und den Verhältnissen von informellem, gleichsam implizitem Lernen und erforderlichen, intentionalen Formen. Medien firmieren und präsentieren sich bekanntlich als mächtige Lernagenturen, gleich wie man ihre Inhalte und Ziele beurteilt. Das Lernen über sie bzw. die Reflexion des dort Gelernten bedarf daher für Adressaten wie für potentielle Veranstalter besonderer Begründung und daher auch — leider — außergewöhnlichen Erfolgnachweises. In der landläufigen Rede, Fernsehen lernten Kinder im Gegensatz zum Lesen ohne pädagogische Hilfe, wie sie unermüdlich von populären Ratgebern verbreitet wird, findet diese Problematik leider verkürzten, aber einleuchtenden Ausdruck. Was aber sind dann angemessene und zeitgemäße Qualifikationen eines heutigen Mediennutzer oder gar laienhaften Medienproduzenten, Qualifikationen, die über die probate, aber längst schon Verlegenheit signalisierenden Formel vom sinnvollen, verantwortlichen, rechten oder auch nur selektiven Gebrauch der Medien hinausgehen? Wieviel gegenstandsbezogenes Know how, wieviel kommunikative Selbstreflexion und -kontrolle und wieviel kommunikative Kompetenz in Rezeption und Produktion, in Wahrnehmung und Gestaltung sollen sie heute einschließen? Welche Anteile von Geschichte, Ästhetik, politischer Bildung, Semiotik und Handlungskompetenz sind angebracht, und bei allen Adressatengruppen gleichviel? Welche sequentiellen, curricularen Strukturen und Stufen lassen sich denken bzw. haben sich als erfolgreich (bei welchen Gruppen?) erwiesen?
Vollends wird man über das Wechselverhältnis von Kompensation und Qualifikation, ihren möglichen Entsprechungen und Ergänzungen, aber auch ihren unausweichlichen Inkonsistenzen und Gegenläufigkeiten nachdenken müssen — voraussichtlich jeweils bedingt von der Beurteilung des Gegenstandsfeldes und der subjektiven Positionserklärung im gesellschaftlichen Wandel. Nur in ihrem Kontext wird man sie explizieren müssen; eine autonom medienpädagogische Begründung scheint nicht möglich. Zudem dürften die Vorgaben und Routinen der verschiedenen Lernfelder solche Begründungen immer noch stärker prägen als vielfach eingestanden. Aber das jeweilige Geflecht muß sortiert und benannt werden!

— Auch als Medienpädagogen bleiben Pädagogen auf die Subjekte hin orientiert und ihnen verpflichtet — und nicht den Medien; insofern ist der Terminus ‚Medienpädagogik' immer mißverständlich und irreführend, gehorcht freilich der unaufhebbaren gesellschaftlichen Arbeitsteilung und wissenschaftlichen Spezialisierung. Schwierig, wenn nicht ungeklärt bleibt indes das Objekt-Subjekt-Verhältnis im Prinzip: Bewahrpädagogen verstanden und verstehen das Subjekt vorzugsweise als ‚Opfer' der Medien, das es zu schützen und zu immunisieren gilt. Sie folgen mithin strikt dem Kausalitätsdenken der Wirkungsforschung, das diese von naturwissenschaftlichen Prämissen entlehnt hat. Uneingestanden ‚verraten' Bewahrpädagogen mit diesem Subjektbegriff das pädagogische Ethos, nämlich das vom lernfähigen, sich schrittweise mit

oder ohne Hilfe der Pädagogen emanzipierenden Individuum, oder sie ignorieren das Subjekt-Objekt-Verhältnis gänzlich, indem sie nur noch die Medien und ihre ‚schädlichen' Gebaren beobachten und daraus — ungeachtet der Möglichkeiten und Fähigkeiten der Subjekte — ebensolch unvermeidliche Wirkungen ableiten. Heutige, wissenschaftlich bedachtere Medienpädagogen — kürzlich bereits als „postmoderne' mit tadelnder, wenn nicht diffamierender Absicht eingruppiert (Retter 1988, S. 34ff.) — sehen die Rezipienten/Adressaten eher in autonomer, aktiver Rolle, als selbstbestimmte Handelnde, mindestens als halbwegs Zurechtkommende, und zwar schon vom kindlichen Alter an. Sie berufen sich dabei auf empirische Beobachtungen und Untersuchungen, die in wachsendem Maße — eben auch als Konsequenz dieser veränderten medienpädagogischen Prämissen — angefertigt werden. Sie brauchen hier nicht referiert zu werden. Hinter dieser Konzentration auf die Subjekte verschwinden die objektiven Dimensionen der Medien fast völlig bzw. sind nur noch als rezipierte und in den Untersuchungen von den Probanden artikulierte Erfahrungen erkenntlich. Aus dieser erkenntnistheoretischen Diskrepanz ergibt sich zwischen den beiden hier absichtlich typisierten Fraktionen von Medienpädagogen immer weniger Berührungspunkte.
So angemessen und richtig der Ansatz der zweiteren ist — und zwar meines Erachtens ausschließlich —, in der breiten Öffentlichkeit läuft dieserart Medienpädagogik Gefahr, ihre Berechtigung und Notwendigkeit einzubüßen: Wenn die Subjekte mit den Medien schon einigermaßen zurechtkommen, und sogar mit deren ständig wachsender Flut und sensorischer Eskalation, so könnte die landläufige Argumentation lauten, dann bedarf es keiner medienpädagogischen Hilfen oder gar Korrekturen mehr. Denn in der allgemeinen Sicht ist Medienpädagogik immer noch — allenfalls weniger eindeutig — als Bewahrpädagogik verstanden und auch nur so erforderlich. Die Anerkennung, mitunter auch die zu euphemistische, aber verständliche Hochschätzung des Subjekts trägt medienpädagogischem Handeln mithin in der Öffentlichkeit Begründungsdilemmata ein, die noch nicht genug bedacht und vor allem offensiv expliziert sind. Dabei bleibt festzuhalten: hinter diese Anerkennung des Subjekts auch in medienrezeptiven Kontexten oder gerade dort, weil es sich — trotz aller Strukturierungen und Einflüsse — letzten Endes ebenso um kommunikative Situationen handelt, führt kein Weg zurück; doch die objektiven, sprich: medialen Komponenten dürfen nicht gänzlich ignoriert werden. Hier trifft sich dieses Postulat mit den Desideraten der Qualifikationsdefinition.

— Die kommunikativ-medialen Endgeräte, sei es Video, Computer, Telespiele oder auch noch (oder schon wieder) Radio, werden mit augenscheinlich steigender Begeisterung und wachsender Produktivität genutzt, deren systemische Infrastrukturen und Vernetzungspotentiale aber mit nicht minder dezidierter Schärfe und politischer Rigorosität kritisiert oder gar verurteilt — so könnte die medienpädagische ‚Szenerie' für einen Außenstehenden aussehen. Und er wird sich fragen, wie diese Diskrepanz zu vereinbaren ist, mindestens welche Begründungen für sie angeboten werden und wie sie den Adressaten, die als Kinder und Jugendliche ständig intensiver in diese mediatisierte, technisierte Welt hineinwachsen, vermittelt wird. M.a.W.: medienpädagogisches Handeln

bedarf eines eigenständigen, theoretisch begründeten Technikbegriffs, der differenziert, aber nicht nur phänomenologisch, und der wertet, aber aufgrund der Erkenntnis und Beurteilung gesamttechnologischer und -gesellschaftlicher Zusammenhänge. Dabei wird er einerseits historisch zurückgreifen und Schalt- oder Weichenstellungen ergangener Technisierung identifizieren müssen, nicht ohne auf ausgeschlagene Alternativen hinzuweisen, andererseits wird er in vielfältiger Hinsicht elementarisieren müssen, um die erwirkten sozialisatorischen Prägungen und Mutationen herauszuarbeiten.
Wiederum nur ein Beispiel: Pädagogische Argumentationen arbeiten mit Vorliebe mit der kategorialen Opposition von (tatsächlicher, empirisch vorfindlicher oder) primärer Wirklichkeit und (vermittelter, mediatisierter oder) sekundärer (Schein)Wirklichkeit; für den Verlust ersterer wird letztere verantwortlich gemacht, und viele beklagte Defizite oder Beeinträchtigungen von Kindern heute werden auf die fortschreitende Verdrängung ersterer zurückgeführt. Damit wird ein überaus einfaches dichotomisches Schema angelegt, das obendrein außerhalb jeder zivilisationsgeschichtlichen Konstitution und technisch ermöglichter Überlieferung steht. Man braucht es nicht zu wiederholen: Moderne — mitsamt ihrer pädagogischen Aufklärung — wäre ohne symbolische Materialisation von Tradition und Wissen so nicht möglich gewesen, und eine entmediatisierte, enttechnisierte Welt hätte ebenfalls keinen Bestand. Grenzen und Besonderungen sind damit gefragt, vor allem dort, wo sich — wie vielfach moniert — der technische Prometheus heute gegen sein Ethos und die Existenz überhaupt kehrt. An der Diskrepanz medienpädagogischen Handelns werden die eingangs aufgeworfenen grundsätzlichen Fragen konkret virulent und verlangen nach didaktisch plausiblen, vor allem prinzipiell glaubwürdigen Lösungen.

So erweist sich am (medien)pädagogischen Handeln ebenfalls, was im Grundsätzlich-Philosophischen angefragt wurde: Aus dem Projekt der Moderne kann Pädagogik — gerade sie ein Kind der Aufklärung — nicht umstandslos aussteigen, Medienpädagogik —als einer ihrer Nachkommen, der vornehmlich technisch induziert ist — noch viel weniger; sie bleibt im Dilemma zwischen technologischer Entwicklung und Beschwörung des Subjekts — trotz aller immer existentieller werdenden Risiken und Bedrohungen — befangen; die heuristische Klärung, wenigstens Eingrenzung der aufgeworfenen Problemfelder könnte ihr erkenntnistheoretisches Fundament stärken und sie ihre Relevanz substantieller begründen lassen. Aber die Selbstverständlichkeit und positivistisch abgestützte Erfolgsgewißheit naturwissenschaftlicher Disziplin wird sie sicher nie für sich beanspruchen können.

Armbruster, B. u.a.: Neue Medien und Jugendhilfe, Darmstadt u.a. 1984

Armbruster, B. u. Kübler, H.-D. (Hg.): Computer und Lernen. Medienpädagogische Konzeptionen, Opladen 1988

Beck, U.: Risikogesellschaft. Auf dem Weg in eine andere Moderne, Frankfurt/M. 1986

Fend, H.: Sozialgeschichte des Aufwachsens. Bedingungen des Aufwachsens und Jugendgestalten im zwanzigsten Jahrhundert, Frankfurt/M. 1988

Habermas, J.: Die Neue Unübersichtlichkeit, Frankfurt/M. 1985

Hafemann, M. u. Schlüpen, D. (Hg.): Technotopia. Das Vorstellbare, das Wünschbare, das Machbare, Weinheim und Basel 1986

Heid, H. u. Herrlitz, H.-G. (Hg.): Allgemeinbildung. Beiträge zum 10. Kongreß der Deutschen Gesellschaft für Erziehungswissenschaft, Weinheim und Basel 1987 (Zeitschrift für Pädagogik 21. Beiheft)

Klafki, W.: Neue Studien zur Bildungstheorie und Didaktik, Weinheim und Basel 1985

Knoche, M. u. Seufert, W.: Prognosen zur Entwicklung der Kommunikationsinfrastruktur in den Ländern der Europäischen Gemeinschaft bis zum Jahr 2005, in: Media Perspektiven 2/1987, S. 111-129

Kübler, H.-D.: Medienwirkungsforschung: eine Bestandsaufnahme, in: epd/Kirche und Rundfunk, Nr. 58, 60, 61 vom 29. Juli, 5. und 8. August 1987 (a)

Kübler, H.-D.: Zirkuläre Problemproduktion. Das Fach Medienpädagogik behauptet sich, in: medium 17 (1987) 1, S. 51-53 (b)

Retter, H.: Die Technisierung der Spielmittel — Vom mechanischen Spielzeug zu den elektronischen Medien, in: Fritz, J. (Hg.): Programmiert zum Kriegsspielen: Bilderwelten und Weltbilder im Videospiel, Frankfurt/M. u.a. 1988, S. 17-39

Schrape, K.: Ökonomische Perspektiven der Medienentwicklung. Über die Endlichkeit der Nachfragepotentiale für Kabelkommunikation, in: Media Perspektiven 8/1983, S. 533-545

Steinmüller, W. (Hg.): Verdatet und vernetzt. Sozialökologische Handlungsspielräume in der Informationsgesellschaft, Frankfurt/M. 1988

Symposion der Hessischen Landesregierung: Informationsgesellschaft oder Überwachungsstaat? Strategien zur Wahrung der Freiheitsrechte im Computerzeitalter, Wiesbaden 1984

Turkle, S.: Die Wunschmaschine. Der Computer als zweites Ich, Reinbek bei Hamburg 1984

Volpert, W.: Zauberlehrlinge. Die gefährliche Liebe zum Computer, Weinheim und Basel 1984

Weizenbaum, J.: Die Macht der Computer und die Ohnmacht der Vernunft, Frankfurt/M. 1978

Weizenbaum, J./Haefner, K.: „Es ist eine Explosion des Quatsches", in: DER SPIEGEL, 2. März 1987, Nr. 10, S. 92-112

Technologische Umwälzung und kultureller Wandel

Klaus Raatz

Welche (künstlichen) Intelligenzen braucht der Mensch? Notizen aus gesellschaftlicher, psychologischer und technischer Sicht

1. Künstliche Intelligenz — Seit Jahrzehnten ante portas

„Künstliche Intelligenz" ist längst mehr als ein Zweig der Informatik; das Forschungsgebiet ist weit und interdisziplinär angelegt. Hinter dem Schlagwort der „Künstlichen Intelligenz" (kurz KI) verbirgt sich jedoch, wenn man Produktentwicklungen der KI-Forschung betrachtet, gehobene Ingenieurkunst: Computer-Hardware, Zusatzgeräte, Robotertechnik, Software.

Erwächst den Menschen eine ernstzunehmende maschinell-intelligente Konkurrenz? Oder kann das Aufkommen der Computer gelassen beobachtet werden? Da bezeichnet der Bremer Informatiker Klaus Haefner Computer als „Denkzeuge" — in Analogie zu den altbekannten Werkzeugen. Die amerikanische Soziologin Sherry Turkle spricht vom Computer als „Wunschmaschine". Viele (vorwiegend männliche) Jugendliche haben indes auch ein ausgesprochen „persönliches" Verhältnis zu ihrem Heimcomputer entwickelt. Über ein Programm vertieft, gehen sie das Gerät nicht nur rational an, sondern auch mit emotionalen Seufzern: „Das mag er nicht! ... Jetzt spinnt er ... Das verkraftet er nicht!" Ähnliches wird von Menschen berichtet, die dem Computer nicht freiwillig begegnen, sondern gezwungenermaßen, zum Beispiel in der Arbeitswelt.

Seit mehr als 30 Jahren wird Computern Intelligenz zugesprochen — Künstliche Intelligenz. Nüchterner ausgedrückt: verschiedene Informatik-Zweige und EDV-Anwendungen — auch KI-Forschung und KI-Produkte — eröffnen den Zugriff der Automation auf Teile der Kopfarbeit des Menschen. Doch bislang sind lediglich „Intelligenzverstärker" in Sicht. — Eine Axt ist nicht „kräftig", sie kann als „Verlängerung" des Armes lediglich menschliche Körperkraft verstärken. Ebenso können Computerhardware und -software menschliche Leistungen unterstützen, verbessern oder übernehmen, und zwar auch — und das ist neu — komplexe nicht-körperliche, geistige Leistungen.

2. Intelligenz — ein umstrittener Begriff

Ein Blick in den Grossen Brockhaus: „Intelligenz, unterschiedlich definierter Komplex geistiger Fähigkeiten, oft eingeschränkt auf das Vermögen zur Lösung konkreter oder abstrakter Probleme und zur Bewältigung von in der Erfahrung neu auftretenden Anforderungen und Situationen durch das theoretische Begreifen von Beziehungen und Sinnzusammenhängen und die Verarbeitung und praktische Umsetzung des Erfaßten. Als wesentliche Momente der Intelligenz werden meist die Fähigkeiten des abstrakten Denkens, Auffassungsgabe, Gedächtnis, z. T. auch Kreativität angesehen. Die Intelligenz stellt einen Hauptbereich der Persönlichkeit dar. Zu ihrer quantitativen und qualitativen Bestimmung wurden auf der Grundlage der unterschiedlichen Definitionen zahlreiche Intelligenztests entwickelt."

So wurde in den fünfziger Jahren nicht nur eine schillernde Palette von Intelligenztests ausgeformt, sondern auch ein „Maß der Klugheit" entdeckt: der Intelligenzquotient. Psychologen, die in amerikanischen Schulen und Militäreinheiten Kandidaten auf ihre Eingangstauglichkeit zu prüfen hatten, bedienten sich als erste solcher Methoden; heute hat es der handliche, aber umstrittene IQ zu leidlicher Bekanntheit gebracht, nicht zuletzt durch entsprechende Tests in den einschlägigen Publikumszeitschriften.

Was taugen Intelligenztests? Gilt die operationale Formel, wonach Intelligenz das sei, was Intelligenztests messen? Ulrich Neisser (ein Begründer der Kognitiven Psychologie) äußert sich dazu skeptisch: „Wir benennen einen Gegenstand nach seiner Ähnlichkeit mit einem uns vertrauten Prototyp. Versuchen Sie mal, den Begriff Sessel hieb- und stichfest zu bestimmen. Ist dieser Sitzsack hier ein Sessel oder nicht? Ob wir ihn so nennen wollen, richtet sich danach, wie ähnlich er dem ist, was wir bisher Sessel zu nennen gewohnt sind. Analog dazu nennen wir jemanden intelligent, wenn er unserem Prototyp, dem Ideal eines intelligenten Menschen, ähnelt. Und zu fragen, wie intelligent ein Mensch, wäre dann logischerweise gleichbedeutend mit der Frage, wie sesselig ein Sofa ist. Beide werden nach ihrer Ähnlichkeit mit dem Prototyp bewertet."[1]

Der Intelligenzquotient stellt kein absolutes Maß dar, sondern taugt allenfalls als Vergleichswert im Rahmen einer bestimmten Personengruppe, die zu einem bestimmten Zeitpunkt mit bestimmten Tests beauftragt wird. Ein Intelligenztest bringt also konkrete Abweichungen und Unterschiede zutage, nicht aber allgemeingültige Aussagen. Zudem kann nur ein kleiner Ausriß aus dem breiten Spektrum menschlicher Fähigkeiten wirklich operational getestet werden. Typische Testfragen:

a) Setzen Sie die fehlende Zahl ein:	1 2 4 7 11 16 …
b) Unterstreichen Sie das Wort, das hier nicht paßt:	Lärche Nachtigall Ente Kuckuck

Wer aber wollte in einem Intelligenztest Aufgaben wie diese erwarten:

a) Beweisen Sie den pythagoreischen Lehrsatz!
b) Schreiben Sie einen Kriminalroman, der in einem mittelalterlichen Kloster spielt!
c) Komponieren sie ein Konzert für Klavier und Orchester!

Das Dilemma liegt dabei nicht darin, daß in Intelligenztests keine komplexen Aufgaben gestellt werden können; vielmehr baut die Operationalität von Intelligenztests auf einer stark eingeschränkten Vorstellung von Intelligenz auf. Wie sollte etwa ein Roman bewertet werden? Sollten Rechtschreib- und Grammatikfehler gezählt werden oder die Zahl und Plazierung der erzählerischen Höhe- und Wendepunkte? Sollte eine Jury herangezogen werden? Wer sollte dann Mitglied werden?

Intelligenztests stellen durchweg logisch-abstrakte Aufgaben, gleich ob aus dem Bereich der Mathematik, der Sprache oder der Welt der Bilder. Intelligenztests messen das, was Intelligenztests messen können, mehr nicht.

Dem Intelligenz-Begriff, der auf einen oder wenige Faktoren baut (und im Extrem zur quantitativen IQ-Bestimmung führt), stehen Definitionen gegenüber, die Intelligenz sozusagen in mehreren Gehirn-Schubladen suchen. So zählt der Sozialpsychologe Howard Gardner sieben multiple, weitgehend unabhängige Intelligenzen auf [2]:

— die linguistische oder sprachliche Intelligenz,
— die musikalische Intelligenz,
— die logisch-mathematische Intelligenz,
— die räumliche Intelligenz,
— die körperlich-kinästethische Intelligenz,
— die intrapersonale Intelligenz und
— die interpersonale Intelligenz.

Autoren und Komponisten, Programmierer und Architekten, Bildhauer, Psychologen und Medienpädagogen (und nicht nur sie) — alle werden sich wiederfinden in dieser Liste menschlicher Potentiale. Daß die logisch-mathematische Intelligenz hier nur eine unter vielen ist, sollte jenen, die Intelligenztests entwickelt haben, ebenso zu denken geben wie den KI-Forschern. Howard Gardner: „Ich versuche, Sprache und Logik vom Podest zu stürzen, um das Spektrum menschlicher Fähigkeiten zu demokratisieren."[3]

3. KI-Forschung — Ausgangspunkt, Versprechungen, Leistungen

Blickt man auf die Intelligenz-Begriffe, die für die Entwicklung der KI-Forschung prägend waren, stößt man auf instrumentell-operationale Definitionen, die zudem mit Vorliebe „unabhängig vom Träger der Intelligenz" formuliert werden. So heißt es in einem Buch, das der KI-Pionier Edward A. Feigenbaum zusammen mit der Fachjournalistin Pamela McCorduck veröffentlicht hat: „Das Wort Intelligenz entstammt dem lateinischen legere, das buchstäblich pflücken (vor allem Früchte), sammeln, anhäufen und damit wählen und einen Eindruck gewinnen bedeutet. Intellegere bedeutet auswählen und damit verstehen, erkennen und wissen. Wenn wir uns ein künstliches Gebilde vorstellen können, das sammeln, anhäufen auswählen, verstehen, erkennen und wissen kann, dann haben wir eine künstliche Intelligenz. Grob gesprochen, ist es das, was die kommenden Informationsverarbeitungsanlagen tun werden, ob sie nun japanischen oder amerikanischen Ursprungs sind."[4]

Die Wurzel dieser Vorstellung findet sich im sogenannten Turing-Test, einem Versuch, den der englische Mathematiker Alan Turing Anfang der fünfziger Jahre (in der Theorie!) so anlegte:

Ein Versuchsteilnehmer (ein Mensch) sitzt an einem Terminal (Fernschreiber) und tauscht über eine Tastatur Texte aus, zum einen mit einem menschlichen Dialogpartner, zum anderen mit einer Maschine. Der Versuch läuft auf das Theorem heraus: Wenn der Versuchsteilnehmer nicht erkennen kann, welche der Texte, die er erhält, von der Maschine kommen, müsse die Maschine als intelligent bezeichnet werden.

In den fünfziger Jahren trat die junge KI-Forschung mit großspurigen Vorhersagen an. Herbert A. Simon prophezeite 1957 unter anderem:

In spätestens 10 Jahren werde ein Computer Schachweltmeister, sofern ihn nicht die Regeln von der Teilnahme ausschlössen. In spätestens 10 Jahren werde ein Computer ein bedeutendes, neues mathematisches Theorem entdecken und beweisen. In spätestens 10 Jahren werde schließlich die Mehrzahl der psychologischen Theorien in Form von Computerprogrammen bestehen oder in Form von qualitativen Aussagen über die Merkmale von Computerprogrammen.

Nichts von dem ist eingetreten, auch 30 Jahre später nicht. Zwar haben menschliche Großmeister mittlerweile gegen Schachcomputer verloren, zwar wurde ein (bekannter) mathematischer Beweis im nachhinein von einem Computer geführt, zwar hat der Computer in der praktischen Psychologie bereits für Aufsehen gesorgt [5], doch insgesamt haben sich die Träume der KI-Pioniere in der ursprünglichen Form nicht erfüllt.

Nichtsdestotrotz spielen Anwendungen der KI-Forschung heute zunehmend eine Rolle in vielen Lebensbereichen: in der Ausbildung und im Militärwesen, in der Medizin und nicht zuletzt in der Arbeitswelt. Die Zweige der Künstlichen Intelligenz gliedern sich durchaus nach praktischen Anwendungen, nicht mehr nur nach Prophezeiungen:

— Robotertechnik (Vorprogrammierte selbständige Arbeitsabläufe bei Handhabungsautomaten; Steuerung mechanischer Tätigkeiten, zunehmend in Verbindung mit Bildverstehen),
— Sprachverstehende Systeme (Computereingaben und -ausgaben in grammatikalisch und syntaktisch natürlicher und semantisch sinnvoller Sprache; Verstehen gesprochener Sprache und Ausgabe in synthetisch-gesprochener Sprache),
— Bildverstehen (Erkennen und Auswerten von optischen Mustern (Videomaterial); Anwendungen in der Montage, in der Medizin und in der Waffentechnik (Luftbildauswertung),
— Expertensysteme (Informationssysteme, die auf Expertenwissen basieren, Informationsverarbeitung zur Entscheidungsvorbereitung in einzelnen Fachgebieten,
— Deduktionssysteme (automatisches Prüfen und Beweisen logischer Beziehungen),
— Computerunterstütztes Lernen (Grundlage: Expertensysteme); dynamische Lösungsstrategien für komplexe Spiele (Schach),
— Automatischer Wissenserwerb (maschinelles Lernen, Aktualisieren von Expertensystemen),
— Cognitive Science (interdisziplinäre Zusammenführung von Forschungsbereichen der Informatik, der Psychologie und der Linguistik).

4. Jenseits der Grenzen der Künstlichen Intelligenz

Die Gemeinde der KI-Forscher sah sich von Beginn an herber Kritik ausgesetzt — und bald kam die Kritik auch aus den eigenen Reihen.[6] Doch auch heute treten KI-Experten mitunter noch mit kühnen Prophezeiungen an: „Der Computer erzeugt Information. Das Wesen der Computerrevolution besteht eben darin, daß die Mühe, das künftige Wissen der Welt zu erzeugen, von menschlichen Köpfen auf Maschinengebilde übertragen wird. Entgegen der Bibel (Buch Salomo) könnte es doch etwas neues unter der Sonne geben."[7]

Etwas Neues unter der Sonne? Überzogene Begriffe? Bestandteile der KI sind Hardware und Software: Computer, Zusatzgeräte und Programme. Computerprogramme (der Kern der EDV und der KI) unterliegen vorgegebenen Regeln, Algorithmen, Rezepten, Vorschriften, Verfahrensweisen...

Eine sehr eingeschränkte Zutatenauswahl, wenn man all die Komponenten menschlichen Denkens und Handelns betrachtet:

Da gibt es den Kosmos der Gefühle und Empfindungen: Lust, Neugier, Spannung, Interesse, Intuition, Neid etcetera. Natürlich sind Elemente der Ratio dabei — die Frage, die Überlegung, das Denken, das Ziel. Auch die Körperlichkeit spielt mit: hier ein Lächeln, dort ein handwerkliches Geschick, wieder woanders ein Händedruck! Und nicht zu vergessen die individuellen und gesellschaftlichen Kontexte: Ironie, Metaphern, Geschichtsbewußtsein, persönliche und gesellschaftliche Ziele und Wertvorstellungen...

Nicht alle dieser Komponenten sind grundsätzlich produktiv und richtungsweisend. Wer aber wollte sagen, daß ein Impuls von Neid einer intelligenten Lösung abträglich sein muß; Wer wollte sagen, daß eine „doppelte Portion" Interesse oder Geschichtsbewußtsein nützlich sein muß? Und wie sollte die richtige Mischung — die offensichtlich auch auf menschlicher Ebene noch nicht gefunden ist — je in einen Computer gefüttert werden? Der Nürnberger Trichter — ein Phantasieprodukt. Das Perpetuum Mobile — ein Phantasieprodukt. Es scheint, als wolle die KI-Gemeinde diese beiden Schein-Produkte auch noch zusammenbringen.

Die Künstliche Intelligenz formuliert Problemlösungen, die mit künstlichen Systemen angesteuert werden. Der Ablauf der Problemlösung kann dabei als weitgehend vernünftig bezeichnet werden, insofern Logik und vorhandenes Wissen in die Lösungsstrategien eingebracht werden — soweit es eben geht.

Der Begriff der Künstlichen Intelligenz — eine unglückliche Wortwahl! Computer (als Träger künstlicher Intelligenz) erbringen zwar quasi-vernünftige Leistungen, aber auf eine Art, die dem breiten Spektrum menschlicher Intelligenz nicht nahekommt. Allenfalls Teile menschlicher Intelligenz werden simuliert. Der Psychologe Howard Gardner erklärt, er wolle Logik und Sprache vom Podest holen, wolle das Ansehen anderer Ausprägungen menschlicher Intelligenz retten. Gardner rüttelt damit an der Autorität genau jener Intelligenzen, die noch am besten von Künstlicher Intelligenz nachgeäfft werden können. Was ist aber mit anderen Intelligenzen, zum Beispiel der musikalischen Intelligenz? Nun, Computer spielen perfekte Bassläufe, führen Kompositionsprogramme aus, berechnen gar, wie Beethovens 10. Sinfonie klingen könnte. Intelligenz aus der Retorte!

Der Input Künstlicher Intelligenz — ob Computerprogramm oder Deduktionssystem, ob Grundinformationen oder Basisdaten, etwa für ein Expertensystem — kommt dabei stets von Menschen! Computer verarbeiten Daten und Informationen in logischen Schlüssen aufgrund abstrakter Algorithmen. Doch Computersoftware wird deshalb weder neue Daten und Informationen erzeugen (erfinden?), KI-Systeme können — wie auch herkömmliche EDV-Anwendungen — allenfalls Ergebnisse liefern, die ohne Computerhilfe nicht oder nur mit großer Mühe und großem Zeitaufwand erzielt werden könnten.

Wenn aber in einem Computer Millionen von Adressen exakt gespeichert sind, hat dann die Maschine ein gutes Gedächtnis oder lediglich einen großen Speicher? — Wenn ein Computer den menschlichen Schachweltmeister bezwingen wird (was immer wahrscheinlicher wird), ist dann der Rechner ein besserer Schachspieler oder ist er nur geschickt genug programmiert? Wenn je mit KI- und Computerhilfe der genetische Code „geknackt" werden sollte — wem gebührt dann Lob (oder Kritik)? Künstlicher Computerintelligenz oder jenen Menschen, die wieder einmal Maschinen auf die richtige Fährte setzten?

Alan Turing orakelte in den Frühzeiten der Computertechnik, der Begriff des „Denkens" werde einem allmählichen Bedeutungswandel unterliegen. Die Frage „Können Maschinen denken?" werde gegen Ende des 20. Jahrhunderts kaum noch Emotionen freisetzen. Sind wir schon so weit? Tatsächlich spricht man in der Computerbranche bereits von „intelligenten Fahrstühlen" — wenn nämlich Lifts darauf programmiert sind, bevorzugt jene Stockwerke anzufahren, vor denen besonders viele Menschen warten. Wärmesensoren weisen ihnen den rechten Weg. Sollte man also nicht auch von intelligenten Wärmesensoren sprechen? Gebäude werden mittlerweile als intelligent bezeichnet, wenn sie von einem ausgeklügelten System von Telekommunikationsanschlüssen durchzogen sind. Wird man demnächst jede ISDN-Steckdose intelligent heißen?

Wird Turing recht behalten? Werden wir dann nicht fälschlicherweise Daten und Informationen mit Wissen gleichsetzen, Programmierung mit Motivation verwechseln und Verarbeitung mit Denken?

5. Die Herausforderung: die „Intelligenz" aus der Steckdose

In Computerprogrammen werden Informationsbestände gebündelt, neu gefaßt, sortiert, konzentriert, verarbeitet — und mitunter auf fatale Weise uniformiert.

Wall Street im Herbst 1987. Der Börsenkrach war von Computerprogrammen weder verursacht noch ausgelöst worden. Die Kurseinbrüche nach dem Einsetzen der Baisse fielen jedoch besonders heftig aus, weil Börsenentscheidungen vielfach auch von Computersoftware beeinflußt werden. So marschierten aufgrund vorgegebener Elemente der Beratungs-Software immer mehr Börsianer in die gleiche Richtung — zum Verkauf. Der Erdrutsch, einmal in Bewegung, setzte aber auch Programme in Aktion, die nicht nur Börsen-Empfehlungen abgaben, sondern auch — von Computer zu Computer — automatisch in Transaktionen umsetzten. Was geschah? Ein kühler Börsenchef zog den Stecker. Der Computerhandel wurde suspendiert. Die Baisse war abgefangen, aber bei weitem nicht gestoppt; schließlich agierten noch die Menschen — bis Börsenschluß.

Lehren (nicht nur) aus dem Börsen-Crash:

1. Irren ist menschlich. Also können auch Computerprogramme und Deduktionssysteme Fehler enthalten.
2. Komplexe KI-Systeme bündeln Informationen, bündeln Input, der von Menschen stammt. Fehler in KI-Systemen können drastischere, weil verborgenere Folgen haben als Fehler in konventionellen technischen Systemen.
3. Eine Vielzahl vernünftiger/richtiger (individueller) Entscheidungen führt nicht unbedingt zu vernünftigen/richtigen Gesamtlösungen.
4. Auch ein vernünftig funktionierendes System funktioniert nicht unbedingt fehlerfrei.

Der Schwarze Montag von New York — nicht nur ein Milliarden-Crash, sondern auch ein Menetekel: Wenn Entscheidungen und Prozesse ganz oder teilweise oder auch nur im Ansatz an Maschinen delegiert werden, sollten sich die Menschen zumindest den schnellen Griff zum Netzstecker sichern. Denn was an der Börse passierte, geschieht im kleinen tagtäglich, überall dort, wo Menschen sich auf maschinelle Intelligenz verlassen. Das Taschenrechner-Syndrom!

Lehrer klagen über Schüler, die nicht nur am Kleinen Einmaleins scheitern, sondern damit auch an den wichtigen Überschlagsrechnungen. Was ergibt 13,6 mal 2490,67? Ein Problem für den Taschenrechner? Wenn es um das exakte Ergebnis geht — warum nicht? Was aber, wenn der Personalleiter fragt: „Sind Sie mit dem Jahresgehalt von 13,6 mal 2490 Mark 67 einverstanden?“ Fatal, wenn der Bewerber dann mit „Ja“ antwortet, weil er meint, damit auf gut 40000 Mark zu kommen — das Anfangsgehalt, das er sich erträumt hat (und nicht bekommen wird).

Sozialforscher berichten über zunehmende Computergläubigkeit. Und sie fordert Opfer, ohne daß Computer in Erscheinung treten! „Trenne nie ‚ST‘, denn es tut ihm weh“, so die Faustformel. Was ist mit Donnerstag? Da sehen Kinder in einem Wörterbuch die falsche Trennung Donner-stag (ein Fehler im Silbentrennungsprogramm einer Textverarbeitung!) und übernehmen den Fehler.

In welche Kalamitäten schließlich stürzen uns KI-Forscher, die jetzt so hoffnungsvoll Expertensysteme entwickeln und anpreisen — zu einer Zeit, in der die Experten nicht mehr die letzte hehre Zuflucht der Öffentlichkeit sind, sondern (das wurde spätestens mit dem Reaktorunglück von Tchernobyl deutlich) zerstrittene Streithähne mit unterschiedlichen Prämissen, Einschätzungen und Prognosen.

Fall 1: Eine Ärztin diagnostiziert eine schwerkranke Patientin und konsultiert dazu ein medizinisches Expertensystem. Das Urteil des Computers: Nur nicht operieren! Die Ärztin operiert erst einmal nicht. Die Patientin stirbt. Die Hinterbliebenen gehen vor Gericht und stützen sich auf das Gutachten eines Mediziners, der dem Urteil des Expertensystems nicht gefolgt wäre, aus Mißtrauen gegenüber der Künstlichen Intelligenz.

Fall 2: Ein Arzt diagnostiziert einen schwerkranken Patienten und konsultiert dabei ein medizinisches Expertensystem. Der Rat aus dem Computer: Unbedingt operiert nicht. Der Patient stirbt. Die Hinterbliebenen verklagen den Arzt und ziehen ein Gutachten eines Mediziners heran, der dem Urteil des Expertensystems seinerseits gefolgt wäre, im Vertrauen auf die Leistungsfähigkeit der Künstlichen Intelligenz.

Weitere Varianten in diesem fiktiven Konfliktfeld sind denkbar. Und wenn sie nicht schon allesamt aktenkundig sind, ist es nur noch von Belang, in welcher Reihenfolge sie anfallen werden.

Delegation, auch die Delegation von Entscheidungen und Entscheidungsvorbereitung, entbindet den Menschen nicht von der Verantwortung für sein Handeln und Unterlassen. Ebensowenig schützt das Vertrauen auf die eigene Urteilskraft davor, daß eine einmal getroffene Entscheidung von der Umwelt in Bausch und Bogen abgelehnt wird. Zu jedem Experten existiert heute ein Gegen-Experte.

Was wir brauchen, ist zum ersten: Mehr Bedachtsamkeit in der Wahl der Worte. Wenn wir schon nicht von „Gekünstelter Intelligenz" sprechen, warum nicht wenigstens vom „Simulierten Verstehen"? [8]

Was wir brauchen, ist zum zweiten: Mehr Bewußtsein darum, in welche Abhängigkeiten wir uns begeben können, wenn wir auf mehr Bequemlichkeit, auf größere Effektivität oder auf andere kurzfristige Vorteile aus sind. Mit komplexen Computersystemen und KI-Anwendungen werden den verborgenen Falltüren nützlicher, liebegewordener Techniken weitere hinzugefügt.

Auch die Künstliche Intelligenz ist kein neues Heilsystem, kein technisches Wundermittel und schon gar nicht ein Schritt in der Evolution auf Erden. Wie andere Entwicklungen von Wissenschaftlern, Ingenieuren und Technikern sind KI-Produkte potentiell nützlich, aber auch latent gefährlich. Die Künstliche Intelligenz eröffnet neue Wege, zeigt neue Lösungen — und bereitet neue Probleme. Computer sind Hilfsmittel, die auf rechte Weise eingesetzt werden sollten. Krücken benutzen wir nach einem Beinbruch, um wieder auf die Beine zu kommen, um wieder mit dem Gehen zu beginnen. Wer sich aber — ohne es zu müssen — nur noch mit Krücken durch die Welt bewegt, muß sich nicht wundern, wenn ihm die Beines eines Tages den Dienst versagen.

Anmerkungen:

1 vgl. Red. Psychologie Heute S. 73
2 vgl. Red. Psychologie Heute S. 97 ff
3 Red. Psychologie Heute S. 85
4 Feigenbaum/Mc Corduck, S. 49
5 vgl. Weizenbaum, S. 250 ff
6 vgl. Dreyfus und Weizenbaum
7 Feigenbaum/Mc Corduck, S. 54
8 vgl. Huber

Literatur:

Dreyfus, H.L.: Die Grenzen künstlicher Intelligenz. Was Computer nicht können. Königstein/Ts. 1985

Feigenbaum, E.A./Mc Corduck P.: Die Fünfte Computer-Generation. Künstliche Intelligenz und die Herausforderung Japans an die Welt.

Basel, Stuttgart, Boston 1984

Haefner, K./Eichmann, E.H./Hinze, C: Denkzeuge. Was leistet der Computer? Was muß der Mensch selber tun? Basel, Stuttgart, Boston 1987

Huber, W.: Simuliertes Verstehen, Künstliche Intelligenz und natürlicher Schwachsinn. München 1980

Red. Psychologie Heute (Hg.): Thema: Intelligenz. Wenn du denkst... Weinheim, Basel 1987

Turkle, Sh.: Die Wunschmaschine. Vom Entstehen der Computerkultur. Reinbeck 1984

Weizenbaum, J.: Die Macht der Computer und die Ohnmacht der Vernunft. Frankfurt/Main 1977

Stefan Müller-Doohm

Kann die Gesellschaft an ihrer Technologie veralten? Thesen

Alte Gesellschaft — neue Medien, diese Formulierung enthält eine provokative und zugleich brisante Unterstellung: Die Formulierung impliziert die Behauptung, daß die Gesellschaft an ihrer Technologie veraltet bzw. veralten könnte.

Diese Hypothese will ich unter drei Aspekten hinsichtlich ihrer Stichhaltigkeit überprüfen:

Erstens will ich ein wenig Licht darauf werfen, wie heute in einigen vorherrschenden gesellschaftstheoretischen Denkströmungen das Verhältnis von sozialem und technischem Fortschritt reflektiert wird. Diese theoretischen Überlegungen formulieren alternative Rahmenbedingungen für das Verständnis der Interdependenz Gesellschaft und technisch avancierter Telematik. Dabei ist der Tatsache Rechnung zu tragen, daß die Informations- und Kommunikationstechnologie nur ein Teil des technologischen Komplexes darstellt und etwa durch Kern-energietechnik und Gentechnik ergänzt wird.

Im Anschluß daran will ich mich mit der auffälligen Verbindung von sozialwissenschaftlicher Zeitdiagnose mit den Theorien der ‚Post-Moderne' auseinandersetzen, die über die Behauptung eines Veraltens moderner Sozialstrukturen und Institutionen hinaus das Ende von Geschichte und Gesellschaft behaupten. Nach kritischer Prüfung dieser einflußreichen Theorien ist zu diskutieren, ob die implizite Vermutung einer alternden Gesellschaft und absterbenden Kultur nicht selbst obsolet ist.

Im dritten Teil stehen spekulative Überlegungen zum Verhältnis von symbolisch vermittelter Interaktion, Massenkommunikation und den sozio-kulturellen Voraussetzungen für Identitätsbildungsprozesse im Vordergrund. Hier drängt sich die Frage auf, ob die von der kritischen Medienforschung festgestellte Symbolzerstörung durch die Telekommunikationsindustrie nicht die Humanform sprach- und handlungsfähiger Subjektivität gefährdet.

1. Was das Forum Kommunikationskultur in seiner Themenstellung suggeriert, daß die Entwicklung von Informations- und Kommunikationstechniken vorausschreitet und die Gesellschaft veraltet, steht im direkten Widerspruch mit einem Großteil sozialwissenschaftlicher Evolutionstheorien. Ich erinnere nur an das einflußreiche Paradigma der Produktivkraftentwicklung in der Kapitalismustheorie von Karl Marx. Ihr zufolge sind die Produktivkräfte, das „Resultat der angewandten Energie des Menschen", sind auch und gerade die technischen Instrumente der Naturaneignungen nicht nur Motor historischer Entwicklungen, nicht nur Faktoren von Innovationsprozessen in der sozialen,

politischen und kulturellen Organisation der Gesellschaft, sondern auch Potential der Befreiung vom Naturzwang und der Klassenherrschaft, Potential der Emanzipation der Gattung insgesamt. Zwar hatte die Marx'sche Theorie mit der Ungleichzeitigkeit eines langsamen Wandels des Überbaus der Produktionsverhältnisse einschließlich des Staates sowie des Bewußtseins und einer rapiden Veränderung der Technologie gerechnet und diesen „cultural lag" im Rahmen einer Dialektik von Produktivkräften und Produktionsverhältnissen als ein vorübergehendes Phänomen gedeutet: Als Resultat dieser Dialektik, so nahm Marx an, sprengen die modernen Produktivkräfte die zurückbleibenden und veralteten Produktionsverhältnisse und beseitigen in einem revolutionären Prozeß die hemmenden Eigentums- und Herrschaftsverhältnisse.

Die utopischen Hoffnungen sowohl dieses emanzipatorischen Technik-Konzepts als auch das geschichtsphilosophische Konzept einer Dialektik von Produktivkräften und Produktionsverhältnissen haben sich historisch nicht nur als illusionär erwiesen, sondern sind in das Gegenteil eines fundamentalen Technik- und Geschichtspessimismus umgeschlagen. Heute bestreitet kaum jemand das Faktum, daß die Gesellschaft, ihre politischen Institutionen lebensweltlichen Strukturen und sozio-kulturellen Verhältnisse hinter der eigendynamischen Technik-Entwicklung zurückbleiben. Die Krise der Epoche wird darin gesehen, daß die Gesellschaft mit der Progression der Technologie nicht Schritt zu halten vermag und ihr Opfer zu werden droht.

Diese Version einer Technokratie-Kritik existiert in zwei *krisentheoretischen* Varianten, zu denen eine weitaus radikalere *katastrophentheoretische* Technikprognose hinzukommt. Während neokonservative Theorien sich für den Erhalt von Traditionsbeständen stark machen und die kulturellen Errungenschaften sowie moralischen Institutionen gegen den Selbstlauf einer destruktiven und nivellierenden Technik ausspielen, die der Begrenzung und Kontrolle nach Maßgabe kultureller Werte und verantwortungsethischer Ziele bedarf, zielt die Systemtheorie auf eine Reduktion von Komplexität durch die Eliminierung von ohnehin irrelevanten traditionellen oder individuellen Einflußprozessen und die Abkoppelung der Subsysteme. Es gelte, ihre Leistungsfähigkeit, auch die der technischen Systeme, durch Einseitigkeit zu erhöhen. Damit wäre überhaupt erst die interne Strukturierung und Effizienz geschaffen, auf die eine technisch industrielle Zivilisation prinzipiell angewiesen ist.

Beiden Theorien ist gemeinsam, daß sie die Interdependenz zwischen Gesellschaft und Technik als eine zwar krisenhafte, aber doch entwicklungsfähige und offene Beziehung verstehen. Hingegen differieren Neokonservatismus und Systemtheorie erheblich bezüglich ihrer Strategien und Zielvorstellungen bei der Bewältigung von Folgeproblemen des technischen Fortschritts. Die Fortschrittskritik etwa von Robert Spaemann sucht Auswege in der „Wiederherstellung einer nicht mediatisierbaren, nicht verwaltbaren und nicht funktionalisierbaren Unbedingtheit ..., der Unbedingtheit des Religiösen, des Sittlichen und des Künstlerischen" (1986, 36). Der Systemfunktionalismus Niklas Luhmanns rechnet mit Systemrationalität in dem Maße, wie gerade die Differenz von Technik und Kultur sich entfalten kann: „Für jedes Funktionssystem in der Gesellschaft wäre dieses Prinzip mit entsprechender Systemreferenz zu reformulieren, wobei zu beachten wäre, daß es keine Aggregation solcher Systemrationalitäten zu einer gesamtgesellschaftlichen Systemrationalität geben kann, weil jedes Funktionssystem nur die Eigenrationalität kalkuliert und die Gesellschaft im übrigen als Umwelt behandelt" (Luhmann 1986, 247).

Gegenüber solchen, zwar vom Bewußtsein der Krisenbewältigung getragenen, aber doch zukunftsoffenen Perspektiven summieren sich post-moderne Gesellschaftstheorien, die auf eine radikalisierte philosophische Vernunftkritik sowie die soziologische Technik- und Bürokratiekritik zurückgreifen, zu weitaus negativeren Positionen als die beiden erwähnten. Gesellschaftliche Rationalität und Technik gelten als ein systemisches Ganzes, das mit der Entwicklungslogik eines Automaten seiner eigenen Selbstzerstörung entgegentreibt. Bringt man all diese Einzelkritiken auf einen Nenner, so projizieren sie zusammengenommen das Bild einer postindustriellen, informations- und kommunikationstechnologisch determinierten Dienstleistungsgesellschaft als einem perfekten Kontrollsystem, das für die medienkonsumistisch pazifizierten Subjekte zur Konsequenz von „Informationsfellachentum im elektronischen Gehäuse der Hörigkeit" (Koch 1983, 741) führt.

2. Den Theorien der Postmoderne zufolge sind alle Zukunftsperspektiven verstellt, weil weder die in der Technik noch die in den soziokulturellen Strukturen der Lebenswelt und den politischen Institutionen verkörperte Rationalität das Ende der Geschichte zu verhindern vermag.

   Eine diffuse Verbindung von geschichtsphilosophischem Pessimismus, apokalyptischer Zeitdiagnose und sozialwissenschaftlichen Krisentheorien begründet die hermetischen Gestalten postmoderner Gesellschaftskritik. Sie unterscheidet sich auf charakteristische Weise von den älteren gesellschaftstheoretischen Krisendiagnosen.

   Diesen lag das geschichtsphilosphische Konstrukt einer dialektischen Bewegung antagonistischer Kräfte zugrunde, die zwar zum Zusammenbruch bestehender Gesellschaften und zum Untergang kultureller Epochen führen werde, der jedoch keineswegs mit dem Ende der Geschichte der menschlichen Gattung insgesamt gleichgesetzt wurde. Im Gegenteil: Die Vorstellung einer krisenhaften Zuspitzung der gesellschaftlichen Entwicklung war begleitet von der Hoffnung, die Gattungsgeschichte werde sich auf evolutionär höherem Niveau fortsetzen.

   Das katastrophentheoretische Deutungsmuster argumentiert gerade umgekehrt: Die Gefährdungen für die Bestandserhaltung moderner, hochtechnisierter Gesellschaften gehen nicht von unzureichend beherrschten inneren Widersprüchen oder äußeren Widerständigkeiten aus, sondern von der Überperfekt ausgebildeten Fähigkeit, diese „konventionellen" Probleme zu meistern. Es sind, dies ist das *erste* charakteristische Grundmuster des katastrophentheoretischen Paradigmas, die Folgen des erreichten Niveaus extremer Systemstabilität, die die elementaren Voraussetzungen der sozialen Reproduktion insgesamt bedrohen. Diese systemische „Ultrastabilität" (Koch / Narr 1979) ist das Resultat einer Externalisierung der intern ungelösten Krisenhaftigkeit: der Preis für ihre systemimmanente Entschärfung ist ihre Vorverlagerung und Verschiebung in die Grundlagen des natürlichen wie sozialen Lebensprozesses. An die Stelle der Krisendiagnose sozialer Systeme aufgrund interner Spannungen tritt die Katastrophendiagnose in bezug auf die systemischen Umweltbezüge — und dies in beiden Dimensionen: Sowohl hinsichtlich der Erschöpfung natürlicher Ressourcen und der Zerstörung ökologischer Gleichgewichts- und Ausgleichbedingungen als auch hinsichtlich der Überfremdung und Zersetzung der sinn- und identitätsstiftenden Strukturen der Lebenswelt. Die Hyperstabilität der modernen, hochindustrialisierten Gesellschaften erhält sich auf Kosten der progressiven Erschöpfung seiner internen (subjektiven) wie externen (objektiven) Systemumwelten und gefährdet damit die allgemeinen Bestandsvoraussetzungen sozialer Systeme überhaupt.

Ein *zweites* Charakteristikum des katastrophentheoretischen Diskurses liegt darin, daß diese destruktive Form der gesellschaftlichen Selbsterhaltung für alternativlos gehalten wird. Sie ist das Resultat einer fortschreitenden Anhäufung wissenschaftlich-technischer Verfügungspotentiale, deren Risiken und negativen Folgeerscheinungen überhaupt nur durch einen zusätzlich beschleunigten wissenschaftlichen Forschungs- und technologischen Entwicklungsprozeß erkannt und bewältigt werden können. Damit aber erscheint die Fortsetzung der Entwicklungsdynamik, die den Übergang zur „Risikogesellschaft" (Beck 1986) herbeigeführt hat, zwingend vorprogrammiert. Das Postulat einer politischen Beherrsch- und Verantwortbarkeit der Form und Richtung des zivilisatorischen Prozesses erweist sich dann als ebenso überholt wie die Subjektzentriertheit des abendländischen Welt- und Geschichtsbildes insgesamt (Blanke 1987).

Der Fundamentalismus der zeitdiagnostischen Skepsis wird schließlich, *drittens,* durch die Universalität, Intensität und Kontingenz dieses systemevolutionären Destruktionsschemas begründet. Denn den zerstörerischen Konsequenzen solchen eigenlogischen Fortschritts ist weder individuell zu entkommen, noch lassen sich irgend rationale, prognostische Kriterien dafür angeben, ob, wann und in welchem Ausmaß sich welche Risiken aktualisieren werden.

Fassen wir zusammen: Gemeinsames Denkmuster der postmodernen Zeitdiagnosen ist die Abkehr von der krisentheoretischen Annahme eines bloßen Veraltens der Gesellschaft. Diese Vorstellung gilt als viel zu optimistisch. Im Postmodernismus wird diese Denkfigur des Zerfalls ebenso wie die der Krise ersetzt durch die Diagnose eines definitiven Endes der von Menschen gemachten Geschichte und der von Subjekten aktiv gestalteten Gesellschaft. Dabei beschränkt sich der Postmodernismus keineswegs auf technikkritische und herrschaftskritische Argumente der älteren Gesellschaftstheorie. Die Gesellschaft ist keine separate Sphäre gegenüber der Technik, sondern sie hat sie in alle Bereiche integriert und sich von ihr abhängig gemacht: Im Bereich der Privatheit, der Öffentlichkeit, der Wissenschaft und der Arbeit. Diesen Aspekt hatte T.W. Adorno vor Augen, als er in seinem Vortrag über „Spätkapitalismus oder Industriegesellschaft?" davon sprach, daß aus der Entfesselung der Produktivkräfte erneut fesselnde Produktionsverhältnisse entsprangen. Diese inzwischen weiterentwickelten, gesellschaftlich integrierten Technologien erweisen sich aber nicht nur als Herrschaftsinstrumente, sondern sie tragen rückverstärkend dazu bei, daß die Systeme ihre Bestandsvoraussetzungen zerstören und damit Opfer ihrer eigenen Systemlogik werden.

3. Von dieser ‚selbstdestruktiven' Entwicklungslogik sind auch die potentiell weltumfassenden Systeme der informations- und kommunikationstechnologischen Vernetzung bestimmt. Ihr qualitativ neues Moment ist das „Zusammenspiel aller Einzeltechniken zu einem einheitlichen Ensemble von Informations- und Kommunikationstechnologien". In der Tat deuten sich „in der Verzahnung von Telekommunikation (Satelliten, Telefon, Kabelnetze usw.) mit Informatik (Computer, Datenbanken), der sogenannten Telematik, ... Umrisse eines globalen und einzigen Informationsnetzwerkes an". (Becker 1968, 169f.) Mit diesem Hinweis auf die Globalität und Zentralität des Medienverbundsystems ist indes nur eine Dimension sozialer Risiken benannt. Die andere Dimension läßt sich in folgender bündiger These formulieren: Diese Netzsysteme absorbieren tendenziell das Soziale als kommunikativen und interaktiven Handlungszusammenhang.

Aus dieser Not glaubt der französische Soziologe Alain Touraine eine Tugend machen zu können, indem er die Wissenschaft von der Gesellschaft auffordert, ihre Zentralkategorie, die der Gesellschaft, preiszugeben. Er verknüpft diese Aufforderung mit der Feststellung, daß das zum Gesellschaftsbegriff komplementäre Produktionsparadigma durch das *Kommunikationsparadigma* abgelöst werden muß. Die vor unseren Augen sich konstitutierende postindustrielle Gesellschaft sei eine programmierte Gesellschaft. Als Beleg für diesen Strukturbruch verweist Touraine auf die USA: Dort macht der Informationssektor mehr als die Hälfte des Brutto-Inland-Produkts aus. Auch in anderen Industrieländern wird der Anteil der Bevölkerung, der im Kommunikationssektor arbeitet, auf 30 bis 40 % geschätzt. Die Umsätze in der elektronischen Industrie und der Medienindustrie steigen kontinuierlich an und liegen in der Bundesrepublik jährlich bei über 100 Milliarden DM. Im Verbund sind damit die Zweige der Telekommunikationsindustrie neben der chemischen Industrie der zweitgrößte Industriesektor.

Als bestimmendes Merkmal dieser sich konstituierenden programmierten Gesellschaft erkennt Touraine die „industrielle Produktion von symbolischen Gütern, von Informationen und sprachlichen Symbolen ... Unsere Gesellschaften greifen durch ihre Technologie in die Produktion unserer Bilder von individuellem und kollektivem Leben ein, in unsere Vorstellungen von Körper und Gesundheit, vom Gegenwartsgeschehen, von Unternehmerorganisation und in unser Wissen vom Menschen und der Natur". Dieser Eingriff ist Touraine zufolge deshalb von besonderer Bedeutung, „weil der den Zugriff auf Bereiche möglich macht, in denen Werturteile gelten. Die wichtigsten Beispiele dafür sind die Debatte über Fortpflanzung, Sexualität, Geburt und Tod." (Touraine 1986, 25)

Die vorliegenden empirischen Daten belegen die enorme Expansion der Informations- und Kommunikationstechnologien, ihre aufsehenerregend kurzen Produktionszyklen und die enorme Geschwindigkeit der Implementation und Vermarktung während weniger Jahre, die soziale Adoption bzw. die quantitative und qualitative Durchdringung der Lebenswelt mit der Unterhaltungselektronik und der Arbeitswelt mit spezialisierten Text- und Speichermedien. Darüber hinaus zeigt die intuitiv begründete Alltagsbeobachtung, daß die symbolischen Inszenierungen der Massenkommunikation in wachsendem Maße den Bereichen der Wahrnehmungs- und Empfindungsfähigkeiten von Subjekten okkupieren und damit direkt Einfluß nehmen auf ihre Ich- und Identitätsentwicklung. Wenn Touraines Vermutung zutrifft, daß der institutionalisierte Gesamtkomplex neuer Medien sich immer mehr des Symbolischen bemächtigt, dann besteht die Gefahr, daß die Subjekte als Schöpfer ihrer sprachlichen Ausdrucksmittel tendenziell eliminiert werden. Die symbolischen Inszenierungen der Welt durch die Massenmedien wären dann allerdings auf den existierenden Bestand symbolischer Gehalte und Formen angewiesen. Einzig deren Variation und Kombination wäre ihnen möglich: ein Prozeß permanenten und immer raffinierteren Zitierens und Wiederzitierens, der alsbald die zusammengesetzten Sprach- und Bildelemente zu einem einzigen Plagiat von Wirklichkeit werden läßt. Diese Tendenz zeichnet sich Klaus Heinrich zufolge schon in der Gegenwart der Massenkommunikation durch ihre Reduktion auf visuelle Klischees und sprachliche Stereotypen ab. Sie sind ihm zufolge dadurch charakterisiert, das „Simultane von Ereignis, Kommentar und Urteil, zugleich mit der ihm zukommenden affektiven und moralischen Identifikation, gewissenlos" vorzuleben. Die Massenmedien, deren Sprach- und Bildervorrat sich erschöpft, suchen Auswege in einer affektiv wirksamen Inszenierung und emotional aufgeladenen Dramaturgie ihrer Stoffe, die durch die von Heinrich benannte Gleichzeitigkeit von Ereignis und Affekt faszinieren wollen. Präziser noch hat Heinrich die Massenmedien als Medien der „Katastrophenfaszination" bezeichnet und dabei die Katastrophenfaszination der Subjektlosigkeit hervorgehoben. Zur Dokumentierung dieser Katastrophenfaszination muß keineswegs nur auf die fiktive Mediengewalt des Unterhaltungsgenres verwiesen werden. Zwei zugegebenermaßen auffällige Beispiele seien genannt, die zugleich etwas über das Gewicht von Medienkultur und Medienbarbarei aussagen.

Die Stimmung in dem Städtchen Concord war überschwenglich, wie auf dem Schulfest: bunte Papierhüte, Tröten, Trillerpfeifen, Anfeuerungsrufe und Scherzworte auf Kosten der Lehrer auf der Erde. In der Kommandozentrale des Kennedy Space Centers in Florida herrschte hingegen ruhige Gelassenheit. Nur die Eltern von Christa McAuliff wischten sich ein paar nervöse Freudentränen aus dem Gesicht, als sie auf den Countdown warteten. Vor dem Bildschirm saßen auch der Mann und die beiden Kinder der Sozialkundelehrerin, die Concord für ein Rendevous mit dem Halleyschen Kometen verlassen hatte. Im Weißen Haus hatte Nancy Reagan das Fernsehgerät eingeschaltet. Es war schließlich die Idee des Präsidenten gewesen, daß ein Lehrer — nicht zum Amüsement, sondern als Vorbild und zur Inspiration für die Jungen und Mädchen — dieses Abenteuer unternehmen sollte.

Sie alle sahen dann dieselben Szenen, als ein „Bilderbuchstart" nach eineinhalb Minuten zur Katastrophe wurde und freudige Erregung, stiller Stolz und die Gedanken an gesunde Heimkehr in stummes, fassungsloses Entsetzen umschlugen. Als die Angehörigen sich in Cape Canaveral von der Leinwand abwandten, weil sie es ein zweites Mal nicht zu ertragen vermochten, eilte die Nation an die Rundfunksender und Fernsehapparate. Immer wieder, in normalem Tempo, beschleunigt und in Zeitlupe sah sie die letzten Sekunden von „Challenger“: eine Feuerzunge, ein kurzes Aufflackern, wie eine Augentäuschung, eine Stichflamme zwischen dem Treibstoffbehälter und der Raumfähre, ein Feuerball, der einem Vulkanausbruch oder der Zündung einer Kernwaffe gleichkam. Tausende Tonnen flüssiger Wasserstoff und Sauerstoff explodierten in zehn Meilen Höhe. Die beiden Trägerraketen an den Flanken fielen ab und taumelten. Blendend-weißer Rauch kontrastierte mit dunklem Azurblau und bildete ein groteskes V-Zeichen im Himmel, die Ironie von „Victory“ mitten in der Katastrophe.

Von dem 100 Meter hohen Fernsehturm in Fortaleza stürzte sich der verzweifelte 25jährige Mann zu Tode. Funkbild: ap

Deutschland und die Welt

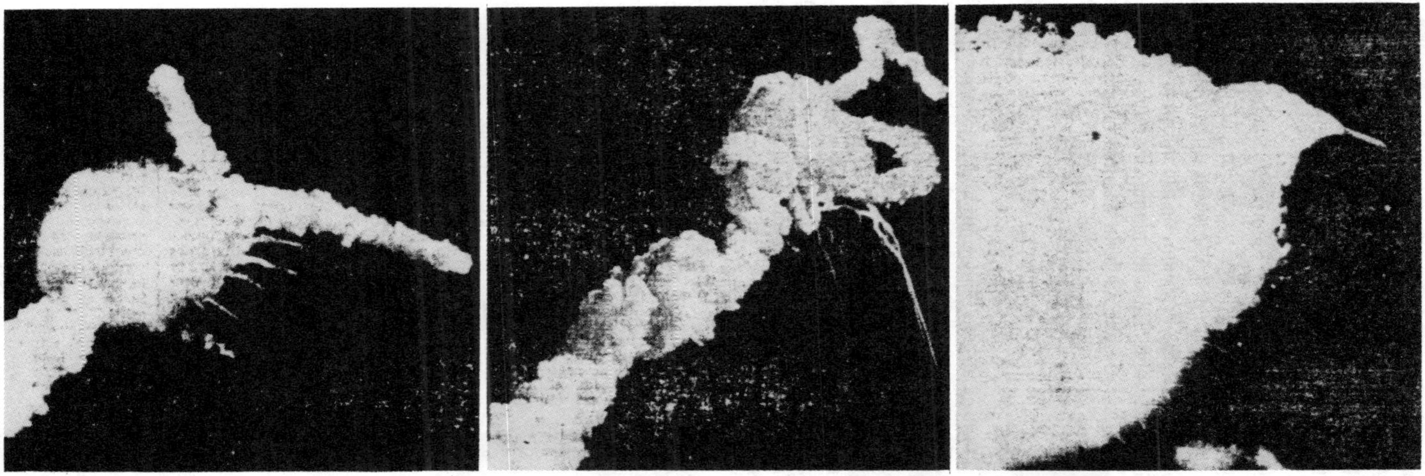

28. *Januar 1968 nach dem Abheben vom Cape Canaveral (von links): „Challenger" startet scheinbar ganz normal; die Raumfähre explodiert, die beiden Zusatzraketen fliegen davon; die Explo- ner fallen mit heller Bahn zur Erde, die beiden Zusatzraketen fliegen unkontrolliert; eine der Zusatzraketen ist hinter ihrem Kondensstreifen und der Explosionswolke deutlich sichtbar.*

Fotos AP

Vor dem Hintergrund der empirischen Daten und spekulativen Beurteilungen über die kulturellen Auswirkungen der neuen Informations- und Kommunikationstechnologien stellt sich die Frage, welchen Einfluß dieses Vordringen artifizieller Symbolproduktionen in die Lebenswelt auf die Identitätsbildungsprozesse von Subjekten hat.

Wenn wir in Übereinstimmung mit der Identitätsforschung unterstellen, daß sich Subjektivität über Sprache konstituiert, wenn Sprache jenes Sozialisationsmedium ist, das die Intersubjektivität der Lebenswelt stiftet und dem Ich Identität sichert, dann stellt sich ernsthaft das Problem, ob die informations- und kommunikationstechnologisch mitbedingte Einschränkung der Sprache auf affektualisierte Zeichenpartikel mit der Sprache auch ihr Subjekt beseitigt.

Literatur

Becker, J.: Folgen neuer Informations- und Kommunikationstechnologien. In: Erd, Rainer u.a. (Hg.): Strukturwandel der Industriegesellschaft, Frankfurt 1986

Blanke, Th.: Der Fortschritt der Wissenschaft und der Untergang des abendländischen Weltbildes. In: Braunbehrens, V. (Hg.): Anforderungen an eine humane Gesellschaft der Zukunft, 1987

Koch, C.: Die Zukunft im elektronischen Gehäuse. In: Merkur 421, 1983

Koch, C. / Narr, W.D.: Krise oder das falsche Prinzip Hoffnung. In: Leviathan, Heft 4, 1976

Luhmann, N.: Ökologische Kommunikation. Opladen, Köln 1986

Spaemann, R.: Ende der Modernität? In: Koslowski, P. / Spaemann, R. / Löw, R. (Hg.): Moderne oder Postmoderne? (Acta humaniova), Weinheim 1986

Touraine, A.: Krise und Wandel des sozialen Denkens. In: Berger, J. (Hg.): Die Moderne — Kontinuitäten und Zäsuren (Soziale Welt, Sonderband 4), Göttingen 1986

Erich Mohn

Umwandlung der Arbeit — Abschaffung der Arbeit?

1. Die Problematik der Fragestellung

Das Konzept ‚Neue Medien', aus dem die Fragestellung resultiert, ist merkwürdig unexpliziert, vage und offen. Bezöge man die Fragestellung auf den massenmedialen Aspekt des Konzeptes ‚Neue Medien', dann wäre zu untersuchen, wie viele Arbeitsplätze im Rundfunkbereich abgeschafft, wo wie viele geschaffen und wo wie viele Arbeitsplätze umgewandelt worden wären. Man müßte fragen, wo Arbeitsplatzzuwächse auf einem reinen Austauschprozeß bestehen (z.B. Barbara Dickmann von der ARD zum kommerziellen Hörfunk („Ufa"); Stefanie Tücking von der kommerziellen „musicbox" zum BR; demnächst: Jörg Wontorra (RB) und/oder andere Fußballkommentatoren zu RTL plus?), und man müßte — den Aspekt der Umwandlung thematisierend — fragen, wie neue technische Aufnahme-, Schnitt- und andere Technikformen den Prozeß des Hörfunk- und Fernsehproduzierens tangieren, ihn verändern und arbeitsplatz- oder -marktrelevant werden.

Zu diesen Fragebereichen hätte man seine Quellen: Arbeitsplatzzuwächse bei kommerziellen Veranstaltern im Hörfunk- und Fernsehbereich sind in ‚medien',[1] dem populären Nachfolger von ‚neue medien', beschrieben, dem ‚inoffiziellen' Kommerzbefürworter-Organ; unseriös dagegen das reine 'Aufaddier-Argument: „Die Privaten schaffen viele neue Arbeitsplätze",[2] angeblich 4600 insgesamt, von denen jedoch ‚nur' unter 200 im journalistischen Bereich liegen. Veränderung der Produktions- (und Qualifikations-)Struktur sind beschrieben in „Hörfunk Fernsehen Film"[3], dem Organ der in diesen Bereichen beschäftigten, gewerkschaftlich organisierten Arbeitnehmer, dem Gewerkschafts-Organ der RFFU. Unbestritten: auch das Verkabeln schuf für Tiefbau und Deutsche Bundespost Arbeitsplätze, und auch innerhalb der jeweils gegründeten — unterschiedlich benannten — Landes-Anstalten, zuständig für die Organisation von kommerziellem Hörfunk und Fernsehen, gab es neue Arbeitsplätze.

Aber die Fragestellung zielt ja nicht auf die Beantwortung dieser Aspekte. Das Konzept ‚Neue Medien' in seiner Vagheit umfaßt drei Bestandteile: 1. Massenmediales (in erster Linie die Kommerzialisierung und Vermehrung von Rundfunk-Angeboten), 2. der Aspekt, der mit ‚Neue Informations- und Kommunikationstechniken' beschrieben wird und 3. Aspekte, die mit ‚Telematik', ‚High Tech', ‚Hi-Com' oder gar mit ‚Informationsgesellschaft'[4] bezeichnet wurden. Alle genannten Aspekte sind nicht trennscharf.

Begriffliche Klarheit, die allerdings auch hier nicht weitergehend geleistet werden kann, wäre vonnöten, wobei jedoch schon im vorwissenschaftlichen Zugriff deutlich wird, daß Medienpädagogen sich mit ihrer begrenzten Kompetenz um Gegenstände wie CAD, CNC oder CIM[5] nicht kümmern sollten.

Aber die Erweiterung der Sichtweise jenseits der mit Massenmedien zusammenhängenden Phänomene war selber Produkt der verschiedenen technischen, politischen und gesellschaftlichen Entwicklungen; stichwortartig:

— Video, Videospiele, Telespiele (auf Home-Computern), Computer, dann auch Personal-Computer?
— Kommerzialisierung des Rundfunks, Auswirkungen wie Zunahme der Verweildauer bei verkabelten Familien, „knowledge gap" u.a.m.?
— Kommerzialisierung des Rundfunks, Verkabelung durch die Bundespost, Akquisition der Kabel-Kunden, low-power-Stationen, Ost- und West-,beams' beim „ECS", das Scheitern der ,Ariane'-Rakete, die Politik des Bundespostministers?
— Video-Clips als ,neuer' Inhalt des Fernsehens, Produktionsmöglichkeiten von Video-Clips durch Computer?
— Fernsehen, Videotext, Bildschirmtext (Btx), electronic mail-box?
— Kupferkoaxial- vs. Glasfaserkabel, digitaler Hörfunk, ISDN, IBFN, BIGFON? DFÜ, Datex-P, TEMEX?
— Apple vs. MacIntosh, Schnittstellen, IBM-Kompatibilität, Akustik-Koppler, desktop-publishing?

Deutlich soll die stichwortartig aufgezeigte Ausweitung des Gegenstandsbereichs zeigen, daß die originäre Kompetenz ,des' Medienpädagogen überschritten wird, und deutlich soll werden, daß ,wir' Medienpädagogen uns dieser Grenzüberschreitungen bewußt werden müssen. Solange ,intern' die Namen Baacke und Bachmair, Kübler und Kunczik, Müller-Doohm und Mundzeck, Sturm und Schorb, (M.W.) Thomas und Theunert fallen, ist die medienpädagogische Orientierung deutlich; nun aber kommen andere in's Gespräch: Bammé, Kubicek, Leuze, Steinmüller, Volpert und Weizenbaum, und viele andere mehr.

Den Ausgangspunkt der Ausweitung medienpädagogischer Fragestellungen haben wir dabei einem (zwischenzeitig als ,falsch' zu bezeichnenden) Bild der Pressestelle des SIEMENS-Konzerns zu verdanken (s.S. 65).

2. *Fragestellung und Szenarien*

Zukunft zu beschreiben, bereitet Schwierigkeiten, da es ja nicht gelingt, nur Planans und Explanandum vertauschen zu wollen, um aus ,Wenn-Dann'- oder ,Je-Desto'-Erklärungen Prognosen zu formulieren. Und die gesellschaftliche Zukunft ist kein Problem, das analog ,Immer wenn es regnet, dann ist die Straße naß' formulierbar wäre.

Technologie-Abschätzung wäre gefragt, nicht kausal oder probabilistisch, sondern der Komplexität der Materie entsprechend, aber gerade dieser Wissenschaftszweig verdient nicht die Zuwendung, die ihm gesellschaftspolitisch zu

Unternehmenspläne für das elektronische Heim.

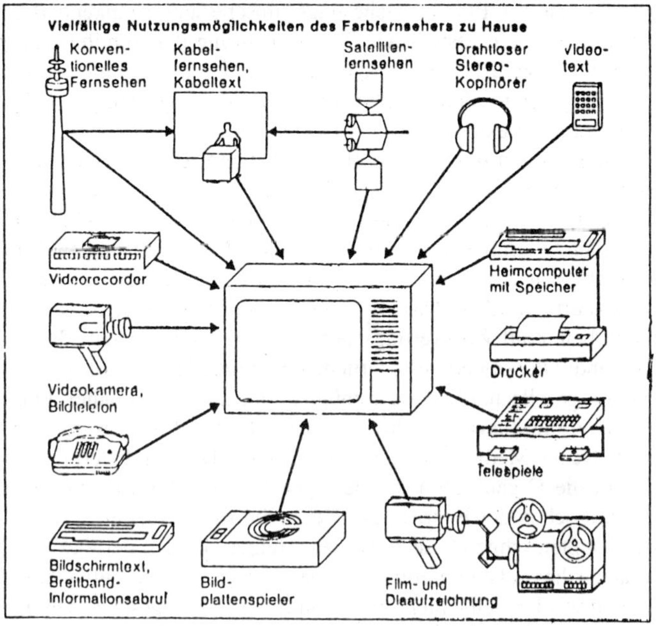

Das häusliche Fernsehgerät auf dem Wege zum Informations-Kommunikations- und Unterhaltungszentrum. Die ersten Schritte sind bereits getan. Mit Bildschirmtext steht der nächste große Sprung bevor. Die Breitband-Verkabelung wird weitere Möglichkeiten eröffnen.

Siemens-Pressebild

kommen müßte.[6] Folglich blieben Versuche, die massenmedialen, die industriepolitischen und die gesamtgesellschaftlichen Aspekte der ‚Neuen Medien‘ in Bilder, in Szenarien zu fassen, die begreifbar bleiben, d.h. auf einen Bewußtseinszustand treffen mußten, der — dem Heute entsprechend — das Morgen verdeutlichen wollte.

Das Bild der „Schönen neuen Welt“ umschrieb die Ambivalenz, die einem derartigen Versuch zukam, denn der eine assoziierte die von gesellschaftlichen Zwängen freie Welt (morgens fischen, mittags jagen und abends als ‚kritischer Kritiker‘ lesen), der andere fürchtete sich vor dem Eintreten von Huxley's Prophetie. Daß eine bestimmte Nachrichtentechnik auch ihren ‚Schnellen Brüter‘ haben könne, ließ denjenigen aufatmen, der fürchtet, daß nach Abschalten der Atomreaktoren kein Strom für die Elektrorasur mehr fließt,[7] und ließ denjenigen (u.a. den ‚Erfinder‘ des Bildes, Herbert Kubicek)[8] erschrecken, der schon lange nachzuweisen bemüht ist, die gesellschaftspolitische Neutralität der informationstechnologischen Infrastruktur der Bundespost sei nicht gegeben.

Eine Gesellschaft, „der die Arbeit ausgeht“ (ursprünglich von Ralf Dahrendorf), ein weiteres Bild, kann (positiv) an menschenfreie Lackierereien, an roboterbetriebene Fließbänder erinnern, aber auch an die Rentenversicherung.

Und ob sich die Oma freut, wie die Werbung der Deutschen Bundespost nahelegen wollte, wenn per Btx die Genesungswünsche an's Krankenbett gelangen, wurde ebenso in Frage gestellt wie die Vermehrung der Rundfunk-Programme (und ihre Kommerzialisierung) durch die Satire: „Was heißt hier einsam — Du hast ja mich" (gemeint: den Fernseh-Apparat); oder gegenteilig: „Jeder ist sein eigener Programmdirektor".

Einzelbilder wurden zu gesamtgesellschaftlichen Szenarien gebündelt: Auf der einen Seite das Schreckensbild des verkabelten, einsamen Vielsehers von kommerzieller Unterhaltung, via Btx durch Teleshopping und Telebanking mit der gesellschaftlichen Öffentlichkeit ‚verbunden', alles (Programm und Einkauf) natürlich überwacht vom „Big Brother", der ja so einfach bei der Erläuterung von BIGFON assoziiert werden kann — und natürlich: arbeitslos, bestenfalls Tele-Heimarbeiter auf Werkvertragsebene. Auf der anderen Seite die „Freiheit" vom „Monopol" der öffentlich-rechtlichen Belehrer, der Komfort von Btx („oder ist es für Sie gesellschaftliche Kommunikation, am Bankschalter 100,- DM zu überweisen?"), die Zugriffsgeschwindigkeit auf alles Wissenswerte, die Mobilität, die die ‚Neuen Medien' bringen werden. Die „Dezentralisierung" als „Fortschritt"; um die Organisation des heute bestehenden ‚Büros' zu denunzieren, wurde hierfür schon der Begriff des „Zentralbüros" ‚erfunden'.

Begriffe mußten schnell besetzt werden. Heiner Geißler, der CDU-Generalsekretär, brachte dies auf den (politischen) Begriff: „Politische Entwicklungen oder Revolutionen werden heute nicht mehr dadurch in Gang gesetzt, daß man Bahnhöfe oder Telegrafenämter besetzt, sondern dadurch, daß man Begriffe besetzt" und: „Allemal gilt, daß wer Begriffe und Gedanken bestimmt, auch Macht über die Menschen hat. Denn nicht die Taten sind es, die die Menschen bewegen, sondern die Worte über die Taten".[9] Lothar Späth, der (CDU-)Ministerpräsident von Baden-Württemberg folgte: „Informationsgesellschaft", „interaktiv", „dezentral", „Mobilität", die Begriffe der — auch informationstechnologischen — ‚Wende' müssen positiv assoziiert werden. Und um der Ambivalenz, ja: auch der Angst vor dem Neuen, zu entgehen, zog Heiner Geißler nach: jetzt geht es um die „modernen Technologien".[10]

Die etwas hölzernen pro- und contra-Szenarien wurden erweitert, die alternative Nutzungsmöglichkeit thematisiert: warum sollte nicht im „Jugendzentrum Thomas Münzer"[11] der Versuch unternommen werden, mit chips und Rechnern *auch* Umweltbelastungen zu ermitteln, warum nicht die strukturelle Benachteiligung der Mädchen („‚Basic' for Eva") zu beseitigen.

Aber exakte — was auch immer das sein könnte angesichts des Charakters der Vernetztheit der Systeme — Prognosen, einigermaßen plausible Technologiefolgen-Abschätzungen wurden damit nicht erzielt. Die Szenarien-Denker mußten umlernen, denn einsichtig war auch bald das szenarien-immanente schwarz-weiß-Denken. Selbst wenn die Gefahren kulminierend als „Angriff auf Kopf, Konto, Arbeitsplatz und sensible Daten der Bürger" (so Bürgerinitiativen in Erweiterung eines DGB-Bundesvorstands-Slogans) bezeichnet wurden, blieb die Parole politikunfähig,[12] nur beharrend im Abwehren einer Entwicklung, die — als solche — schon lange nicht mehr in Gänze verhindert werden konnte.

Die Frage nach der ‚sozialen Verträglichkeit' wurde thematisch gemäß dem

Motto, es müsse nicht alles, was technisch machbar, auch gesellschaftspolitisch sinnvoll sein. Nach Gestaltungsalternativen, nach ‚Optionen technologischer Entwicklung',[13] wurde geforscht, im Bereich der Netze und Dienste, in der software, in der Ergonomie, im Ausbau betrieblicher, tariflicher und kollektivrechtlicher Mitbestimmungsformen von Bürgern und Arbeitnehmern. Und es wurde (allerdings vergeblich) versucht, die Klärung der Beweislast denjenigen zuzumuten, die (politisch) die Einführung verschiedenster Aspekte der neuen Informations- und Kommunikationstechnologien zu verantworten hatten.[14]

Doch schon bei Btx, dann bei den Kabel‚pilot'projekten, dann bei einem kleinen begrenzten Versuch mit Tele-Heimarbeitsplätzen wurde die Funktion von wissenschaftlicher Begleitforschung i.S. von Akzeptanzhilfe, Beseitigung von Implementationshemmnissen[15] deutlich. Die Subsumption wissenschaftlicher Erklärungsversuche unter politischen Interessen läßt sich anhand der Kabel‚pilot'projekte besonders deutlich zeigen.[16] ISDN wurde eingeführt, ohne daß es eine sozialwissenschaftliche Begleitforschung gegeben hätte (genauer: deren Mängel man hätte wissenschaftlich — und politisch — auswerten können). Technik-Angst mußte — v.a. bei der kommenden Arbeit‚nehmer'generation — allgemein abgebaut werden: die Computer wurden in die Schulen regelrecht ‚gedrückt', das Gerede des ‚Computer-Analphabetismus' zur Akzeptanz-Stützung erfunden und mit der „informationstechnologischen Grundbildung" von kultusministerieller Seite flankiert.

3. *Gesellschaft und Arbeit*

Verkürzt wäre es, bei der gestellten Problemstellung nur zu prüfen, in welchen Bereichen Arbeit modifiziert (z.B. bei dem Beruf des Druckers, dem der Sekretärin), wo rationalisiert und wo neue Arbeitsplätze (Informatiker) eingerichtet wurden. Gesellschaftliche Arbeit ist immer eingebunden in ihre Voraussetzung und Verwertung, ist immer *auch* Folge vorausgegangener Formen ihrer Vergesellschaftung wie *auch* Voraussetzung ihrer eigenen Zukunft. Arbeit ist *auch* immer gebunden an die Kategorie der Möglichkeit, den Potentialis, und Arbeit — im real existierenden Kapitalismus, so ‚sozial-marktwirtschaftlich' er sich auch zu rechtfertigen versucht — wird ausgeübt unter Bedingungen (im übrigen auch unter von der technischen Entwicklung abhängigen Bedingungen), die nicht von den Verfügern ihrer Arbeitskraft definiert werden.

Arbeit ist dabei in zunehmenderem Umfang immer weniger Aneignung der Natur, der Rückgang von Arbeitsplätzen im tertiären und sekundären Bereich belegt dies trefflich, Arbeit wird zunehmend Dienstleistung. Und im Bewußtsein der Arbeitenden bestimmt immer weniger das gesellschaftliche Sein der Produzierenden ihr Bewußtsein als ihre jeweilige Tätigkeit in ihrer ‚freien' Zeit, die ja auch quantitativ — im Vergleich zu vor hundert Jahren — kräftig ausgeweitet werden konnte. Arbeitszeitverkürzungen konnten in gesellschaftlichen Auseinandersetzungen durchgesetzt werden, gerade weil die Produktivitätssteigerung durch Forcierung der Produktivkräfte gelang. Diese stößt jedoch nicht mehr nur im Rahmen der Auseinandersetzung nationaler Kapitalien an ihre Grenze, sondern im internationalen Maßstab (die berühmte Wettbewerbsfähigkeit im internationalen Vergleich). Die Produktivkraftforcierung produzierte dabei jedoch selbst ihre Grenzen, den berühmten „Schnelle Brüter", den Müll, die Umweltverschmutzung, die Massenarbeitslosigkeit, den drohenden Kollaps sozialer Regelungssysteme (Kranken- und Rentenversicherung). Und das damit geschaffene Problempotential setzt sich partiell im Bewußtsein fest als ‚soziale Kosten gesellschaftlichen Wandels', d.h. jede weitere Produktivkraftsteigerung wird sowohl auf ihren Aspekt der Erleichterung menschlicher Arbeit als auch auf den ihrer ‚sozialen Verträglichkeit', ihrer ‚sozialen Kosten' hin diskutiert.

In diesem Kontext ist auch die Debatte um die ‚Neuen Medien' zu rekonstruieren, denn Arbeitserleichterung, Reduktion von notwendiger Arbeit, bringt soziale Folgekosten mit sich, für die (bislang) gesellschaftliche Problemlösungsstrategien noch nicht gefunden sind.

Die Aspekte nun, die den gesellschaftlichen Zusammenhang der mit der Produktivkraftforcierung verbundenen Folgeprobleme herstellen, sind im wesentlichen folgende:

1. Kann es gelingen, die Reduktion gesellschaftlicher Arbeit sozialverträglich zu gestalten? Die Frage thematisiert den in der Überschrift dieses Beitrags liegenden Aspekt im engeren Sinne. Und sie hat — angesichts einer Arbeitslosenzahl von über 2 Millionen gemeldeter Menschen — einen aktuellen Bezug.

2. Kann es gelingen, die Modifikation von Formen gesellschaftlicher Arbeit sozialverträglich zu gestalten? Hier wird gefragt, welche Arbeitsplätze welchem Formwandel unterworfen sind (z.B. auch Tele-Heim-Arbeitsplätze) und welche Probleme mit neuen Gestaltungsformen verbunden sind (z.B. Isolation, z.B. Unterlaufen kollektiver Arbeiterschutzregelungen); kann dies gelingen angesichts der Möglichkeit der datentechnischen Arbeitskontrolle und der anwachsenden Möglichkeiten der Personalinformationssysteme?

3. Kann es gelingen, immanente, d.h. den ‚Neuen Informations- und Kommunikationstechniken' anhängende Folgen heute schon zu erkennen und negative Möglichkeiten auszuschließen (hier wird v.a. gefragt, welche Datenschutzregelungen innerhalb welcher Bereiche notwendig sind;[17] hier wird auch gefragt, welche Folgen die ‚Vernetzung' bislang getrennter Netze hat und hier wird — last but not least — gefragt, ob denn die Prinzipien einer demokratischen Gewaltenteilung angesichts dieser Techniken einhaltbar bleiben)?[18]

4. Und wie modifiziert sich ‚unser' datentechnologisch strukturierter und durchschaubar gemachter Alltag,[19] unsere Kultur, unsere Kommunikation, unser Bewußtsein darüber?

Nicht das gesamte Spektrum möglicher Auswirkungen steht jedoch hier zur Debatte, nur der (enge und doch sehr weite) Komplex von „Umwandlung / Abschaffung" der Arbeit.

4. Im engeren Sinne: Umwandlung — Abschaffung?

Immer wieder werden sie zitiert, die unveröffentlicht gebliebenen Studien von SIEMENS über die Folgen der Anwendung der eigenen neuen Kommunikations- und Informationssysteme im eigenen Betrieb („Büro 1990") und bei allgemeiner Einführung („Büro 2000"). Daß die beiden Untersuchungen unveröffentlicht geblieben sind, hat seinen guten Grund: das, was den Hersteller als Anwender interessiert und was ihn motiviert, in anderen Betrieben angewandt zu sehen, hat Folgen, die auch die Beschäftigten interessieren, Möglichkeiten, durch Rationalisierungsinvestitionen Rationalisierungsgewinne abzuschöpfen; Rationalisierung, das heißt aber: Entlassungen und / oder Umwandlung von Arbeitsplätzen. Es kann nun hier offen bleiben, ob die dort genannten Prozentwerte ‚stimmen' oder ob sie die Unternehmenseuphorie dokumentieren, die über 50 %-Werte der Änderungen von Büro-Arbeitsplätzen, die über 30 %-Werte von Rationalisierungsmöglichkeiten. Und es kann auch offen bleiben, wie viele Arbeitsplätze SIEMENS einrichten mußte, um die Technologien zu entwickeln.

Den Aspekt der Computer in Robotern und die damit verbundenen Möglichkeiten zur Rationalisierung übergehe ich hier aus Raum- und v.a. Kompetenzgründen wie auch den der „Künstlichen Intelligenz (KI)" und den hieraus resultierenden gesellschaftlichen Folgeproblemen.

4.1. Umwandlung

Umwandlung von Arbeitsplätzen war immer schon gegeben, es irritiert lediglich aktuell die Geschwindigkeit, die in diesem technologischen Schub steckt. Gegenüber den technologischen Euphorien der Herstellerindustrie, die sie formuliert, um ihre Absatzchancen zu verbessern, reagieren die Anwenderindustrien eher ‚vorsichtig'. Man setzt an eingeführten Technologien, hier v.a. EDV an, und integriert neue, ‚passende' Bestandteile aus dem Gesamtspektrum des Angebots. Die Technologie-Implementation erfolgt nicht ‚revolutionär', sie entspricht insgesamt nicht den Erwartungen der Hersteller, auch nicht den Erwartungen der Deutschen Bundespost, die die informationstechnologische Infrastruktur nicht nur bereitstellt, sondern kapazitätsmäßig dergestalt überdimensioniert, daß erst eine breite Verteilung neuer Computer-Anlagen in den Haushalten für eine Ausnutzung sorgt. Die technologische Infrastruktur wird sozusagen vorgehalten.

Erinnert man sich an jüngste Entwicklungen in diesem Bereich, hier Btx, so erklärt ja die ‚vorsichtige' Akzeptanz nicht nur die zeitliche Verzögerung, sondern vor allem auch die wesentlich geringere quantitative Verbreitung. Auch ISDN ist in diesem Sinne eine ‚Vorhalte-Technik', deren Akzeptanz-Erwartungen höher sind als ihre spätere Nutzung; die Datenmengen, die durch ISDN bewältigt werden können, sind derzeit nicht gegeben, aber — so die Erwartung der Post — sind erst mal die informationstechnischen Autobahnen gebaut, dann wird man auch mit einer intensiveren Entwicklungen im — um im Bild zu bleiben — autobahnadäquaten Kfz-Bau (entsprechende Dienste, Computer und weitergehende datentechnische Vernetzungen) rechnen können.

Aber hier gilt es einen (medienpädagogischen) selbstkritischen Einwand, der eingangs thematisiert wurde, ernst zu nehmen: die eigene Kompetenz reicht nur unzureichend zur Behandlung derartiger Problembereiche. Schon eine intensivere Beschäftigung mit den wichtigen „Mitteilungen aus der Arbeitsmarkt- und Berufsforschung" gelingt nur bei Rekapitualtion des früheren Soziologie-Studiums, um die dort realisierte Interessens-Bindung zu erkennen. Aus diesem Grunde beziehe ich mich auch auf Untersuchungen und Erfahrungen, die ich in gemeinsamen Projekten[20] mit erlebte, ohne daß ich den Arbeits-Schwerpunkt bearbeitet hätte: Untersuchungen zur informationstechnologischen Entwicklung gerade im Hinblick auf die hier zur Rede stehenden Vernetzungstechniken zeigen selbst an Beispielen ‚moderner' Großfirmen mehrere Trends:

1. „Der Aufbau zentraler elektronischer Datenverarbeitungssysteme ist weitgehend abgeschlossen"; in den Betrieben kam es zum wachsenden Einsatz von Computern und zur Verbreitung damit verbundener Terminals und datentechnischer Verknüpfungen — dies alles unter jeweils betriebs- und/oder branchenspezifischen Bedingungen.
2. „Bürokommunikation erfolgt bisher über heterogene Formen und Systeme", durch bisher noch „kaum verbundene Techniklinien".
3. „Im Zentrum der Planungen für die zukünftige Unternehmensorganisation stehen integrierende Systeme der datentechnischen Vernetzung".
4. „Ziele der Vernetzung sind Kostensenkung, Leistungs- und Absatzsteigerung".
5. „Die Unternehmen zeigen ernsthaftes, gleichwohl ökonomisches Interesse an der Integration öffentlicher Fernmeldenetze".
6. „Je nach Ausgangsbedingungen stehen mehr oder weniger gravierende organisatorische Änderungen in den Unternehmen bevor".
7. „‚Systemimmanente' Grenzen bremsen die datentechnische Vernetzung".
8. „Die datentechnische Vernetzung läßt ambivalente, zum Teil neue Konsequenzen für die Beschäftigten erwarten".
9. „Die datentechnische Vernetzung erfolgt in einem sozialen Kräfteverhältnis, das durch die Gewinnorientierung der Unternehmen dominiert ist" und
10. „Unter heutigen rechtlichen und sozialen Bedingungen führt die datentechnische Vernetzung zu neuen Problem-Schwerpunkten für die Arbeitnehmer".[21]

Zu den — unter diesen Bedingungen ablaufenden — Umbaumaßnahmen der Arbeitsplätze dominieren folgende Probleme:

„— Veränderung der Arbeitsinhalte und damit der Qualifikationsanforderungen,
— Zunahme spezifischer Belastungen durch mehr Bildschirmarbeit,
— erweiterte Möglichkeiten der Überwachung der Mitarbeiter,
— Reduktion der Kommunikationsbeziehungen zwischen den Mitarbeitern und
— Verlagerung bestimmter Tätigkeiten in weniger geschützte Arbeitsverhältnisse"[22]

Die gravierendsten Maßnahmen-Konsequenzen werden hierbei immer bei dem hier zuletzt angesprochenen Argument erwartet (Tele-Heimarbeit); dieser Komplex wird gesondert behandelt.

Natürlich bringen — neben ‚Verlusten' — für die Beschäftigten die Umbau-Maßnahmen auch ‚Gewinne', z.B.:

Arbeitserleichterung,
Reduktion von Monotonie, z.B. bei
— mehrmaligem Erfassen von Daten auf Schreibmaschine,
— mehrmaligem manuellen Übertragen von Zahlenkolonnen;
— wiederholten gleichartigen und umfangreichen Berechnungen (Buchhaltung, Kalkulation) oder Zeichnungen;
— Unterbrechung von Arbeitsvorgängen, um Daten von anderen Stellen anzufordern;
— aufwendige Suchvorgänge aus Akten oder Listen;
— erfolglose Telefon-Erreich-Versuche.

Demgegenüber müssen neue Belastungen gesehen werden:

„— intensivere geistige Arbeit, die weniger durch routinemäßig begleitende, manuelle Tätigkeiten unterbrochen ist und durch diese Verdichtung höhere nervliche Belastungen mit sich bringt;
— partieller Verlust inhaltlicher Qualifikationen, da regelmäßige Abläufe und Entscheidungen von Programmen übernommen werden und die Arbeit neu organisiert wird;
— zunehmende Bindung der Beschäftigten an ihren Bildschirmarbeitsplatz mit dem Effekt reduzierter Bewegungsabläufe, wodurch Kreislaufprobleme zunehmen können, sowie verstärkter Belastungen der Augen, der Wirbelsäule und des Allgemeinbefindens durch Bildschirmarbeit, u.a. wegen erhöhter Strahlenbelastung;
— wachsende Leistungs- und Verhaltenskontrolle aufgrund der zunehmenden Transparenz der einzelnen Arbeitsschritte und Verhaltensweisen der Mitarbeiter bei Datenverarbeitungs- und Kommunikationsprozessen durch deren automatische Protokollierung, aber auch bei produktiven Tätigkeiten, wenn ihre Ergebnisse maschinell protokolliert werden; personelle Maßnahmen der Vorgesetzten werden damit durch differenzierte Verhaltensdaten gestützt und weniger durch eigene Interpretation seitens der Beschäftigten beeinflußbar oder anfechtbar;
— Abbau der Anlässe für persönliche Kommunikation bzw. Begegnungen mit Kolleg/inn/en und Vorgesetzten aufgrund zunehmend technisch vermittelter Kommunikationsbeziehungen".[23]

Teile qualifizierter Bürobeschäftigter müssen mit einem „Verlust von vorhandenen Fachqualifikationen durch weitergehene Verlagerung der Arbeit auf Computer und Übertragungssysteme rechnen",[24] können jedoch — durch weitergehende Qualifikationsmaßnahmen — neue Aufgabenfelder erschließen.

In welchen quantitativen Proportionen denn nun Arbeitsplätze „umgewandelt" werden, ist undeutlich. Die „Mitteilungen aus der Arbeitsmarkt- und Berufsforschung", die 1986 ein „Schwerpunktheft ‚Arbeitskräftestruktur 2000'" erstellten, halten sich bei der Beantwortung der Frage nach der ‚Umwandlung' in quantitativer Hinsicht zurück und referieren veraltete Schätzungen, so beispielsweise die eines Expertenkreises des BMFT, daß bis 1990 die Hälfte aller Beschäftigten ‚betroffen' sei, oder die Schätzung der „Prognos AG", daß bis zum Jahre 2000 — „je nach Techniklinie" — zwischen 60 und 84 % der Beschäftigten ‚betroffen' seien,[25] wobei der hier dominante Betroffenheitsbegriff keine Aussage für quantitativen Arbeitsplatzabbau darstellt.

Exkurs: Tele-Heimarbeit

Noch vor wenigen Jahren wäre der Aspekt der Möglichkeit einer Einführung von Tele-Heimarbeit im Mittelpunkt der Umwandlungs-Maßnahmen gestanden; die Aufregung darüber hat sich zwischenzeitig gelegt, allerdings: daran hat v.a. die (beteiligte?) Industrie ein Interesse (vgl. den Quellenbeleg bei der Tabelle: „Vor- und Nachteile der Telearbeit"). Es ist folglich nicht von der Hand zu weisen, daß angesichts der vielfältigen, häufig jedoch arbeitsrechtproblematischen Formen der Tele-Heimarbeit eine „Entthematisierung"[26] stattfindet. In der oben zitierten Untersuchung bildet diese Möglichkeit eine der möglichen „Gefahren": „-Verlagerung der Arbeit aus Arbeitsgruppen in größeren Bürozusammenhängen bis hin zu vereinzelten Arbeitsplätzen in kleinen dezentralen Büros, wo formell Selbständige, u.U. ihre Familienangehörigen und evtl. einzelne (Teilzeit-)Mitarbeiter in relativer Abhängigkeit von einem großen Konzern z.T. standardisierte Vorgänge übernehmen".[27]

In Baden-Württemberg gab es den wichtigsten zeitlich befristeten Versuch mit mehreren Tele-Heim-Arbeitsplätzen,[28] basierend auf dem technischen Medium Teletex, und für Vieles, was über die Möglichkeit einer Einführung von Tele-Heimarbeit geschrieben wurde, gilt:

„• Die Beispiele ändern sich kaum; fast jeder Autor schreibt vom andern ab.
- Die meisten Beispiele sind nicht mehr aktuell. Viele Versuche wurden schon wieder abgebrochen.
- Nicht immer ist klar, ob es sich wirklich um Telearbeit handelt.
- Viele andere Telearbeitsformen scheuen das Licht der Öffentlichkeit, weil damit gesetzliche Rahmenbedingungen unterlaufen werden."[29]

Folgende „Vor- und Nachteile" werden von der (an einer Einführung interessierten?) Industrie gesehen: (s.S. 73).

Die schärfste Gegnerschaft erfährt Tele-Heimarbeit von den Gewerkschaften, dort v.a. von den Frauenbeauftragten (am deutlichsten beim DGB Rheinland-Pfalz, etwas abgeschwächt in der Beschlußlage des DGB-Bundesvorstands) und von denjenigen Einzelgewerkschaften, die am deutlichsten betroffen sind / wären, der HBV. Neben den genannten Nachteilen stehen in dieser Argumentation v.a. das Problem des Unterlaufens kollektiver Arbeitnehmerrechte im Mittelpunkt.

Wirklich spannend ist im Hinblick auf die Tele-Heimarbeit jedoch die Kontroverse innerhalb der ‚Linken', gar der ‚linken' Frauen (was auch immer diese vereint), die ich hier rekonstruieren möchte.

Michaela Huber[30] geht in ihrem Beitrag „Schöne neue Welt der elektronischen Heimarbeit?" von einem Zuwachs von „Zigtausenden Arbeitsplätze(n) an heimischen Bildschirmgeräten" innerhalb der nächsten 10 Jahre aus, benennt die Vorantreiber einer derartigen Entwicklung (CDU mit ihrer Frauenpolitik, Bundesregierung mit der ihr eigenen Investitionspolitik) und hebt auf die Ungeschütztheit des Arbeitsplatzes bei Heimarbeit allgemein ab. Dann: „Bei den neuen Heimarbeitsplätzen will man noch einen Schritt weitergehen. Bezahlt werden soll nur die Arbeitsleistung, Arbeitsausfall jeder Art ist von der Frau selbst zu tragen." Dies führe vor allem zu niedriger Bezahlung und zu gesundheitlichen, psychi-

Tabelle 6: Vor- und Nachteile der Telearbeit

Plus	Minus
Persönlich	Persönlich
● Größere Flexibilität bei der zeitlichen Arbeitseinteilung	● Fortfall persönlicher Kommunikation (Isolationsgefahr)
● Wegfall des Pendelns zwischen Wohnung und Arbeitsplatz	● Größere soziale Unsicherheit
● Neue Arbeitschance für häuslich gebundene Personen (insbesondere Hausfrauen und Mütter)	● Einengung der Arbeitsinhalte
● Neue Arbeitschance für Randgruppen (z.B. Behinderte)	● Gefahr der Abkopplung von beruflichen Aufstiegschancen
● Chance zum Aufbau einer selbständigen Existenz	● Verminderte Trennung von Beruf und Privatleben
	● Erhöhtes Beschäftigungsrisiko bei Selbständigkeit
Volkswirtschaftlich	Volkswirtschaftlich
● Variantenreicheres Arbeitsangebot	● Gefahr sozialer Spannungen bei zwangsweiser Arbeitnehmerausgliederung
● Entzerrung räumlicher Arbeitskonzentration	● Räumliche Neuordnungen mit veränderten Anforderungen an Infrastruktur
● Verstärkte Nutzung des Telekommunikationsnetzes	
● Verminderter Pendelverkehr	● Mögliche Verlagerung von Arbeitslosigkeit
Betriebswirtschaftlich	Betriebswirtschaftlich
● Chance für Kosteneinsparungen (verminderte Raumkosten, Nutzung des Tarifgefälles etc.)	● Schwierige Kontrollen
● Produktivitätssteigerungen durch intensiveres Arbeiten	● Gefahr innerbetrieblicher Spannungen
● Nutzung externer Kapazitäten für den Spitzenausgleich	● Demotivation bei zwangsweiser Einführung
● Erschließung neuer Arbeitsmarktreserven	● Weniger Austauschbarkeit bei individuellen Leistungen
	● Fortfall oder Verminderung der persönlichen Kommunikation

Quelle: Telearbeit: Viel Lärm um wenig. Diebold Management Report 5/1986, S. 5

schen und sozialen Folgen (Strahlenschäden, Streß, Verringerung der sozialen Kontakte). Frauen hätten sich in den vergangenen Jahren „mühsam einen größeren Anteil am öffentlichen Leben erobert (...) Jetzt werden Frauen in einer derart brutalen Weise ins Haus zurückgedrängt, daß sie jeden Überblick über Arbeitszusammenhänge verlieren", sie könnten keine Solidaritätsgefühle entwickeln. Darüber hinaus drohe sowohl „Kinderarbeit" als auch Abwanderung der Arbeitsplätze in Billig-Lohnländer. Die DGB-Beschlußlage und die DGB-Schutzforderungen bilden den Argumentations-Abschluß.

Gisela Erler[31] will „es kurz und schmerzhaft" sagen: „Der Fortschritts- und Emanzipationsbegriff in der Frauenpolitik und der Linken ist noch immer in vieler Hinsicht arteriosklerotisch und an ein erzkonservatives Gesellschaftsmodell gebunden, das der räderrollenden Mechanik des Frühindustrialismus entspricht. Er ist nicht innovativ, sondern wahrt in ängstlicher Weise frauenausgrenzende Traditionen."

Ihr geht es um einen „wirklich zeitgerechte(n) Emanzipationsbegriff", der die „ganze Denkblockade eines frühindustriellen Emanzipationsmodells" überwinden möchte. In diesem veralteten Modell sei die „Angestelltenexistenz des Achtstunden-Arbeitstages" „verbunkert(.)". Computerheimarbeit sei zum „irrationalen Negativsymbol" geworden, noch ehe man geprüft hätte, inwieweit „dezentrale Arbeit als eine mögliche Option für neue Perspektiven zu betrachten" sei, die sie dann ja auch für bestimmte und begrenzte Frauengruppen sieht. „Im Einzelfall der freiberuflichen Heimarbeiterin entsteht meist ein Zuwachs an Autonomie, Verantwortung und Qualifikation", und endlich wären diese quasi gleichberechtigt mit den „Computer-Heimmännern, denen ja auch ein Großteil der freien Schreiber im linken Umfeld zuzurechnen ist" und die auch nicht „mit den Freuden einer Angestellten-Bunker-Existenz tauschen" möchten.

Wer fragt, wo nun konkret und in welchen Bereichen Umwandlungen von Arbeitsinhalten durch ‚neue Technologien' stattfinden und die Antwort aus den „Mitteilungen aus der Arbeitsmarkt- und Berufsforschung" erhalten möchte, wird enttäuscht werden. Mit der ‚Brille' des technologisch induzierten „Fortschritts" wird hier eher eine Politik und Wissenschaft des Nicht-zur-Kenntnisnehmen-Wollens realer Änderungen betrieben.

Doch auch *wir*, als Medienpädagogen (und Wissenschaftler) bemerken doch selbst an unserer eigenen Arbeit, wie Videotechnik und v.a. Textverarbeitungsprogramme und Archivierung auf Dateien unsere Arbeit modifiziert. Nicht nur die Anm. 6 (Literatur zur Technologiefolgeabschätzung) entstand durch Segmentladen, sondern mittels Segmentladen erhalte ich folgenden Überblick über Zeitungs-Archivmaterial zur Frage der Umwandlung von Arbeitsinhalten:

— Das moderne Büro, Verlagsbeilage der SZ vom 13. 3. 1986
— Computer und ihre Anwendung, Verlagsbeilage („zeitgemäße technik + form") der SZ vom 19. 10. 1987
— Technologie und Innovation, Beilage („Wirtschaftsraum München — dynamischer Markt für Forschung und Technik") der SZ vom 13. 11. 1984

Auch bei der Frage der Bewältigung der sozialen ‚Kosten' technologischen ‚Fortschritts' will und kann ich mich als Medienpädagoge nicht qualifiziert einbringen; deswegen zitiere ich hier eine Studie, an deren Insgesamterstellung ich mit beteiligt war.[32] In einer qualitativen Untersuchung ging I. Breckner (allerdings: bezogen auf den Großraum München) dieser Frage nach und kam zu folgenden (zusammengefaßten) Ergebnissen:

„Der entsprechende Informationsstand über Neue Technologien differiert bei den Befragten entsprechend ihres berufsspezifischen Zugangs zu den aktuellen Entwicklungsniveaus der Mikroelektronik. Selbst Spezialisten der ‚Elektronik-Branche' können nur mit größter Mühe die gesellschaftlichen Hintergründe technologischer Entwicklungen und ihre Folgen abschätzen. Lediglich das Kriterium der Rentabilität Neuer Technologien bei der ‚unaufhaltsamen' Durchsetzung ist im Bewußtsein der Interviewten verankert. Entsprechend dem unterschiedlichen, gesellschaftliche Dimensionen meist nicht berücksichtigenden Informationsstand variieren die Handlungsstrategien von Betroffenen. Bei rekonstruierten Handlungsstrategien fällt auf, daß sie eher kompensatorische, status-quo-wiederherstellende Funktionen erfüllen. Ein analytischer Zugang zu den differenzierten Ursachen der Betroffenheit wird von einigen Befragten zwar versucht, die Umsetzung auch nur vereinzelter Aspekte im Rahmen alltäglichen Handelns gelingt jedoch nur selten. Ohnmacht und punktuelle Problembewältigung in sachlicher, sozialer, räumlicher und zeitlicher Hinsicht sind die am häufigsten angetroffenen Verhaltensmuster, die normativ sehr unterschiedlich legitimiert sind oder werden. Betrachten wir festgestellte Betroffenheitsdimensionen genauer, fällt auf, daß sie sich auf jeweils spezifische Erfahrungsfragmente beziehen. Die Infragestellung sozialer Identität ist für alle an der Schwierigkeit der Realisierung sozialer Beziehungen erfahrbar. Sie wird von den ‚Betroffenen' anhand von konkreten Erlebnissen und Erfahrungen dargestellt. Der abstrakte Aspekt der generellen Sozialität von Menschen — als interagierende Subjekte — tritt dabei kaum ins Bewußtsein. Zeitliche Dimensionen der Infragestellung von Identität werden in erster Linie anhand von Streßphänomenen erfahren. Schon die Veränderung von Zukunftsperspektiven durch neue Qualifikationsanforderungen in bestimmten biografischen Phasen werden nicht mehr unter Gesichtspunkten des Zeitbewußtseins wahrgenommen, sondern als jeweils aktuelle sachliche Probleme dargestellt. Gänzlich ausgeklammert bleiben in den Aussagen der Befragten Überlegungen im Hinblick auf zeitstrukturelle Veränderungen, die in der Multifunktionalität und zeitlichen Effektivierungslogik Neuer Technologien angelegt sind. Räumliche Veränderungseffekte Neuer Technologien werden vornehmlich aus der je subjektiven Perspektive angesprochen. Für den einzelnen sind z.B. die räumliche Enge am Arbeitsplatz infolge zu schnellen Firmenwachstums sowie Reproduktionsqualitäten des unmittelbaren Lebensraumes erfahrbar (...).

Die Tatsache, daß ‚Betroffenen' gesellschaftlich wirksame Veränderungsprozesse entweder nur als abstrakte oder meist gar nicht bewußt werden, erschwert ihnen insbesondere auch die Entwicklung und Umsetzung gesellschaftspolitischer Handlungskonzepte. Dieser Sachverhalt ‚fragmentierten Bewußtseins' über die mit der technologischen Modernisierung einhergehenden Veränderungen im städtischen Lebensraum veranlaßt uns zu der pessimistischen Vermutung, daß die Implementation Neuer Technologien mit ihren subjektiven und gesellschaftlichen Folgen sich auch in Zukunft erfolgreich ‚hinter dem Rücken Betroffener' vollziehen kann. Wissenschaftliche Eingriffsmöglichkeiten scheinen vor diesem Hintergrund eher auf den Bereich theoretischer Diskussionen und Einschätzungen beschränkt zu bleiben".[33]

4.2 Abschaffung

Eine frühe Prognose,[34] 2000 könnte infolge der neuen Informations- und Kommunikationstechniken die Arbeitslosenzahlen die 3,5-Millionen-Grenze überschreiten, wurde eher nicht geglaubt. Aber es ist bei der Fragestellung nach „Abschaffung“ von Arbeitsplätzen auch schwierig, mit Zahlen zu operieren, weil die Voraussetzungen quantifizierender Argumentationen nicht gegeben sind.

Schon der Ist-Stand ist schwer zu deskribieren: das Argument der 2,15 Millionen Arbeitslosen, wie immer wieder suggeriert, unterschlägt die Tatsache, daß es sich hierbei um die arbeitslos Gemeldeten handelt. Derzeit gibt es — und die fallen aus der Arbeitslosenstatistik heraus — ca. 2,8 Millionen Sozialhilfe-Empfänger, die ja auch alle arbeitslos sind. Wie viele Bürgerinnen und Bürger nicht mehr an die Chance einer Vermittlung glauben, d.h. sich auch gar nicht mehr arbeitslos melden, kann nur schwer geschätzt werden; vor allem Frauen, die nach Heirat, Geburten und den ersten Lebensjahren ihrer Kinder wieder zurück in's Berufsleben wollen, fallen unter diese Kategorie. Hier spricht man von der ‚Stillen Reserve‘, deren Potential sich kurz- und mittelfristig auf ca. eine Million Menschen belaufen kann. [35] Arbeitslos gemeldet sind auch jene nicht, die — teilzeitbeschäftigt — unter der sozial- und rentenversicherungspflichtigen Grenze (DM 440.—) arbeiten (auch ca. eine Million). Arbeitsbeschaffungsmaßnahmen (ABM-Stellen) schaffen häufig nicht Arbeitsplätze, sie ‚verschönern‘ lediglich die Arbeitslosenstatistiken. Die Auswirkungen der zeitlichen Erweiterung von Schule, Aus- und Weiterbildung lassen sich ebensowenig quantifizieren wie die durch den ‚vorgezogenen‘ Ruhestand erklärbaren ‚Beruhigung‘ der Arbeitslosenstatistik.

Noch nicht viele dieser Arbeitslosen können jedoch ihr ‚Schicksal‘ bislang auf die neuen Informations- und Kommunikationstechniken zurückführen. Sie sind auch ‚Opfer‘ der in den vergangenen Jahren gestiegenen Nachfrage nach Arbeitsplätzen (demographische Entwicklung) und dem Konjunkturverlauf. In die absolute Höhe der Arbeitslosigkeit gehen derzeit andere Faktoren ein, die auch das sog. ‚Nord-Süd-Gefälle‘ erklären: der Krise der ‚Alt‘-Industrien Kohle, Stahl, Werften, die v.a. die Küsten-Bundesländer, NRW und das Saarland betreffen. Die Tatsache, daß Bayern und Baden-Württemberg keine industriellen ‚Altlasten‘ zu beseitigen hatten, erklärt deutlicher die regionalen Unterschiede der Arbeitslosen-Statistik als die Tatsache, daß dort High Tech-Industrien liegen; sie ließen sich leichter ansiedeln.

Die heute schon realisierten Formen der Ausweitung von EDV durch neue Informations- und Kommunikationstechniken führte, wenngleich in begrenztem Umfang, zu Arbeitsplatzabbau. Die auf Großunternehmen beschränkte Untersuchung kam hinsichtlich der Entwicklungen, die mit dem Stichwort ‚Arbeitsplatzabbau‘ gekennzeichnet sind, zu folgenden Ergebnissen: „Betroffen von *Arbeitsplatzabbau* aufgrund der telematischen Integration werden nach unseren Erkenntnissen in den untersuchten Unternehmen primär *Beschäftigte* in den Bürobereichen mit *geringer fachlicher Qualifikation* sein, das heißt *überwiegend heutige Frauenarbeitsplätze.* Schreib- und Bürohilfskräfte, Telefonist/inn/en, Boten,

Archiv- und Registraturkräfte stehen im Vordergrund absehbarer Einsparungen. Damit setzen sich die bereits in den letzten Jahren zu beobachtenden Entwicklungen fort".[36]

Wenngleich auch viele Rationalisierungsmaßnahmen im Ausschöpfen der durch ‚natürliche Fluktuation' entstandenen Situation genutzt wurden, bedeutet dies letztendlich nichts anderes als Arbeitsplatzabbau.

Euphemismus beim Blick in die Zukunft ist nicht angeraten, stellt sich aber leicht ein, wer nun an einen arbeitsmarktmäßigen Kompensationseffekt durch ein scheinbar gewaltiges Ansteigen des ‚vierten' Sektors („Information") glaubt, wie W. Dostal [37] immer wieder nachzuweisen bemüht ist.

Der Schein, der dadurch entsteht, daß einzig der Informationssektor eine steigende Tendenz aufweist, wird erreicht, in dem „die theoretische Basis verändert wird. Im Drei-Sektoren-Modell besteht eine weitgehende Übereinstimmung zwischen Wirtschaftszweigen und Berufen, so daß parallel etwas über die Gewichte der Sektoren für die Beschäftigung, die Wertschöpfung und die Nachfrage gesagt werden kann. Der Informationssektor ist jedoch kein Sektor neben den anderen, sondern ein Kondensat aus diesen. Bezugspunkt sind nun nicht mehr Betriebsstätten und Wirtschaftszweige, sondern Berufe und Tätigkeiten aus fast allen Wirtschaftszweigen. Wirtschaftsstrukturelle Zusammenhänge und Veränderungstendenzen können damit nicht genauer analysiert werden".[38]

Bisher zur Verfügung stehende volkswirtschaftliche ‚Faustregeln' können dieser Entwicklung nicht mehr gerecht werden. Wußte man früher beispielsweise, wie viele Arbeitsplätze geschaffen werden, wenn die Deutsche Bundespost 1 Milliarde DM investiert, so werden aktuell die beschäftigungspolitischen Konsequenzen unternehmerischer Investitionsleistung permanent ‚heruntergerechnet', ‚zurückgefahren'. Auch die ‚Kurven', die die Entwicklung des Bruttosozialprodukts korrelieren mit der Beschäftigungsentwicklung (zusätzlich des Zynismus, mit dem die Rückführung angeworbener ausländischer Arbeitskräfte in die Rechnung einbezogen wird), müssen korrigiert werden wegen der spezifischen Auswirkungen der neuen Technologien im Anwenderbereich.

Die Tatsache, daß — demographisch bedingt — derzeit einige Problembereiche ‚gelöst' zu sein scheinen (z.B. Jugendarbeitslosigkeit), darf aber dennoch nicht von der Tendenz in der Globalentwicklung ablenken, die in Richtung Arbeitsplatzabbau geht. Kompensationseffekte durch Arbeitsplatz-Zuwachs in den Hersteller-Bereichen sind nicht zu leugnen, aber der Anteil der Hersteller-Industrien in Relation zu den Anwendungsbereichen ist vergleichsweise gering. Darüber hinaus werden in den arbeitsplatz-zuwachsenden Industrien ganz andere Qualifikationen erfordert, als in den Bereichen, in denen die Entlassungen realisiert werden können.

Auf weitere Entwicklungen, v.a. durch den Einsatz von Roboter-Technologien, durch Betriebskonzepte wie CIM, müßte hier *darüber hinausgehende* eingegangen werden, doch die — als Medienpädagoge zuzugebende — Inkompetenz beendet hiermit den Beitrag.

Abbildung 1: **Beschäftigung im Vier-Sektoren-Modell, 1882–2000**

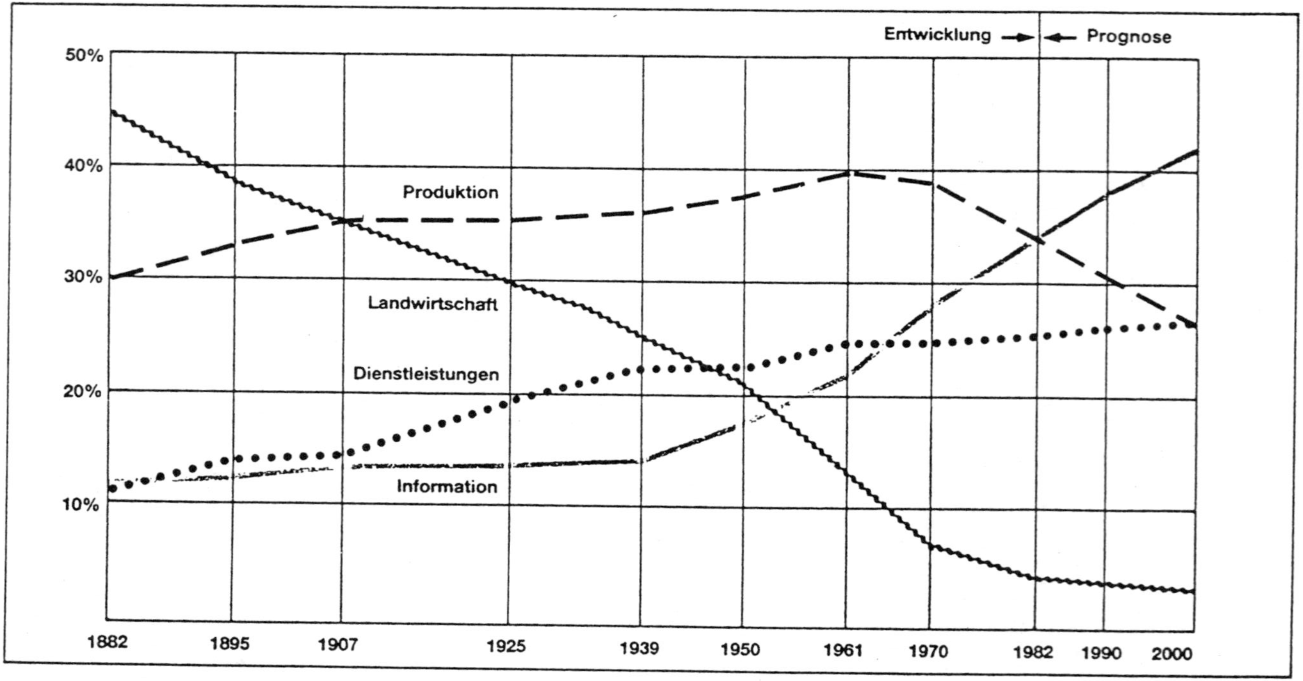

Bund: Aktualisierte Arbeitsmarktbilanz 1965 - 2000 Stand: März 1983

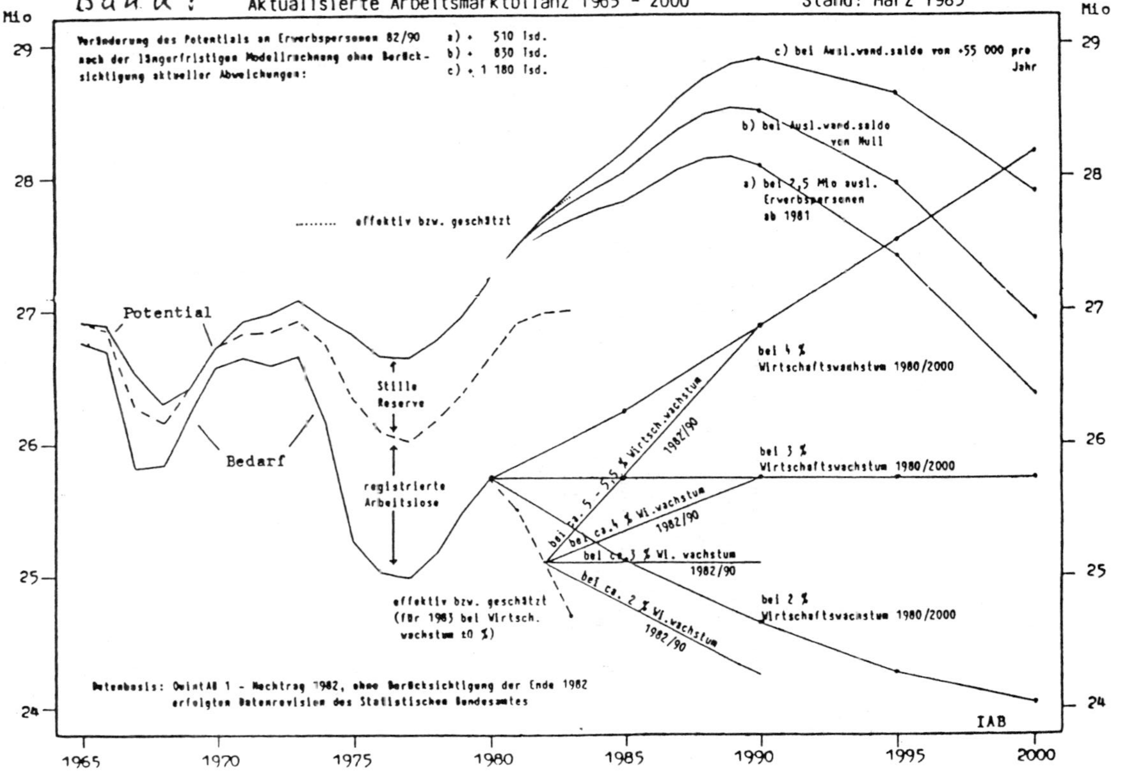

1 im TV-Bereich vgl. ‚medien' 1/1988, S. 71; im HF-Bereich vgl. ‚medien' 1/1988, S. 93 sowie 2/1988, S. 99
2 vgl. Das Handelsblatt, 21. 6. 1988
3 HFF, vgl. insbesondere die Hefte 12/1985, 5/1986, 9/1986, 2/1987 und 3/1988
4 vgl. L. Späth, Wende in die Zukunft. Die Bundesrepublik auf dem Weg in die Informationsgesellschaft, Reinbek bei Hamburg 1985
5 über CAD, CNC und CIM (wie auch zum Thema ‚Logistik in der Produktion') informieren insbesondere die — werblichen Interessen untergeordneten — von großen Tageszeitungen herausgegebenen Verlagsbeilagen; vgl. hierzu insbesondere die FAZ vom 27. 10. 1986.
6 Bericht der Enquete-Kommission des Deutschen Bundestages („Einschätzung und Bewertung von Technikfolgen; Gestaltung von Rahmenbedingungen der technischen Entwicklung") — Drucksache 10/5844 (vom 17. 7. 1986); Themenheft Neue Technologien — Informationen zur politischen Bildung 1 / 1988; B. Meier, Technikfolgen: Abschätzung und Bewertung, in: Beiträge zur Wirtschafts- und Sozialpolitik, Nr. 151, Köln 1987; C. Böhret, Technikfolgen und Verantwortung der Politik, in: Aus Politik und Zeitgeschichte (Beilage zu ‚Das Parlament') B 19-20 / 1987
Wichtige Zeitschriften- und Zeitungsinformationen:
C.Amery, Ist Cassandra verstummt?, in: natur 7 / 1987
M. Dierkes, „Immer größere Risiken für Mensch und Umwelt", in: Spiegel 8 / 1987 (16. 2. 1987)
J. Huber, Forschen statt vertrauen — Die sozialen Konsequenzen aus dem technischen Fortschritt müssen untersucht werden, in: Die Zeit 16 / 1987 (10. 4. 1987)
O. Ulrich, Welche Zukunft wollen wir, in: Die Zeit 18 / 1987 (24. 4. 1987)
J. Rau, Im gesellschaftlichen Dialog Chancen und Risiken abwägen, in: FR-Dokumentation, 2. 1. 1986
Ch. Broll, Einschätzung von Technikfolgen — Auf die lange Bank geschoben, in: SZ, 1. 7. 1987
A. Hacke, Mit der Laterne auf dem Entscheidungsweg, in: SZ, 17. 2. 1987
K. Adam, Wissen und Gewissen, in: FAZ, 17. 12. 1987
D. Radaj, Moderne Propheten der Wissenschaft, in: SZ 21. 4. 1988
DGB, Vorschläge des DGB zur sozialen Steuerung des technischen Wandels, Düsseldorf 1984, S 59ff
7 Zu diesem — besonders dummen — Bild meinte die ‚Neue Revue' mit ihrer Ausgabe 20 / 1988 mit einer Denunziation der gerade gebildeten Engholm-Regierung greifen zu müssen
8 H. Kubicek, Auch die Nachrichtentechnik hat ihren „Schnellen Brüter" (über verfassungsrechtliche Risiken von ISDN), in: FR 8. und 9. 10. 1986
9 hier zit. nach U. Wesel, die Sprache der Wende, in: Die Zeit 23 / 1988 (3. 6. 1988), S. 53
10 So der Generalsekretär der CDU, H. Geißler, auf dem CDU-Parteitag in Wiesbaden am 14. 6. 1988
11 B. Schorb, Bilder der Medienzukunft, in: I. Breckner u.a. (Hg.), Neue Medien — Zukunft, Opladen 1984, S. 113ff
12 vgl. E. Mohn, Zur Politikfähigkeit von Bürgerinitiativen angesichts neuer Informations- und Kommunikationstechnologien, in: Neue Technologien — und wie damit umgehen? Beiträge zu einer Strategiedebatte, Berlin 1984, S. 138ff
13 Für diesen Bereich wären fast alle Publikationen von H. Kubicek zu notieren, was alleine aus Raumgründen nicht möglich ist; vgl. insbesondere das Forschungsprojekt

„optek“: Optionen der Telekommunikation, die Forschungsergebnisse erscheinen demnächst. Erste Ergebnisse, vgl. B. Mettler-Meibom, Kommunikation ist die wichtigste zwischenmenschliche und innergesellschaftliche Integrationskraft, in: Angestellten-Magazin 4 / 1988, sowie H. Kubicek, Der Turmbau zu Babel, in: Wechselwirkung 36 / 1988

14 A. Bahl-Benker (IG Metall), Gesellschaftliche Gefahren der neue Informations- und Kommunikationstechniken, Thesen für die DGB-Bundesjugendkonferenz, November 1985 (unpubl.)

15 B. Mettler-Meibom, Sozialwissenschaftliche Wirkungs- und Begleitforschung als Instrument der Technologiepolitik, in: Media Perspektiven, 12 / 1983, S. 838ff

16 vgl. E. Mohn, Bescheidener Ertrag — Zur Begleitforschung in München und Ludwigshafen / Vorderpfalz, in: Media Perspektiven 10 / 1986, S. 622ff; ders., Das Kabel,pilot‘projekt Ludwigshafen / Vorderpfalz oder: zur politischen Definition von ‚Erfolg‘, in merz 6 / 1985, S. 332ff

17 Hier wären viele Publikationen v.a. von R. Leuze anzuführen; insbesondere: dies. ‚Das tägliche Leben wird immer mehr überwacht und kontrollierbar, in: FR 11. 6. 1986; vgl. auch: B. Mettler-Meibom, Straßen der Computer-Gesellschaft, in: Die Zeit 47 /1984 (16. 11. 1984)

18 W. Steinmüller hat in verschiedenen Publikationen auf diese Probleme aufmerksam gemacht, vgl. insbesondere, Die Zweite industrielle Revolution hat eben begonnen, in: Kursbuch 66 (Berlin 1981), S. 152ff; vgl. auch zu diesem Thema: O. Ulrich, Computer, Wertewandel und Demokratie, in: Aus Politik und Zeitgeschichte (Beilage zu ‚Das Parlament‘) B 25 / 1984; vgl. auch W. Hoffmann, Angst vor der digitalen Diktatur, in: Die Zeit 45 / 1987 (30. 10. 1987)

19 W.B. Korte / W. J. Steinle, Kultur, Alltagskultur und neue Informations- und Kommunikationstechniken, in: Aus Politik und Zeitgeschichte (Beilage zu ‚Das Parlament‘) B 3 / 1986 (18. 1. 1986), S. 26ff; vgl. auch: U. Lange, verschiedene unpubl. Berichte, vgl. dazu Anm. 20

20 Im Forschungsprojekt ‚Neue Medien und Arbeitnehmer‘ bearbeitete U. Lange den Aspekt der datentechnischen Integration in den Alltag, R. Bechmann die Konsequenzen für Großbetriebe und ich — angesichts des Kabel,pilot‘projekts Ludwigshafen / Vorderpfalz — den massenmedialen Aspekt.

21 R. Bechmann, Gleitzeit für ELIAS, (Allianz-Unternehmensstudie aus dem in Anm. 20 genannten Forschungsprojekt), lim. publiziert, hier S. 114ff

22 a.a.O., S. 105

23 a.a.O., S. 133f

24 a.a.O., S. 141

25 W. Klauder, Technischer Fortschritt und Beschäftigung — Zum Zusammenhang von Technik, Strukturwandel, Wachstum und Beschäftigung, in: Materialien aus der Arbeitsmarkt- und Berufsforschung 1 / 1986, S. 11

26 V. Bahl, Technologie-Entwicklung und neue Heimarbeit — Erosion der Organisierbarkeit von Arbeitnehmerinteressen, MS. für Politologentag 1985, S. 7

27 R. Bechmann, a.a.O., S. 134

28 H.-P. Fröschle / B. Klein, Schaffung dezentraler Arbeitsplätze unter Einsatz von Teletex. Fraunhofer-Institut für Arbeitswirtschaft und Organisation, Stuttgart 1986

29 W. Dostal, Telearbeit, in: Materialien aus der Arbeitsmarkt- und Berufsforschung, 4 / 1986, S. 6

30 M. Huber, Schöne neue Welt der elektronischen Heimarbeit, in: Psychologie heute 5 / 1984, S. 61ff

31 G.A. Erler, Mütterlichkeit und Computer-Heimarbeit, in: Kommune 7 / 1987, S. 6ff

32 I. Breckner, E. Mohn, K.M. Schmals in: I. Breckner, u.a. (Hg),

33 I. Breckner, a.a.O., S 231f

34 A. Zerdick, Mehr Arbeitsplätze durch neue Medientechnologien? Argumente zu den erwarteten Beschäftigungseffekten der ‚Neuen Medien', in: J. Rau, P. von Ruden (Hg.), Die neuen Medien — Eine Gefahr für die Demokratie?, Frankfurt 1985, S. 155ff

35 I. Kühl, Chronik zur Arbeitsmarktpolitik, in: Materialien und Mitteilungen aus der Arbeitsmarkt- und Berufsforschung 1 / 1986, S. 195ff

36 R. Bechmann, a.a.O., S. 139

37 v.a.W. Dostal ist bei den Materialien und Mitteilungen aus der Arbeitsmarkt- und Berufsforschung für die Durchsetzung dieser Ansicht mitverantwortlich, vgl. ders., Datenverarbeitung und Beschäftigung, Teil 3: Der Informationsbereich, in: Mitteilungen aus der Arbeitsmarkt- und Berufsforschung, 4 /1984, S. 490ff; ders., Telearbeit — Anmerkungen zur Arbeitsmarktrelevanz dezentraler Informationstätigkeit, in: a.a.O., 4 / 1985, S. 467ff, sowie die in Anm. 29 genannte Literatur

38 H.Kubicek, Der Mythos der Informationsgesellschaft; in: Gewerkschaftliche Monatshefte 6 / 1986, S. 348

Ulrich Briefs

Abschaffung der Arbeit — Arbeitszeitverkürzung

„Die Dynamik neuer Technologien"

Neue Technologien — insbesondere die Informations- und Kommunikationstechnologien (I+K-Technologien) — verändern das Verhältnis des Einsatzes von menschlicher und maschineller Arbeit: Von 1965 bis 1985 hat in der BRD die durchschnittliche Kapitalintensität am Arbeitsplatz von 40000 DM auf 177000 DM zugenommen.

In etwa dem gleichen Zeitraum (von 1962 bis 1982) hat das Bruttosozialprodukt der BRD sich real verdoppelt. Zugleich ist die Zahl der zur Erbringung dieses Bruttosozialprodukts notwendigen Arbeitsstunden um 25 v.H. zurückgegangen.

Mit den neuen Technologien hat ein verschärfter Prozeß des Abbaus gesellschaftlich notwendiger Arbeitszeit eingesetzt. Dieser Prozeß wird in der Zukunft weiter anhalten und weitere z. T. drastische Reduzierungen der bislang noch notwendigen Arbeitszeit mit sich bringen.

Von besonderer Bedeutung sind hierbei in der Zukunft die Informations- und Kommunikationstechnologien, also insbesondere die Mikroelektronik, die Computertechnik und in der Zukunft zunehmend die Telekommunikationstechnologien. Der Ausbau der Telekommunikationstechnologien ermöglicht im Zusammenhang der „Informatisierung" der Gesellschaft die zunehmende Vernetzung von Arbeitsplätzen, an denen zugleich immer tiefer I+K technologische Systeme in die einzelnen Arbeitsgebiete eingreifen. Anfang der 70er Jahre waren erst ca. 5 v.H. aller Ausrüstungsinvestitionen Investitionen in EDV-Systemen. Heute sind bereits mehr als 20 v.H. aller Ausrüstungsinvestitionen Investitionen in I+K-technologische Systeme. Diese Entwicklung wird in der Zukunft als ökonomischer Niederschlag der „Informatisierung" weiter zunehmen.

Die Bedeutung der I+K-Technologien ergibt sich aus dem universellen Stellenwert von Informationen und Informationsverarbeitung im menschlichen Lebens- und Arbeitszusammenhang: Informationen und Informationsverarbeitung sind untrennbarer Bestandteil jedes derartigen Prozesses. Bislang war insbesondere die Informationsverarbeitung das fast alleinige „Vorrecht" menschlicher Arbeitskräfte. Diese Allgegenwart von Informationen im Arbeitsprozeß bedingt die universelle Entwicklung und Anwendung der I+K-Technologien und die Universalität des Prozesses der „Informatisierung".

25 v.H. aller Arbeitsplätze in der Bundesrepublik sind inzwischen von programmgesteuerter Maschinerie — im wesentlichen von Computertechnik — erfaßt. Anfang der 70er Jahre waren es erst etwa 6 % der Arbeitsplätze. Gegen Ende dieses Jahrhunderts werden es weitaus mehr als die Hälfte aller Arbeitsplätze

sein, die über informationstechnische Systeme verändert sein werden. Auf lange Sicht wird kein Arbeitsplatz von der „Informatisierung“ bzw. der „Computerisierung“ verschont bleiben. Dabei werden insbesondere auch die bisher durch Technik nicht oder kaum erfaßten Angestelltenbereiche und die Dienstleistungstätigkeiten — einschließlich der Arbeitsplätze qualifizierter Spezialisten — von dieser Art von Technik erfaßt und in einem längeren Prozeß z. T. grundlegend verändert werden. Heute bereits sind das mehr als 5. v.H. aller Arbeitsplätze, vor allen Dingen in den Büros und in den Dienstleistungsbereichen, Bildschirmarbeitsplätze. Vor 18 Jahren waren es in der gesamten BRD erst eine Handvoll derartiger Arbeitsplätze. Neben den großen Betrieben, die in diesem Prozeß führend sind, werden in der Zukunft verstärkt auch mittlere und kleine Betriebe in allen Branchen erfaßt werden.

Neben dem Abbau von bislang noch notwendiger gesellschaftlicher Arbeitszeit ergibt sich an den verbleibenden Arbeitsplätzen die Mensch-Maschine-Kommunikation, ebenfalls mit tiefgreifenden Veränderungen für die Bedingungen, unter denen sich die menschliche Arbeitskraft im Arbeits- und Betriebsprozeß entfalten kann.

Die Informations- und Kommunikationstechnologien — ein Umbruch in der Arbeitswelt

Von besonderer Bedeutung sind die I+K-Technologien deshalb, weil sie die Möglichkeit geben, Informationen mit maschinellen Systemen zu erfassen, zu speichern, insbesondere aber zu verarbeiten und weiterzuleiten. Informationen sind nun einerseits zugleich ein untrennbarer Bestand jeden Arbeitsprozesses. Andererseits waren die Erfassung, Speicherung, insbesondere die Verarbeitung und Weiterleitung von Informationen bisher das fast alleinige Vorrecht menschlicher Arbeitskräfte. Mit dem Aufkommen der Informations- und Kommunikationstechnologien hat sich das im Prinzip bereits erheblich geändert und wir sich in der Zukunft noch weiter erheblich ändern.

Die I+K-Technologien werden daher auf lange Sicht — über drei und mehr Jahrzehnte von heute ab gerechnet — zu einem Umbruch an den Arbeitsplätzen und in der Arbeitswelt insgesamt führen. Neben dem Abbau von gesellschaftlich notwendiger Arbeitszeit — konkret bedeutet das den drohenden Verlust von weiteren Millionen Arbeitsplätzen in der BRD — drohen vor allem mehr Kontrolle und Überwachung, mehr Arbeitsdruck und ein höheres Arbeitstempo, sowie Intensivierung der Beanspruchung der Arbeitskräfte sowie in größeren Bereichen auch Verluste an abgeforderten Qualifikationen. Bessere Entfaltungsmöglichkeiten ergeben sich dagegen nur an insgesamt relativ wenigen Arbeitsplätzen, den Arbeitsplätzen insbesondere der „Rationalisierungsgewinner“ sowie kleiner hochqualifizierter Spezialistengruppen in den Betrieben. Gewisse Arbeitserleichterungen ergeben sich dagegen auch an Arbeitsplätzen, an denen zugleich die Entfaltungsmöglichkeiten zurückgehen.

Attraktiv für die Betriebe sind in diesem Zusammenhang vor allem die auf lange Sicht unbestreitbaren erheblichen Produktivitätsgewinne der Betriebe und Unternehmen, die im Rahmen des mörderischen Konkurrenzkampfes mit neuen Technologien immer „systemischer" durch technische und vor allem durch EDV-gestützte Rationalisierung erreicht werden.

Neue Technologien — alte und neue Massenarbeitslosigkeit

Die drohende Massenarbeitslosigkeit der Zukunft tritt zur heute bereits bestehenden Massenarbeitslosigkeit hinzu: Die inzwischen in der Größenordnung von 150 Mrd. DM in EDV-Systeme und alles mögliche „Zubehör" (einschließlich der Software) getätigten Investitionen haben bereits mit Sicherheit mindestens netto 500000 Arbeitsplätze gekostet.

Der gewaltige Boom der EDV in den entsprechenden Produktionsbereichen hat dagegen über die letzten 15 Jahre bei einer Verfünffachung des Produktionswertes nicht einmal eine Verdoppelung der Belegschaftszahlen gebracht. In klaren Zahlen: Es sind weniger als 40000 Produktionsarbeitsplätze hinzugekommen. Daraus wird angesichts einer Massenarbeitslosigkeit von weitaus mehr als 3 Mio. Arbeitskräften ersichtlich, wie gering der Beitrag der Expansion der Produktion von I+K-Technologien zur Schaffung neuer Arbeitsplätze ist. Auch der Softwarebereich und gewisse mit dem EDV-Einsatz verbundene Dienstleistungen haben nur relativ geringe positive Beschäftigungseffekte gebracht. Die Zahl z. B. der Datenbankspezialisten in der BRD beziffert sich nach wie vor nur nach einigen Tausend.

Der real existierende technologische „Strukturwandel" — und der bislang erfolgte Prozeß der Informatisierung ist ein immer bedeutsamerer und umfangreicherer Teilprozeß des insgesamt vor sich gehenden „technisch-ökonomischen Strukturwandels" — hat zum Wiederaufkommen der „Pest des Zwanzigsten Jahrhunderts" — der Massenarbeitslosigkeit — in der BRD beigetragen. Arbeitsplatzverluste sind übrigens nicht so sehr in „modernen" Branchen zu verzeichnen, sondern in den Branchen, die wie die bundesdeutsche Stahlindustrie, der Kohlebergbau und die Werftenindustrie rasante Prozesse der „Modernisierung" — auch und gerade wie die Stahlindustrie durch Einführung und Anwendung der EDV — durchgemacht haben. Die Modernisierungsprozesse haben die betreffenden westdeutschen Industriezweige mit an die Weltspitze gebracht. Allerdings haben diese Modernisierungsprozesse ihnen auch im Zusammenhang mit dem chaotischen kapitalistischen Wettbewerbsgerangel auf den internationalen Märkten erhebliche Überkapazitäten beschert und damit die tiefgreifende Arbeitsmarktkrise seit Mitte der 70er Jahre mitbedingt.

Die „Modernisierung" mit Hilfe der I+K-Technologien wird im Zusammenhang mit der weiteren Dynamik des chaotischen kapitalistischen „Strukturwandels" — bei dem niemand weiß, wann welche stabile „Struktur" erreicht sein wird — zu weiteren Verschärfungen an den Arbeitsplätzen und auch zu weiteren Überkapazitäten im Produktions- wie auch im Anwendungsbereich führen.

Ein wesentlicher Grund hierfür ist die Tatsache, daß die I+K-Technologien insgesamt ganz überwiegend Prozeß-und nur wenige Produktinnovationen verkörpern. Das unterscheidet den Prozeß der „Informatisierung" von früheren Technikwellen: Der gesellschaftliche Reichtum, die Befriedigung neuer Bedürfnisse, mit entsprechend expansiven Effekten, tritt bei diesen Technologien zurück gegenüber der Befriedigung der alten Bedürfnisse auf neue Weise: Die I+K-Technologien verändern nicht so sehr das Was und Wofür der gesellschaftlichen Produktion sondern weitaus mehr das Wie!

Sie sind — von ihrem spezifischen Gebrauchswert her gesehen — universell einsetzbare Technologien vor allem der Rationalisierung und Kontrolle in bereits bestehenden Tätigkeitsbereichen.

Auf diesem Wege — durch Rationalisierung, durch Reduzierung von Verbräuchen und durch Einsparungen, durch bessere Planung und Organisation und auch durch mehr Kontrolle und Überwachung die Produktivität je Arbeitsplatz und -stunde zu erhöhen — entfalten die I+K-Technologien ihren spezifischen Gebrauchswert: Produktivitätssteigerungen durch Rationalisierung und in der Folge durch andere, stärker transparent gemachte und kontrollierte, insgesamt damit stärker fremdbestimmte Formen der Arbeit zu verwirklichen.

Nur in beschränktem Umfang dagegen stellen diese Technologien wirklich von der Funktion her neue Güter oder Dienstleistungen und damit neue Expansionsbereiche zur Verfügung.

Bei dem wenigen, was sie als neue Güter und Dienstleistungen in die Welt bringen, muß aber zugleich auffallen, daß es zum Teil außerordentlich problematische neue derartige Produkte bzw. Dienstleistungen sind:

— Destruktive Systeme etwa in der Militärtechnik
— Parasitäre Informationen und Kommunikationssysteme im Bereich z. B. der Waren- und Kapitalspekulation:
— Triviale Produkte wie Telespiele;

usw. usf...

Unter den mit den I+K-Technologien überhaupt entstandenen, insgesamt wenigen neuen Produkten und Dienstleistungen sind noch weniger wirklich positive, vom Gebrauchswert her neue Produkte und Dienstleistungen: Beispiele hierfür wären die Computertomographie oder die Nutzung von Computerinformationen für die Erdbebenvoraussage.

Mit dieser Einschätzung ist jedoch nicht gesagt, daß die I+K Technologien keinen positiven Wert haben. Ihr positiver Wert — und das ist mit höchster Nüchternheit, aber auch zugleich in seiner vollen Gefährlichkeit zu sehen — liegt in der Möglichkeit der Beschleunigung von Abläufen, dem Einsparen von Rohstoffen und sonstigen Materialien, der besseren Auslastung von Kapazitäten, insbesondere aber in der Überflüssigmachung von bisher noch notwendiger Arbeitszeit menschlicher Arbeitskräfte.

Informatisierung — Ausgrenzung aus der Erwerbsarbeit

Der Abbau gesellschaftlich notwendiger Arbeitszeit, für den die I+K-Technologien vielleicht das mächtigste bislang entwickelte Mittel sind, ist also zugleich Fluch und Segen. Er bedeutet noch mehr Ausgrenzung von Menschen aus der Erwerbsarbeit, insbesondere auch zunehmend die Ausgrenzung von Frauen, weil die I+K-Technologien in der Anfangsphase der Entwicklung (und wir sind nach wie vor noch in den Anfängen der „Informatisierung") vor allem die Übernahme von routinemäßig durchgeführten Arbeitsvorgängen erlauben. Und in solchen Tätigkeiten sind aufgrund der traditionellen geschlechtsspezifischen Diskriminierung in den Betrieben und in der Gesellschaft bislang eben vor allem Frauen eingesetzt. Der Abbau von gesellschaftlich notwendiger Arbeitszeit bedeutet unter den gegenwärtigen gesellschaftlichen Bedingungen noch mehr Verarmung und Not — gerade auch von jungen Menschen, deren Arbeitsplätze durch informationstechnologische Entwicklungen wegrationalisiert werden. Dieser Prozeß bedeutet in der Folge noch mehr Konzentration des Reichtums und der Vorteile dieser Gesellschaft bei den Reichen und Superreichen und auch der Konzentration der Macht bei kleinen Eliten.

Die I+K-Technologien heben nicht die Widersprüche und die Zwangsmechanismen der hochentwickelten und hochtechnisierten kapitalistischen Gesellschaft — wie z. B. die Vulgärmarxisten in der Redaktion der Deutschen Volkszeitung meinen — auf, sondern verschärfen sie.

Sie gefährden insbesondere unter den bestehenden Bedingungen auch Freiheitsrechte der BürgerInnen. Es droht der technologisch hochgerüstete, mehr und mehr aus seiner Rolle als „Sozialstaat" heraustretende Überwachungsstaat, der gerade angesichts wachsender innergesellschaftlicher Widersprüche zunehmend repressiver werden muß — und sich dazu hervorragend der neuen Technologien der Information und Kommunikation bedienen kann.

Abschaffung der Arbeit — bis wohin?

So massiv die Effekte des Abbaus von gesellschaftlich notwendiger Arbeitszeit im Zuge der „Informatisierung" bzw. „Computerisierung" der Gesellschaft sein werden, sie haben durchaus ihre Grenzen. Es wird niemals eine Volkswirtschaft geben, in der Roboter Roboter produzieren, die wiederum Roboter produzieren, die die ersten Roboter herstellen. Anders gesagt: Es wird nie eine Volkswirtschaft, eine Gesellschaft mit einer Nullstundenwoche für alle menschlichen Arbeitskräfte geben.

Es gibt vielmehr eine Restgröße an gesellschaftlich notwendiger Arbeitszeit, die auch bei noch viel weiter getriebener Rationalisierung, Automatisierung, Technisierung und insbesondere Informatisierung nicht unterschritten werden kann. Wo diese Restgröße an gesellschaftlich notwendiger Arbeitszeit liegt, kann heute auch nicht mal in grober Form abgeschätzt werden. Wo diese Untergrenze zu liegen kommt, hängt nämlich insbesondere davon auch ab, ob z. B. den Notwendigkeiten einer Umwälzung der Produktion und der zugehörigen Verwaltung aus Gründen der ökologischen Neugestaltung Rechnung getragen wird. Sie hängt davon ab, ob es gelingt, die Ausbeutung dessen, was wir alle etwas willkürlich als „Dritte Welt“ bezeichnen, aufzuheben. Sie hängt davon ab, ob gesellschaftliche Emanzipationsbewegungen stärker als bisher zur Wirkung kommen werden usw.

Diese und andere bewußt in die Wege geleiteten gesellschaftlichen Umbruchentwicklungen können dazu führen, daß das Volumen an gesellschaftlich notwendiger Arbeitszeit irgendwann wieder zunimmt. Also mehr arbeiten, um ökologische Schäden zu verhindern, oder um ökologische Belastungen, die heute existieren, rückgängig zu machen. Mehr arbeiten, um im Betrieb und in der Gesellschaft mitzubestimmen, um sich nicht wie bisher in einem gnadenlosen Arbeitstempo immer stärker verschleißen zu lassen usw.

In jedem Fall wird jedoch der Prozeß der „Informatisierung“ weitergehen, wegen der angesprochenen Produktivitätssteigerungen, und zum weiteren erheblichen Abbau von gesellschaftlich notwendiger Arbeitszeit beitragen. Er wird dazu auch unter den Bedingungen grundlegend anderer Arbeitsverhältnisse und Ziele des Produzierens und Verhaltens beitragen.

Weitere Arbeitszeitverkürzungen — weitere Aufgaben für die Gewerkschaften

Mit den I+K-Technologien hat ein Prozeß eingesetzt, der zu einem Umbruch auch für die Wahrnehmung gewerkschaftlicher Aufgaben in allen Bereichen der gesellschaftlichen Arbeit führen muß und wird. Traditionelle Aufgabe der Wahrnehmung gewerkschaftlicher Schutzfunktionen am Arbeitsplatz, im Betrieb, in der Produktion, in der zugehörigen Verwaltung treten dabei nicht zurück, sondern werden noch dringlicher als bisher.

Die Gewerkschaften werden deshalb durch die „Informatisierung“ der Arbeitswelt anders, stärker als bisher gefordert werden. Ob sie diesen Herausforderungen entsprechen können, ist offen. Es hängt in jedem Fall davon ab, ob es ihnen gelingt, dezentralere und den einzelnen Beschäftigten mehr Mitsprache gebende, insofern demokratischere Formen der Organisation der Beschäftigten in den Betrieben zu entwickeln. Demokratischere Organisationen der Beschäftigten in Betrieben heißt insbesondere: Den individuell Beschäftigten und den verschiedenen, inzwischen ja von ihrer Interessenslage auch im Arbeitsprozeß sehr vielfältig strukturierten Gruppen der Beschäftigten wirksame Mitspracherechte am Arbeitsplatz, im Betrieb und insbesondere in bezug auf die betrieblich-politischen Dimensionen des Betriebsgeschehens zu geben. Auf die Gewerkschaften kommt aber insbesondere die Aufgabe der Schaffung wirksamerer und besserer Schutzvorkehrungen als bisher auf vier Gebieten zu:

1. Der Politik der Arbeitszeitverkürzung
2. Der Sicherung der Einkommen und der notwendigen betrieblichen Sozialleistungen

3. Der Politik des Rationalisierungsschutzes
4.. Des Ausbaus der „Mitbestimmung".

Die Politik der Arbeitszeitverkürzung — entscheidender Hebel gegen die Massenarbeitslosigkeit

Die Politik der Arbeitszeitverkürzung ist der entscheidene Hebel zur Bekämpfung der Massenarbeitslosigkeit. Gelingt es nicht, sie entsprechend durchzusetzen, so bleiben im weiteren praktisch vor allem nur politische Hebel zur Verbesserung der materiellen Lage der Arbeitslosen und vor allem der Langzeitarbeitslosen, z. B. in Form der sogenannten Grundsicherung oder Existenzsicherung.

Beim heutigen Stand reicht die Verwirklichung der 35-Stunden-Woche für alle allerdings schon nicht mehr aus, um die heute bestehende Massenarbeitslosigkeit zu beseitigen.

Die 35-Stunden-Woche muß her — allerdings nur als Einstieg: Als Einstieg in einen viel weitergehenden Prozeß des Abbaus von gesellschaftlich notwendiger Arbeitszeit. Angesichts der verstärkten Wirkung Neuer Technologien und insbesondere der I+K-Technologien muß ein noch weitergehender Abbau von Arbeitszeit stattfinden.

Für die 90er Jahre muß in der BRD von den Gewerkschaften die 30-Stunden-Woche angezielt werden, wenn auf diesem Wege die Massenarbeitslosigkeit im wesentlichen wieder beseitigt werden soll.

Die bisherige Politik der Arbeitszeitverkürzung ist allerdings am Massenheer der Arbeitslosen vorbeigegangen: Sie hat zwar Arbeitsplätze gesichert und auch im gewissen Umfang „neue" Arbeitsplätze geschaffen (genauer gesagt: In einem gewissen Umfang die im Zuge vor allem neuer technischer Entwicklungen laufend reduzierte Arbeitszeit zugunsten einer kleinen Zahl von Arbeitslosen umverteilt), aber sie hat keinen wesentlichen Beitrag zur Behebung der Massenarbeitslosigkeit gebracht.

Es wird also von der weiteren Entwicklung der gewerkschaftlichen Kampfkraft vor allem abhängen, ob es gelingt, Arbeitszeitverkürzungen in einem Ausmaß und Tempo durchzusetzen, daß es auf diesem Wege gelingen kann, die Arbeitslosen wieder einzugliedern.

Wachstumsprogramme — auch die Programme des sogenannten qualitativen Wachstums — können gerade angesichts Neuer Technologien nicht ausreichend viele neue Arbeitsplätze bringen. Im Zuge der weiteren Entwicklung und Anwendung Neuer Technologien erhöhen sich nämlich auch ständig die notwendigen Investitionen je Arbeitsplatz. Insbesondere High-Tech-Produktionsbereiche, also z. B. die Mikroelektronikproduktion, die Produktionsrichtungen der Bio- und Gentechnik, die Großchemie, aber auch „durchschnittliche" Industrien wie die Automobilindustrie oder die Verpackungsmittelindustrie sind inzwischen so kapitalintensiv geworden, daß in diesen Branchen mit riesigen Investitionen aus technisch-naturwissenschaftlichen Gründen heraus geradezu nur wenige Arbeitsplätze geschaffen werden können. Das beste Beispiel für diese eherne Gesetzmäßigkeit der High Tech-Produktion ist die WAA, wie sie in Wackersdorf geplant ist (aber mit

Sicherheit nicht gebaut wird). Diese WAA soll beim derzeitigen Planungsstand ca. 8 Milliarden DM kosten. Mit diesen 8 Milliarden DM Investitionen würden jedoch nur ganze 1600 Arbeitsplätze geschaffen. Das heißt, jeder einzelne Arbeitsplatz kostet in diesem High-Tech-Betrieb bereits ca. 5 Millionen DM im Durchschnitt. Rechnet man das auf Kostengrößen um, so kommt man dazu, daß auf jede Mark Personalkosten in diesem Betrieb mindestens 30,— DM Kapitalkosten entfallen. Diese Größenordnungen von Personalkosten einerseits und Fix- bzw. Gemeinkosten andererseits illustrieren übrigens das Kernproblem der „modernen" Produktionsstruktur insgesamt: Mit zunehmender Kapitalintensität und zunehmender Technisierung der Betriebe werden zwangsläufig die Fix- bzw. Gemeinkosten immer größer, nimmt dagegen der Anteil der Personalkosten ständig und gerade im Zusammenhang mit neuen technischen Entwicklungen gegenwärtig dramatisch ab.

Konzepte der qualitativen Arbeitszeitverkürzung entwickeln

Die bisher betriebenen Formen der Arbeitszeitverkürzung bringen allerdings auch Gefahren mit sich. Dazu zählt die Gefahr, die Arbeitskräfte in immer kürzerer Zeit noch mehr auszupressen und damit den eh schon sehr großen Verschleiß in den Betrieben weiter zu erhöhen. Es ist z. B. heute bereits so, daß über die Hälfte der Arbeiter vor Erreichen der normalen Altersgrenze aus dem Betrieb ausscheidet, als verschliessen. Und auch bei den Angestellten ist es so, daß ca. 1/3 vor Erreichen der normalen Altersgrenze aus dem Betrieb ausscheiden und verrentet werden. Das ist ein deutlicher Hinweis auf den auch und gerade mit modernen Produktionsmethoden verbundenen Verschleiß in den Betrieben.

Dazu zählt weiterhin die Gefahr, die eigenen Interessen an Qualifikationserhalt und an Mitsprache im Betrieb dem Leistungsdruck und dem Leistungstempo zu opfern. Es ist nach wie vor so, daß normale ArbeiterInnen keine Chance haben, in eine Weiterbildungsmaßnahme des Betriebes zu kommen. Und die Unternehmer nutzen das Bedürfnis der Beschäftigten zur „Einmischung in ihre eigenen Angelegenheiten" (Brecht), um mit neuen Sozialtechniken zwar Mitarbeiter zu beteiligen, z. B. im Rahmen der Benutzerbeteiligung bei der Entwicklung von EDV-Systemen, im Rahmen von Qualitätszirkeln, im Rahmen sonstiger Motivationstechniken, in Wirklichkeit geht es aber darum, sie durch Manipulation ihrer Bedürfnisse möglichst noch intensiver auszupressen als bisher.

Die Gewerkschaften müssen diesen Gefahren verstärkte Schutzvorkehrungen zur Sicherung betrieblicher Umschulungs- und Weiterbildungsmaßnahmen, zum Ausbau des Rationalisierungsschutzes, zur Sicherung und Erweiterung von Mitbestimmungsrechten und sowohl der betrieblichen Interessenvertretungen wie auch zur Schaffung von Mitbestimmungsrechten am Arbeitsplatz entgegensetzen.

Ein Konzept, in dem diese notwendigen Bemühungen zusammenlaufen, ist das Konzept der „Arbeitszeitverkürzung in der Arbeitszeit".

„Arbeitszeitverkürzung in der Arbeitszeit"

„Arbeitszeitverkürzung in der Arbeitszeit" heißt, Arbeitszeit nutzen, um im Betrieb

- durch Ausbau von Pausenregelungen und durch sonstige Maßnahmen der systematischen Nutzung von Zeit, die von der Notwendigkeit des unmittelbaren Eingriffs in die Produktion bzw. die zugehörige Verwaltung freigemacht worden ist, für eine „Entintensivierung" des Arbeitsprozesses, also Zeit nutzen, um Leistungsdruck und Verschleiß abzubauen.
- Durch Einbau von Zeiten für Qualifizierung in den Arbeitsprozeß, gerade auch für bislang benachteiligte Gruppen von Arbeitskräften wie Frauen, Ausländer, Un- oder Angelernte — Grundlagen für eine wirklich emanzipatorische Qualifizierungspolitik (die nicht ausschließlich den Rationalisierungsgewinnern und Betrieben zugute kommt!) im Betrieb zu schaffen.
- Durch Nutzung von abgebauter Arbeitszeit für Prozesse der Mit- und Selbstbestimmung in der Form der Information, Beratung und schließlich Entscheidung der betroffenen ArbeitskollegInnen im Kollektiv über alle produktionsmäßigen, wirtschaftlichen und sozialen Angelegenheiten Bedingungen für demokratische Betriebsverhältnisse zu schaffen.

Eine derartige alternative Nutzung von abgebauter Arbeitszeit ist für sich betrachtet zunächst auch ein Beitrag zur Sicherung von Sozialleistungen für die Beschäftigten (z. B. zur Sicherung von Sozialleistungen in Form von Qualifizierungsleistungen der Betriebe), zur Ausgestaltung des Rationalisierungsschutzes und insbesondere zur Durchsetzung von verbesserten Mitbestimmungsmöglichkeiten am Arbeitsplatz und im Gesamtbetriebszusammenhang.

Zugleich bedarf eine solche Politik der „Arbeitszeitverkürzung in der Arbeitszeit" der Absicherung durch entsprechende Abkommen zwischen Gewerkschaften und Unternehmern — also durch Tarifverträge oder Betriebs- bzw. Dienstvereinbarungen. Insbesondere bedarf sie aber auch der Ergänzung um weitere Rationalisierungsschutzmaßnahmen, die über die Gestaltung der zeitlichen Dimension des Arbeitsprozesses hinausgehen, also z. B. die Regelung der Umschulungs- und sonstigen Interessenausgleichsmaßnahmen, die Sicherung von Ersatzarbeitsplätzen bei Wegfall von Arbeitsplätzen usw. usf.

Sie bedarf insbesondere der Weiterentwicklung der Mitbestimmung zur Mitbestimmung am Arbeitsplatz: Die einzelnen Beschäftigten und ihre „Kleingruppen"-Strukturen vor Ort müssen wirksame Mitsprachemöglichkeiten in dem für sie überschaubaren Teil des Betriebes enthalten. Zugleich müssen sie im Rahmen der Qualifizierungsmaßnahmen auch die Möglichkeiten bekommen, sich über den Betrieb und die wesentlichen Aspekte des Betriebsgeschehens insgesamt zu informieren und zu schulen, damit sie auch auf Ebene des Gesamtbetriebes mit entsprechenden Kenntnissen über die Zusammenhänge im Betrieb in ihrem Interesse und im Interesse des Betriebes eingreifen können.

Ein derartiges Szenario von Formen der alternativen Arbeitszeitverkürzung oder der „Arbeitszeitverkürzung in der Arbeitszeit", verbunden mit den entsprechenden zusätzlichen Rechten für die Beschäftigten und auch für die betrieblichen Interessenvertretungen — also den Betriebsrat, den Personalrat und deren Organe — bedeuten einen wirklich revolutionären Schritt der Veränderung der Betriebsbedingungen. Dieser Schritt bedeutet zugleich die Möglichkeit, sich von den wachstums- und produktivitätsorientierten Bedingungen der kapitalistischen Produktionsweise zu lösen. Insofern setzt eine solche Politik natürlich viel weitergehende Veränderungen im Wirtschaftssystem voraus — Veränderungen, in deren Vollzug sich auch die Grundverhältnisse der kapitalistischen Produktion grundlegend anders gestalten müssen.

Insofern — aber auch nur insofern — kann man sagen, sind die Neuen Technologien „revolutionär": Nicht weil sie im Selbstlauf die Betriebe und die Produktionsverhältnisse verändern —, sondern weil eine bewußte Auseinandersetzung mit dem Ziel der Schaffung menschlicher Verhältnisse in den Betrieben unter den Bedingungen fortschreitender Neuer Technologien auch die Produktionsverhältnisse ergreifen und verändern muß. In diesem dialektischen Sinne, und nicht in dem mechanistischem Verständnis, wie es häufig in der Diskussion anzutreffen ist, nämlich daß neue Technologien so ganz einfach die Verhältnisse revolutionieren, liegt eine wirklich revolutionäre Prozeßstruktur im Zusammenhang mit Neuen Technologien und insbesondere im Zusammenhang mit dem Prozeß der Informatisierung vor.

Literatur

Briefs, U., Informationstechnologien und Zukunft der Arbeit — ein politisches Handbuch zu Mikroelektronik und Computertechnik, Pahl-Rugenstein-Verlag Köln, 1984, 3. Auflage 1988

Briefs, U., Kjaer, J., Rigal, J.-L. (Hrsg.), Computerisation und Werk, Springer-Verlag, Berlin / Heidelberg / New York / Tokyo, 1985

Dieter Klumpp

Neue Medien — alte Probleme: Das Gestaltungspotential kann durch neue Fragestellungen vergrößert werden.

Thesen

1. *Neue Medien haben bisher nur wenige alte Probleme gelöst. Spektakuläre — weil unbemerkte — Ausnahmen sind Entwicklungen wie die Schaffung eines autonomen Kulturkanals für Zuwanderergruppen durch erschwingliche Videorecorder.*

Anfang der 70er Jahre wurde in wissenschaftlichen Untersuchungen ein deutlicher Bedarf nach lokaler sowie nach zielgruppenspezifischer Information festgestellt. Die Identifikation der Menschen mit ihrem Nah-Umfeld fand in den „Massen“ -Medien TV und Radio keinen Rückhalt. Infolge weitverbreiteter Fehleinschätzung der Leistungspotentiale neuer Kommunikationsinfrastrukturen glaubte man auch, spezielle Programme für Zuwanderer über eine allgemeine Infrastruktur anbieten zu können und hielt es für möglich, für die speziellen Zielgruppen in der Bundesrepublik Deutschland „Kulturkanäle“ anzubieten; zu wenig wurde die Frage analysiert, ob es denn gerechtfertigt sei, wenn die Mehrheit dafür finanzielle Opfer bringt, daß einige Wenige fremdsprachliche Programm verstehen können. Die hohe Durchdringung der türkischen Haushalte in Berlin mit Videorecordern (inoffizielle Schätzungen sprechen bereits von einer 100prozentigen Ausstattung der Haushalte) ist ein gutes Beispiel dafür, daß man ohne fundiertes Wissen über den Charakter von Infrastrukturen der Kommunikationstechnik das vorhandene „alte“ Problem — mangelnde Zielgruppenprogramme — nicht beseitigen konnte. Vielmehr ist ein neues Problem aufgetreten: Die Inhalte der „über den Ladentisch verkauften“ Programme per Videorecorder sind vollkommen intransparent.

2. *Neue Medien können die überwiegende Zahl von Problemen zwischen Menschen der „Alten Gesellschaft“ prinzipiell nicht lösen. Neue Medien können aber Probleme beseitigen, die zum Beispiel beim Einsatz von Kommunikationstechnik bisher aufgetreten sind, etwa durch den Entzug von Bildern (Telefon — Bildtelefon) oder die Entwöhnung von Handschrift (Telex — Telefax).*

Probleme mit der vorhandenen Kommunikationstechnik wurden in den letzten Jahrzehnten im wissenschaftlichen oder politischen Raum praktisch überhaupt nicht thematisiert. So gilt es als ausgemacht, daß das Telefon eine selbstverständliche und vollkommen ausreichende Möglichkeit der Telekommunikation bietet. Neuere Forschungen auf dem Gebiet der nonverbalen Kommunikation haben ergeben, daß parasprachliche Instrumente einen unverzichtbaren

Bestandteil der menschlichen Kommunikation darstellen. Es wurde nirgends die Frage gestellt, ob die Technik nicht durch Erweiterung der Sprachkommunikation zur Bildkommunikation eine Bereicherung für den telekommunikativen Dialog zwischen Menschen bereitstellen könnte. Unbestritten ist, daß die Face-to-Face-Kommunikation, das direkte Gespräch zwischen Menschen, ein Optimum darstellt; jedoch wurde der naheliegende Gedanke, das Surrogat Telekommunikation menschengerechter zu machen, praktisch nicht aufgegriffen. Im geschäftlichen Raum hat sich z. B. das Telefax auch als ein Medium erwiesen, das den Austausch kurzer schriftlicher Nachrichten ermöglicht. Weil es keine andere technische Möglichkeit gab, wurde es mehr und mehr zu einer „Kulturleistung", eine Tastatur bedienen zu können. Das einfache Versenden eines Notizzettels war deswegen wenig gewünscht, weil es kein Gerät gab, das die notwendige Teilnehmeridentifikation („Briefbogen", „Unterschrift") ermöglicht hätte. Es steht zu erwarten, daß mit den in Entwicklung befindlichen Textfax-Geräten wieder ein Medium zur Verfügung gestellt wird, das auch ohne Schreibmaschinenkenntnisse den Austausch kurzer „verbindlicher" Texte über Distanzen hinweg erlaubt. Während im Fall des Taschenrechners Pädagogen davon überzeugt sind, daß eine Gefahr für die Fähigkeit zum Kopfrechnen entstehen könnte, hat man dieses Problem bei der Abfassung von handschriftlichen Notizen so gut wie überhaupt nicht als Problem erkannt.

3. *Neue Medien werden mit alten Denkweisen erforscht. So belegen alle einschlägigen Untersuchungen über die Wirkungen des Kabelfernsehens das, was jeden klar Denkenden schon immer plausibel erschien: Daß nur eine Vermehrung des Gleichen (Dallas, Denver, Glottertal) stattfindet. Niemand scheint zu bemerken, daß die Dramatik in der Vermehrung als solcher — unbesehen der Inhalte — liegt.*

Von Medienpädagogen und Psychologen ist immer wieder zu hören, daß übermäßiger Fernsehkonsum zu negativ besetzten Einstellungen und Verhaltensweisen führen kann. Jedoch werden wissenschaftliche Untersuchungen vornehmlich unter dem inhaltlichen Aspekt geführt — mit den bekannten Ergebnissen. Es liegen nur ansatzweise Untersuchungen vor, die sich mit dem Fernsehtatbestand an sich auseinandersetzen. So ist beispielsweise klar, daß der TV-Konsum in der sozialen Interaktion der Familie zu Gefühlsäußerungen führt; welche Auswirkungen dieses Elternverhalten beispielsweise auf die Kinder hat, ist wenig erforscht. Generell gilt, daß der inhaltsanalytischen Spekulation gegenüber der harten empirischen Analyse der Vorzug gegeben wird.

4. *Neue Medien werden in der Diskussion kaum als qualitative Gestaltungschance gesehen. Der Klang einer CD-Platte ist nicht deswegen so gut, weil der Verbraucherwunsch höhere Qualität als etwa bei der Schallplatte verlangt hätte, sondern weil Digitaltechnik schlechtere Qualität nicht zuläßt.*

Es ist in der Tat auffallend, daß es in der Kommunikationstechnik generell noch nicht gelungen ist, das Verbraucherverhalten in Bezug auf Qualität der angebotenen Technik zu antizipieren. Noch immer scheint die Glückseligkeit zu überwiegen, für die schon bei der Erfindung des Grammophons die Feststellung genügte, daß ein Hund die Stimme seines Herrn erkennen konnte („His master's voice"). Wir beobachten also, daß sich höhere Qualität stets auf dem Markt durchsetzt, finden aber nirgends Ansätze, daß diese höhere Qualität in irgendeiner Form als „Bedürfnis oder Bedarf" eingefordert wird. Es wäre beispielsweise möglich, ein hochqualitatives Fernsehsignal mit Hilfe einer modernisierten Infrastruktur in die Haushalte zu bringen und eine „Kinoqualität" auch beim Fernsehempfang zu ermöglichen. Weil aber der Bedarf nur erahnt werden kann, werden sich — nach heutigem Stand der Diskussion — eher die konsumorientierten Techniken, etwa ein „HDTV-Videorecorder" als Technik durchsetzen. Anstatt die große Aufgabe anzugehen, einen HDTV-Standard als Infrastruktur zu definieren, womit sich die Film- und Fernsehproduzenten frühzeitig auf ein volles HDTV-Programm vorbereiten könnten, läßt man eher die erwartbaren Angebote aus Übersee auf sich zukommen.

5. *Neue Medien haben als ganz direkte Wirkung die Schaffung eines neuen Berufsbildes gebracht: Den „Neue-Medien-Experten". Dies ist bisher die einzige anerkannte qualitative bzw. quantitative Wirkung am Arbeitsmarkt. Die Diskussion über Neue Medien hat einen höheren Unterhaltungswert als die Neuen Medien selbst jemals erreichen können.*

Selbstverständlich haben die Neuen Medien in beschränktem Umfang neue Arbeitsplätze mit sich gebracht. So wissen wir, daß beispielsweise im journalistischen Bereich sehr viele feste Vertragsverhältnisse mit den Privatsendern geschlossen wurden. Es gibt aber auch Hinweise darauf, daß dies nur eine Umschichtung bzw. Umstrukturierung des bereits vorhandenen Arbeitskräftepotentials im journalistisch-publizistischen Bereich war. Zu denken gibt jedoch, daß die Neuen Medien in ihrer Gesamtheit, also nicht allein auf das Journalistische bezogen, einen hohen Erklärungsbedarf haben. Denn auf den einschlägigen Medienkongressen wird seit ca. 15 Jahren im wesentlichen dasselbe über die Neuen Medien ausgesagt, ohne daß dabei klar wird, ob die eingetretenen Auswirkungen intendiert waren oder nur ein Zufallsergebnis sind.

6. *Neue Medien haben neuartige Probleme gebracht. Der „Copy"-Befehl in der Textverarbeitung ist ein noch schlimmerer Angriff auf menschliche Kreativität als der Fotokopierer.*

Die Versuchung zur „Mehrfachausnutzung" von originär erarbeiteten Inhalten ist plausiblerweise um so größer, desto einfacher der Zugriff auf die einzelnen Bausteine dieser originären Arbeit ist. Mit jedem handelsüblichen Textverarbeitungssystem läßt sich ein Textbaustein derartig mühelos verwenden und verändern, daß kaum ein Autor dieser Versuchung widerstehen kann. In den vergangenen Jahrzehnten gab es immer wieder urheberrechtliche Probleme mit den „Raubkopien", im wissenschaftlichen Bereich sind Kompilationen mit Hilfe des Fotokopierers durchaus keine Seltenheit. Mit dem Copy-

Befehl bekommt das Plagiatwesen aber eine neue Dimension. Hier gilt es nicht nur, durch Volltext-Retrieval-Systeme für mehr Transparenz zu sorgen, sondern auch im juristischen Bereich entsprechende Sanktionsmechanismen zu erarbeiten.

7. *Neue Medien werden — von Befürwortern wie von Gegnern — fast immer technozentrisch diskutiert. Die Befürworter haben gewiß recht, wenn sie „eine bessere Kontrollmöglichkeit bei Umweltverschmutzung" erwarten; jedoch muß doch die Aufgabe im Mittelpunkt stehen, Umweltverschmutzung zu reduzieren, nicht nur kontrollierend zu konstatieren. Die Kritiker haben gewiß recht, wenn sie „Langeweile und Aggression" in zunehmendem Maße in Familien und sozialen Gruppen diagnostizieren; jedoch sind die massenmedialen Trivialunterhaltungen eher Betäubungsmittel als Ursache.*

Wie schon mehrfach angedeutet, steht meist die Technik im Mittelpunkt von Analysen. Auch hier sind „alte Denkweisen" festzustellen, wenn beispielsweise die Möglichkeit erwogen wird, über die neugeschaffenen Möglichkeiten einer modernen Telekommunikationsinfrastruktur in einem Land ein dichtes Netz von Sensoren für die Detektierung von Umweltverschmutzung zu installieren. Dies erinnert ein wenig an die satellitengestützte Taifun-Vorwarnung für Bangladesh, wo wegen fehlender Schutzräume der Sinn der Vorwarnung nicht so recht klar wird. Sensoren machen eigentlich nur Sinn, wenn entsprechende Aktoren etabliert sind. Im familiären Bereich besteht ein erheblicher Untersuchungsbedarf bezüglich der vorfindlichen „Kommunikations-Entleerung". Hier wurde in den vergangenen Jahrzehnten vorschnell „die Glotze" als Hauptgrund identifiziert. Überzeugende Untersuchungen, daß dies so sein könnte, liegen bis jetzt noch nicht vor. Niemand kam bisher auf die Idee, einen Zusammenhang zwischen dem Rückgang von Fensterguckern und dem Fernsehen zu untersuchen.

8. *Neue Medien — insbesondere die neuen Kommunikations- und Informationstechniken — haben eine gänzlich neue Verbrauchergruppe geschaffen: Den „Angstkäufer". Angst ist irrational, Wirtschaft will rationales Verhalten; kluge Unternehmen wissen daher, daß sie nicht auf alle Zeiten hin auf Angstkäufe bauen können, sondern daß sie Vertrauenskäufe brauchen. Ansätze für eine vertrauenerweckende K & I-Technik sind noch rudimentär.*

Man kann beobachten, daß wir im Bereich der neuen Kommunikations- und Informationstechniken, speziell beim Computer, ein anderes Anwenderverhalten vorfinden, als bei länger bekannten komplexen Produkten wie zum Beispiel dem Auto. Wer ein neues Auto kauft und nicht damit zufrieden ist, der steht Tage nach dem Kauf bereits beim Händler und beschwert sich. Wer bei der Anwendung mit dem Computer Probleme bekommt, fragt sich zunächst, ob er selbst denn zu dumm sei, um mit einem intelligenten Produkt wie dem Computer zurechtzukommen. Besonders ausgeprägt ist dieses Verbraucher- bzw. Anwenderverhalten in hierarchischen Strukturen. Ein Angestellter, der sich über die Hardware oder die Software eines Computers beschwert, gerät leicht in das Bild eines „Technik-Verweigerers", womöglich gar in den Ruf, das „lebenslange Lernen" abzulehnen. Aber nicht nur einzelne Menschen, sondern ganze Organisationen unterliegen diesen irrationalen Mechanismen, die man mit „übertriebener Hochachtung vor dem Produkt Computer" bezeichnen kann. Zunehmend besteht jedoch ein Druck auf die Hersteller, Hard- und Softwareentwicklungen aufgabengerecht für den Anwender vorzunehmen. Anwender- und aufgabengerechte K & I-Technik zu entwickeln bzw. die internationale Nachfrage auf solche Systeme zu richten, ist eine große Chance der Bundesrepublik Deutschland im internationalen Wettbewerb, die es wahrzunehmen gilt.

9. *Neue Medien haben lange Entstehungszeiten, die — nicht nur in der Bundesrepublik Deutschland — vor allem als Denk- und Diskussionspause genützt werden. Die gestalterischen Sprünge finden regelmäßig über Nacht in Garagen oder Büros statt, meist durch Menschen, die noch nicht einmal wissen, daß eine Diskussion stattfindet, geschweige denn, daß sie eine eigene Position einnehmen könnten. Frühzeitige Realisationsforschung findet kaum statt.*

In der Regel wartet die Wissenschaft auf den gestalterischen Schritt der Forschungs- und Entwicklungsabteilungen der Wirtschaft, um diesen Schritt anschließend zu verdammen oder gutzuheißen. Daher finden die meisten „Kooperationen" zum Beispiel der Sozialwissenschaften mit der Wirtschaft auf der Ebene des Marketing oder der Öffentlichkeitsarbeit statt. Von Gestaltungs-Kooperationen mit den Forschungszentren bzw. den Entwicklungsabteilungen ist nichts bekannt. Die dort arbeitenden Ingenieure und Techniker, selbst die Marketing-Spezialisten haben wenig interdisziplinäres Wissen. Realisationsforschung (dieser Begriff stammt von Gerhard Zeidler, Vorstand der SEL AG) will erreichen, daß frühzeitig über Optionen der technischen Entwicklung gesprochen wird. Dies führt zwingend zu verbrauchernäheren Produkten und bietet zugleich einen praktikablen Ansatz für eine Technikfolgenabschätzung.

10. *Neue Medien und neue K & I-Techniken sind in eine Zeit „geworfen", die gekennzeichnet ist von Hunger und Elend in den Entwicklungsländern, Überschuldung in den Schwellenländern und gravierenden Krisenerscheinungen in den Industrieländern. Alle, die diese Zustände ändern wollen, werden konsequenterweise auch diese K & I-Techniken einsetzen müssen. Offensichtlich tun sich aber diejenigen mit dem Einsatz leichter, die gegenüber den beschriebenen Zuständen eher indolent oder affirmativ sind.*

Es ist auffallend, daß kaum irgendwo in der Wissenschaft oder in der Publizistik, schon gar nicht in der Politik, die „Anforderungen an die Technik" thematisiert werden. Das Bemühen der Hersteller zielt also auf vermutete oder nur latent vorhandene Bedürfnisse im Markt. Es wäre vorstellbar, daß Produktdefinitionen im Sinne eines „geistigen Wettbewerbsangebots" von außerhalb der Wirtschaft vorgenommen werden. Weitsichtige Unternehmen würden diese Produktanforderungen bereitwillig in ihre Unternehmensstrategie aufnehmen.

11. *Neue Medien und neue K & I-Techniken schaffen zweifelsohne neue Probleme, aber sie liefern auch gleichzeitig „den Strick, an dem man sie aufhängt". Der „Lotse auf der Titanic hatte kein Fernglas", die Lotsen der Informationsgesellschaft haben schon fast zuviele Meßinstrumente, als daß sie vor lauter Instrumenteablesen noch an das Steuerruder denken würden.*

Die Gestaltung der Neuen Medien und der neuen K & I-Techniken ist einer der transparentesten Vorgänge, die wir im Beziehungsgeflecht von Herstellern, Anwendern, Staat, Wissenschaft und Publizistik kennen. Für die an der Diskussion Beteiligten sind die notwendigen Informationen in großer Zahl verfügbar; es ist bisher aber nicht gelungen, diese Diskussion zu strukturieren. Nur wegen dieser Unübersichtlichkeit kann weiterhin die Behauptung durchgehen, die Prognosefähigkeit des Menschen sei zu begrenzt, um frühzeitige Entwicklungsentscheidungen zu treffen. Vielmehr ist es aber so, daß unsere Prognosefähigkeit in den letzten Jahrzehnten ungeheuer stark gestiegen ist. Es scheint so zu sein, daß gerade durch diese gestiegene Prognosefähigkeit, durch eindeutig ablesbare mittel- und langfristige Trends unsere Unfähigkeit deutlich wird, durch frühzeitigen Konsens mittel- und längerfristig drohenden Problemen aus dem Weg zu gehen. Unsere wichtigen gesellschaftlichen Institutionen, ob Wirtschaft, Wissenschaft, Sozialpartner, Staat, verfügen über kein positives oder negatives Sanktionspotential für Entscheidungen, deren Auswirkungen erst nach einem Jahrzehnt oder noch später manifest werden. Daher kann der Aufforderung an die Technik, zum Beispiel durch Expertensysteme die für Entscheidungen notwendige Komplexitätsreduktion vorzunehmen, nur die Aufforderung an die Organisationen an die Seite gestellt werden, diesen unbefriedigenden Zustand des Durchwurstelns durch eindeutige Sanktionsverfahren zu beenden.

Szenarien

Ralf Vollbrecht

Der Walkman und das Ende der Aufklärung

Es ist wirklich kaum vorstellbar, daß die Medien uns nicht wesentlich beeinflussen. Linke wie rechte Kulturkritiker wissen sich eins in der Gewißheit, daß die Medien eine gewaltige Wirkung auf unser Bewußtsein ausüben. Da wird in der Tradition der Kritischen Theorie räsoniert gegen die Manipulation der Massen durch eine auf Unterhaltung und Zerstreuung angelegte Kulturindustrie, von konservativen Moralwächtern der Untergang des Abendlandes ausgerufen, und der kritische Bildungsbürger nimmt Postman lesend mit wohligem Schauer zur Kenntnis, „daß sich der Pöbel mit debilem Grinsen im Gesicht zu Tode amüsiert" (Degen 1988, 20). Die Ergebnisse der Medienwirkungsforschung nehmen sich angesichts dieser Befürchtungen dagegen eher bescheiden aus (vgl. Sander / Vollbrecht 1987). Der Amerikaner William J. Mc Guire, selber an der Yale-Universität in der psychologischen Medienforschung tätig, spricht im Hinblick auf Medienwirkungen sogar vom größten Bluff seit der Annahme der Scheibenförmigkeit der Erde (vgl. Mc Guire 1986). Aber wenn so viele Menschen einen großen Teil ihrer Zeit mit Medien verbringen, wenn so große Summen für Werbung und Politpropaganda ausgegeben werden, müssen die Medien scheinbar großen (und schädlichen) Einfluß ausüben, so daß sich die moralische Forderung stellt, die große Masse zumindest vor denjenigen Medien oder Medieninhalten zu schützen, die man selbst als verabscheuungswürdig empfindet. In einer noch zu schreibenden Mediengeschichte ließe sich nachlesen, daß ins Kreuzfeuer der Kritik vor allem die jeweils *neuen* Medien geraten, wovon auch die heute so hochgelobten Schriftmedien nicht ausgenommen waren. Polemisiert wurde gegen die Lese- und Bildungssucht (der Jugendlichen sowie der unteren Stände), gegen die schlechte und für die gute ‚Schrift', gegen die Schund- und Groschenhefte, gegen Comics, gegen den Kinofilm, das Fernsehen, neuerdings gegen Video, Telespiele, Computer und Walkman. Als problematisch wird dabei meist das Medienverhalten der anderen dargestellt, nicht das eigene, und — wie könnte es anders sein — man sieht natürlich vor allem auf die wehrlosen Kinder und Jugendlichen, die naiv-lächelnd in die ausgebreiteten Arme des Medienmolochs laufen.

Daß Kindheit heute tatsächlich auch Medienkindheit bedeutet, ist eine banale Erkenntnis. Aber vielleicht ist dann ja schon alles zu spät? Schauen wir uns die ‚Erlebniswelt des Medienkindes' durch die kulturkritische Brille einmal an: „Das Kind kam mit geistesabwesendem Blick nach Hause, es hatte die Knöpfe eines Walkmans in den Ohren, man konnte die monotonen Rhythmen der Musik noch leise mithören, während das Kind schweigend sein Mittagessen aß. Die Mutter konnte es auch deshalb nicht nach seinen Erlebnissen in der Schule fragen, weil der Familienfernseher auf voller Lautstärke lief. In seinem Zimmer schaute das Kind zur Erholung ein paar Videoclips an — nicht so etwas Langsames und Langweiliges wie Elefanten, sondern Bilder, die zu den Klängen von Rockmusik in Sekundenbruchteilen wechselten und ständig etwas Neues, Ungewöhnliches und Aufregendes zeigten. Dann legte das Kind eine Schallplatte mit Filmmusik auf und machte Hausaufgaben. Es hatte keine Lust, mit Freunden in der frischen Luft zu spielen, sondern beschäftigte sich noch eifrig und konzentriert mit einem Telespiel, bei dem es darauf ankommt, einen Feind durch schnelle Reaktionen am Computer zu besiegen und auszulöschen. Am Abend saß das Kind mit seinen Eltern im Wohnzimmer vor dem Fernseher, bis es einschlief und ins Bett gebracht wurde. In der Schule war das Kind zerstreut und gelangweilt; es lernte nur mühsam lesen, aber schließlich konnte es doch die kurzen Texte, die im Unterricht geübt wurden, ganz gut entziffern, und später las es sogar Überschriften in der Zeitung, Comics und Kochrezepte. Auch mit dem Computer konnte es geschickt umgehen ... Wirklich, nur ganz wenige Kinder waren anders: Bei denen gab es zu Hause keine Fernseh- oder Videofilme zu sehen, sie besaßen keinen Walkman und keine Telespiele. Die lasen Bücher, bastelten und musizierten, wollten immer irgend etwas unternehmen und fragten ihren Eltern ein Loch in den Bauch. Das waren die Kinder, die später, als Erwachsene, das Sagen hatten." (Winterswyl 1987, 103).

Immerhin scheint also die völlige Enthaltsamkeit — im ‚Zeitalter von Aids' sowieso eine gängige Formel — noch Rettung zu verheißen. Irgendwo muß es noch Nischen geben (wo bloß?), in denen Kinder und Jugendliche leben, die keinerlei Umgang mit Medien pflegen (abgesehen vom sauberen Buch), die nicht dem „unverantwortlichen Prozeß der Degeneration und Regression ausgesetzt" (ebd.) werden, den jeglicher Medienkonsum als „rastlose Unterhaltung bei vollkommener Passivität" (ebd.) bedeutet.

Offenbar schaffen nicht nur die Medien neue Mythen, sondern auch die Medienkritik, deren diskursgeschulter kognitiver Zugriff auf Wirklichkeit und Medienwirklichkeit jegliche Differenzierungen systematisch zu übersehen und im Dienste der guten Sache (der medienbereinigten Kinderwelt) zuzuspachteln scheint. Es bedarf nicht des Hinweises auf den Verdacht von Fortschrittsfeindlichkeit und einen Kulturpessimismus, der mit einem historisch obsolet gewordenen und normativ überzogenem Kulturbegriff agiert, um solche Argumentation zu diskreditieren — ein Messen am eigenen, aufklärerischen Anspruch genügt.

Auch der Rückzug auf die Adorno/Horkheimersche Kulturindustriehypothese mit der Unterstellung eines Zirkels „von Manipulation und rückwirkendem Bedürfnis" (Horkheimer/Adorno 1971, 109) hilft nicht weiter. Diese gibt ohne Zweifel wichtige Hinweise zum Verwertungszusammenhang der Medien und der Trivialkultur, erfaßt aber überhaupt nicht die Perspektive der lebensweltlichen Sinnkonstitution. Unter der Annahme eines geschlossenen kulturindustriellen Systems läßt sich aber über Medien nur noch pessimistisch diskutieren. Die Bedeutung der Medien für die moderne Subjketivität und ihre Faszination, denen sich die Mediennutzer (im Rahmen dessen, was auf dem Markt ist und den einen oder anderen Interessen dienen soll) ja auch *aktiv* zuwenden, bleibt völlig außen vor. Bei einem Verzicht auf verschwörungstheoretische Argumentation und ein Menschenbild ohne Freiheitsspielraum bleibt genau dies ein erklärungsbedürftiger Punkt.

Es kann nicht darum gehen, daß bloße Daseinsrecht des Faktischen des medialen Fortschreitens von der Ära der Oralität in die Literalität und schließlich die Audio-Visualität zu verteidigen. Vielmehr gilt es Gründe dafür aufzuzeigen, warum welche Leute welche Medien mit welchen Erwartungen, Bedürfnissen, Nutzen und Effekten in ihrem Alltag gebrauchen. Wer freilich von der Vorstellung ausgeht, sämtliche Mediennutzung — vielleicht die gesamte Lebensführung — sollte dem rational-kritischen Logozentrismus angepaßt sein, kann in dieser eingeschränkten Perspektive nur noch sehen, wie der „sich anbiedernde, ungedeckte Optimismus der ‚Postmoderne', zugleich ihr schillernder Nihilismus" (ebd.) die Aufklärung untergräbt.

„Am Ende der Aufklärung steht der *Walkman.* Am Ende der Aufklärung sitzt man in der U-Bahn und hört rhythmisches Zischen aus dem Kopfhörer des Mitmenschen. Am Ende der Aufklärung blickt man in das Gesicht eines Menschen, der ‚zeitlebens unmündig' bleiben wird. Ein Gesicht mit stumpfen Augen — wenn sie nicht hinter einer verspiegelten Sonnenbrille stecken. Ein Gesicht, das man nicht erreicht, ein Kopf, der rhythmisch nickt, kurz lebendig wird, wenn der Disco-Hammer kurz pausiert, und dann ins Nichts versinkt, wenn er sich wieder senkt, mechanisch wie eine Maschine, mechanisch wie das Zischen aus dem Kopfhörer, ein Blick, dumpf und träge wie vom Hausvieh" (Greffrath 1988, 57). So einfach ist das. Das Bild des unmündigen Bürgers wie es Immanuel Kant in dem kleinen Aufsatz ‚Was ist Aufklärung' vor gut zweihundert Jahren gezeichnet hat, versehen mit etwas Zierat aus der Medien- und Juxkultur, setzt man dem Walkman-Hörer auf, wie dieser sich den Kopfhörer. Quintessenz: Die Menschen haben den „Nasenring der Dummheit nur eingetauscht gegen — einen *Walkman.* Und alles, worauf wir hoffen können, ist die gute Isolierung der Kopfhörer." (ebd., 58).

Letzteres bleibt freilich ein frommer Wunsch. Das ewige Tz!-tz!-tz! — tz!-tz! tz! gesellt sich zum lauteren Ba-dumm-ba-dumm! Ba-dumm-ba-dumm! der Eisenbahn (der U-Bahn etc.) hinzu. Auch wenn einige Zeitgenossen — die Situation in den Zügen mit Bundeswehrwochenendheimfahrern vor Augen — dies als Fortschritt interpretieren, dürften die Meinungen geteilt bleiben. Wichtiger jedoch ist ein anderer Aspekt, der im obigen Zitat unterschwellig mitschwingt. Der Walkman ist ein besonders augenfälliges, um nicht zu sagen ohrenfälliges Symbol für die sicherlich nicht unproblematischen Individualisierungstendenzen in der modernen Gesellschaft.

Die These von der Individualisierung (vgl. etwa Beck 1983; Beck 1986; Mooser 1983) besagt ja im wesentlichen, daß unter den Bedingungen des Wohlfahrtsstaates im Gefolge von Modernisierungsprozessen traditionale, subkulturelle und ‚sozialmoralische' Differenzierungen relativiert und ausgehöhlt werden und die vorgängige Einbindung des Menschen in alltags- und lebensweltlich identifizierbare ständische- und Klassenstrukturen an sozialer Evidenz und Bedeutung verlieren. Für die Individuen ist vor dem Hintergrund verblassender traditionaler Lebensformen ein verbindlich vorgezeichneter und in sozialen Lebensmilieus abgestützter Lebensfahrplan immer weniger erwartbar. In diesem Sinne kommt es zu ‚Individualisierungsschüben' und einer zunehmenden ‚Biographisierung' des Lebenslaufs. Der infolge von Individualisierungsprozessen auftretende Funktions- und Deutungsverlust ehemals kulturelle Lebensbereiche übergreifender und identitätsstiftender Weltbilder, die in der Hitze des gesellschaftlichen Rationalisierungsprozesses ‚verdampfen', schafft kulturelle Problemlagen, die nun auch die Mediennutzung entscheidend beeinflussen. Für einen bereits historisch gewordenen Individualisierungsschub beschreibt Habermas im ‚Strukturwandel der Öffentlichkeit', wie auf dem Weg vom ‚Journalismus der schriftstellernden Privatleute' zu den öffentlichen Dienstleistungen der Massenmedien sich die Sphäre der Öffentlichkeit durch das Einströmen privater Interessen verändert, die in ihr privilegiert zur Darstellung kommen, obwohl sie nicht mehr für die Interessen der Privatleute als *Publikum* repräsentativ sind. Das Räsonnement der zum Publikum versammelten Privatleute, das die Presse vormals bloß vermittelte, wird nun umgekehrt durch die Massenmedien erst geprägt. Mit weitreichenden Folgen auch für die politische Öffentlichkeit zerfällt die ‚literarische Öffentlichkeit', denn „der Resonanzboden einer zum öffentlichen Gebrauch des Verstandes erzogenen Bildungsschicht ist zersprungen; das Publikum in Minderheiten von nicht-öffentlich räsonierenden Spezialisten und in die große Masse von öffentlich rezipierenden Konsumenten gespalten." (Habermas 1962, 210).

Die heutigen Massenmedien sind gerade durch solche ‚dispersen Publika' (Maletzke 1963) gekennzeichnet. Ein disperses Publikum, das sich aus Ansammlungen räumlich getrennter Individuen oder relativ kleiner versammelter Gruppen zusammensetzt, bildet sich von Fall zu Fall durch gemeinsame Zuwendung zu einem gemeinsamen Gegenstand und stellt daher kein überdauerndes soziales Gebilde dar. Massenmedien konstituieren keine Öffentlichkeit mehr, sondern wenden sich an den einzelnen Bürger als Verbraucher von Informations- und Unterhaltungsangeboten. Strukturell gesehen sind alle Massenmedien Ausdruck von gesellschaftlichen Individualisierungsschüben. Das Verhältnis von Öffentlichkeit und Privatheit hat sich nicht erst heute, sondern bereits mit dem Aufkommen der Massenpresse grundlegend verschoben. Die mediendurchdrungene Privatsphäre ist keineswegs das, was sie zu sein vorgibt, nämlich eine gegen die Öffentlichkeit abgegrenzte Sphäre relativer Autonomie. Sie stellt lediglich eine neue Form der Reintegration dar, die „ins Private gewendete und hineinreichende Außenseite von Verhältnissen und Entscheidungen (...), die anderswo: in den Fernsehanstalten, im Bildungssystem, in den Betrieben, am Arbeitsplatz, im Verkehrssystem etc., unter weitgehender Nichtberücksichtigung der privat-biographischen Konsequenzen getroffen werden. Wer dies nicht sieht, verkennt einen wesentlichen Grundzug sozialer Lebensformen in der Phase fortgeschrittener Modernität: Das Überlappen und Vernetzen der entstehenden Privatheit mit den scheinbar institutionell abgegrenzten Bereichen und Produktionssektoren von Bildung, Konsum, Verkehr, Produktion, Arbeitsmarkt usw." (Beck 1986, 214).

Das Bild des unaufgeklärten und unaufklärbaren, mediensüchtigen Bürgers wird daher spätestens in dem Moment schief, wo unterstellt wird, daß die Medien — zumal als isolierbarer Wirkfaktor — nicht nur Ausdruck dieser gesellschaftlichen Prozesse sind, sondern ihre wesentlichen Urheber. Im Gegensatz zu dieser grenzenlosen Überschätzung der Medien ist es die veränderte Arbeitsgesellschaft — von Beck als Risikogesellschaft apostrophiert —, die ihre Medien und ihre Mediennutzungen hervorbringt und nicht umgekehrt. Medien transportieren im wesentlichen das, was ohnehin da ist, beschleunigen oder verzögern möglicherweise soziale Prozesse, ihre demiurgische Kraft ist jedoch gering.

Wechseln wir die Perspektive und fragen, was dies für das Subjekt bedeutet. Wenn klassen- und subkulturell tradierte Deutungsschemata, mit deren Hilfe identitätssichernde biographische Entscheidungen in relativem Einklang mit kollektiv geteilten Vorstellungen vom ‚richtigen' und ‚guten' Leben getroffen werden, in der Hitze des gesellschaftlichen Rationalisierungsprozesses ‚verdampfen', wird auch der Aufbau konventioneller Rollenidentitäten immer prekärer, da Rollen beliebig austauschbar erscheinen. Dem neuen, ichzentrierten Weltbild entspricht die selbstreflexiv gewordene Biographie, für die die Suche nach Selbstvergewisserung und Selbsterfüllung insgesamt einen größeren, prekären Stellenwert gewinnt.

Die unter den Bedingungen von Individualisierung erschwerten Ich-Findungsprozesse werden von den Medien, die einerseits als Rädchen im Getriebe diesen Prozeß vorantreiben, andererseits auch gestützt. Sie liefern dem — in einer Zeit ‚gleichgeschalteter' und massenweise ‚produzierter' Lebensläufe — bedrohten Ich auch reichhaltige Materialien für eine eigene Weltkonstruktion und helfen ihm so, „sich zu behaupten: Indem es vorhandene Weltbestände und eigene Vorstellungen und Entwürfe sich aneinander reiben läßt" (Baacke 1983, 469). Um nicht naivem Medienoptimismus das Wort zu reden, darf hier nicht der Hinweis fehlen, daß dies aktive Aneignungsprozesse voraussetzt. Für einzelne Problemgruppen bleibt aber fraglich, wieweit diese gelingen. Letztendlich läßt sich immerhin vermuten, daß die Medien den Heranwachsenden mit seinen Ich-Findungsprozessen weitgehend allein lassen. Das im Jugendalter besonders ausgeprägte Bedürfnis nach nicht-medialen Kontakten und Aktivitäten (vgl. Bonfadelli et al. 1986, 131) deutet darauf hin.

Am Ende der Aufklärung steht nicht der Walkman, aber am Ende der durch Arbeitsmarktprozesse vorangetriebenen Individualisierung steht der vereinzelte Single, für den (medial gesehen) der Walkmanhörer prototypisch stehen könnte. Aber das ist zu einfach. Fragen wir lieber, was sich aus der Sicht der Walkman-Nutzer zu diesem offenbar äußerst gefährlichen Medium sagen läßt. Es ist ja nicht ‚nur' die politische Öffentlichkeit, die durch den Walkman bedroht wird, sondern auch die Nutzer: Ärzte warnen vor Hörschäden, Psychologen vor Einsiedlertum, Polizei und Automobilclubs vor Gefährdungen des Straßenverkehrs und Verstößen gegen die STVO, ein Skiverband vor der Gefährdung anderer ebenso wie der eigenen Person bei Abfahrten unter Walkman-Beschallung, Wissenschaftler berichten auf Tagungen von ‚Selbstversuchen', die sie gewagt haben, und Schulen greifen zur ultima ratio des Verbots, um dem unauffälligen ‚Aussteigen' aus dem Unterricht via Walkman entgegenzuwirken. Diese Bedenken sind nicht alle einfach von der Hand zu weisen. Der Straßenverkehr ist beispielsweise gefährlich genug, auch ohne das man seine Wahrnehmungsmöglichkeiten durch Walkman oder überlautes Autoradio einschränkt.

Die positiven Effekte fallen weniger ins Auge. Dies mag damit zusammenhängen, daß der Walkman wie kaum ein anderes Medium (abgesehen von Telespielen) ein typisches *Jugendmedium* ist. Als solches ist es Bestandteil von Jugend- und Musikkulturen, zu denen Erwachsene in der Regel nicht ohne weiteres Zugang finden. Was dem distanzierten Erwachsenen dann als Gefährdung erscheint, bedeutet aus der Innensicht des Jugendlichen häufig nicht mehr als einen harmlosen Alltagsflip, ein kleines Ausbrechen aus der gesellschaftlichen Normalität, das als solches gewußt und gewagt wird. Solch jugendliches ‚Risikoverhalten' ist der Jugendforschung bestens vertraut (vgl. z.B. Shell-Studie 1985, Bd. 2, 27ff.) und besteht als jugendtypische Verhaltensweise völlig unabhängig von der Existenz des Walkman, womit natürlich nicht die Gefährdungsmomente geleugnet, sondern nur Ursachenzuschreibungen verschoben sind.

Damit ist bereits eine Funktion des Walkmans genannt — er eignet sich offenbar für die Inszenierung von *Alltagsflips.* Wenn z.B. zwei Jugendliche Walkman hörend und allenfalls über talk-in-Taste kommunizierend durch die Stadt schlendern, dann vielleicht auch deshalb, weil man eben dies ‚nicht tut' und es genießt, die Blicke der Passanten auf sich zu ziehen.

Ein zweiter Punkt bezieht sich auf *Statusgewinn* bzw.*-sicherung.* Das jeweils ‚angesagte' Auto, Motorrad, Mofa oder HiFi-Gerät vorführen zu können, bringt bekanntlich Anerkennung in der jeweiligen Bezugsgruppe, und zumindest in der ersten Hälfte der 80er Jahre, als der Walkman in Deutschland auf den Markt kam, galt dies auch für den Walkman. Mit seiner Veralltäglichung hat der Zauber des Walkman allerdings seine magische Kraft eingebüßt. Während 1984 erst 20 bis 30 % (Bonfadelli et a. 1986, 208) einen Walkman besitzen, sind es heute bereits mehr als zwei Drittel der Jugendlichen, so daß es nun schon besonderer Anstrengung bedarf, Statusgewinne zu erzielen. Andererseits kann der Nichtbesitz durchaus Statusverlust bedeuten.

Eng damit verbunden, aber dennoch davon zu unterscheiden ist ein dritter Aspekt, der den Walkman in jugendspezifischer kultureller Überhöhung des Alltäglichen als ein Element im *Styling* begreift. Dieses ist bekanntlich ein umfassendes System von Zeichen, Symbolen und Verweisungen für soziale Orientierungen: ein Stil „ist Ausdruck, Instrument und Ergebnis sozialer Orientierung. Dementsprechend zeigt der Stil eines Individuums nicht nur an, wer ‚wer' oder ‚was' ist, sondern auch wer ‚wer' für wen in welcher Situation ist" (Soeffner 1986, 318). In jugendkulturellen Szenen kann auch der Walkman als hoch symbolträchtiges Accessoire Verwendung finden. Dies gilt vor allem in den manieristischen Jugendkulturen, in denen das hedonistische, ich-bezogene Ausleben von Gegenwartsstimmungen und Gefühlen bei gleichzeitigem Mißtrauen gegen utopiebezogene Lebensentwürfe jeglicher Couleur und existentielle Lebensziele, gegen alle Moralisierungen und Ökologisierungen des Alltags die ‚angesagten' Sozialtugenden sind. „Fast zynisch distanziert man sich vom ‚bürgerlichen Lebensalltag', will sich gerade nicht politisch oder sozial engagieren, sondern erhebt das Spielerisch-Ironische zum obersten Lebensprinzip. Der Reiz liegt vor allem in dem jugendkulturellen Schick, etwa der eigenen Gleichaltrigengruppen und dem ‚Abfahren' auf modische, manchmal teure Statussymbole und ‚wilde Discoflips'. Lebensmotto: ‚Ich trage Qualität und die laß ich mir was kosten'. Oder: ‚I am beautiful and clean and so very, very young', so die Nike and Easy-Hymne der Spandau Ballet. Sie scheinen die allzeit fröhlichen Konsumenten, die Hedonisten unserer

Zeit zu sein, die ihre Lebensträume inmitten kurzlebiger glamourhafter schöner Dinge zu verwirklichen suchen, als Kopie der Hochglanz-Anzeigen und Werbespots der Public-Relations-Agenturen. Selbst wenn man nicht erfolgreich ist, dann will man wenigstens so aussehen." (Baacke/Ferchhoff 1987). Die Suche nach dem richtigen ,look' und ,sound' wird zu einem beinah lebenswichtigen Faktor. Es gilt branchè (Patrice Bollon) zu sein (wörtlich: an den Stromkreis angeschlossen). Dies meint, auf der Suche zu sein nach dem Mehr, dem Neuen, dem Noch-nie-Gesehenen, dem Anders- und Einzigartigen — und das in allen Lebensbereichen. In diesem Sinne ,in', à la mode zu sein, ist ein Geschäft, das man jeden Tag betreiben muß, das Kleidung, Bildung und Sprache ebenso beinhaltet wie Freizeit und Musik.

Diese größer werdenden Teile der Jugend, die in ihrem Medienkonsum nicht mehr nur von lustfeindlichen Schuldgefühlen geplagt werden, in geradezu provokatorischer Absicht auch gegenüber den alternativen und gegenkulturellen Jugendlichen und Erwachsenen auf eine griesgrämige Verketzerung des Massenkonsums verzichten, wehren sich „gegen die Demagogie der im Namen der Emanzipation gegebenen Freiheitsversprechen und gegen den im Grunde genommen autoritär wirkenden Bazillus geschwätziger Aufklärung. Sie wehren sich gegen eine als ,Dauerverbalisierung praktizierte Rationalität' ... und das Maulheldentum der Systemveränderer" (Ferchhoff 1988, 1010) und spüren nicht wie ,verkniffene Verdinglichungsdechiffrierer' den gesellschaftsstrukturell geschuldeten ,universalen Verblendungszusammenhängen' nach, lassen sich andererseits aber auch nicht vom System vereinnahmen. Sie sind abgeklärt in dem Sinn, daß sie aus dem Korsett der traditionalen sozialen Ordnungen und Regelkodexe ebenso wie aus linken und ökoalternativen Loyalitäten ausbrechen: Der ,Dialektik der Aufklärung' setzen sie eine ,Dialektik der Abklärung' (Guggenberger 1987) entgegen.

Schließlich kann man viertens schlicht und ergreifend die *praktischen Eigenschaften* des Walkmans nutzen. Für jüngere Jugendliche, die über wenig Geld verfügen, ist der Walkman ein (prinzipiell) hochwertiger Ersatz für eine teure Hifi-Anlage. Der wesentliche Vorteil liegt aber in der Befreiung von der Ortsgebundenheit, die durch Miniatisierung und Kopfhörer ermöglicht wird. Damit avanciert der Walkman zum idealen Zweitgerät, das überall da eingesetzt wird, wo es gilt, Wege zu Fuß oder per Fahrrad zurückzulegen, Zeitlücken zu füllen (z.B. Schlangestehen) oder alltägliche Routinen zu verrichten (Staubsaugen, Joggen, Schule, wissenschafltiche Kolloquien), den Straßen- und Umgebungslärm auszuschalten, sterile Kommunikationsräume für sich anzureichern (öffentliche Verkehrsmittel) oder allgemein die Wahrnehmung seiner Umgebung zu verfremden oder sich aus ihr zurückzuziehen (z.B. auch zur Meditation) oder jene euphorischen Effekte hervorzurufen, die das Hören der jeweils bevorzugten Musik dem Liebhaber zu bieten vermag, und die man nicht beschreiben, sondern nur erleben kann.

Gehört wird übrigens nicht nur Musik. Der Walkman wird in bescheidenem Umfang auch genutzt zum Vokabelpauken, um Prüfungswissen zu memorieren oder Fremdsprachen zu lernen; selbst Hörspiele, die im Rundfunk an Bedeutung abnehmen, lassen sich — seit es den Walkman gibt — auf Cassette verkaufen.

Die Beschreibung der Nutzungsmöglichkeiten des Walkman und der Hinweis auf die jugendkulturellen Szenen lassen bereits vermuten, daß es sich im wesentlichen um ein eher *urbanes* Phänomen handelt. Dies konnte im Bielefelder Forschungsprojekt „Medienwelten Jugendlicher"* inzwischen bestätigt werden: 70,4 % der Großstadt-Jugendlichen, 67,4 % der Kleinstadt-Jugendlichen, aber nur 61,2 % der Landjugend sind Walkmanbesitzer, wohingegen Unterschiede hinsichtlich Bildung (Schulform) und Geschlecht nicht signifikant sind. Bereits die Jüngeren (⟨14) besitzen zu 65 % einen Walkman — mit zunehmendem Alter steigt die Quote noch geringfügig an (bis 69,3 %), um bei den 18jährigen wieder abzufallen. Die geringere Akzeptanz bei den älteren Jugendlichen zeigt sich auch in der Nutzung. Ein differenzierteres Bild ergibt sich, wenn wir auf die konkreten Nutzungssituationen der Walkmanhörer schauen:

Generell bestätigt sich die o.a. Tendenz, den Walkman als musikalischen Wegbegleiter (verstärkt in der Großstadt) sowie zum Füllen leerer und langweiliger Zeiten (eher auf dem Dorf und vor allem bei Jüngeren) zu nutzen. Mädchen nutzen den Walkman häufiger als Jungen, um sich zuhause zurückzuziehen. Dies hängt einerseits damit zusammen, daß Mädchen weniger HiFi-Anlagen und Plattenspieler besitzen und deshalb auf den Walkman ausweichen, aber möglicherweise auch damit, daß sie immer noch mehr als Jungen an die häusliche Sphäre gebunden sind. Umgekehrt nutzen mehr Jungen als Mädchen den Walkman außer Haus, auch wenn sie mit Freunden zusammen sind oder beim Fahrradfahren. Während Mädchen den Walkman ‚pragmatischer' zu nutzen scheinen, ist er für Jungen möglicherweise auch wichtig als vorzeigbares Prestigeobjekt oder als Gegenstand technischen Interesses, aber auch in action-bezogenen Situationen, in denen sich die Mädchen offenbar etwas vernünftiger oder ‚angepaßter' verhalten.

Schichtspezifische Unterschiede zeigen sich vor allem bei der außerhäuslichen Nutzung, die bei Gymnasiasten niedriger als bei Haupt- und Berufsschülern, aber gleichfalls hoch ist. Beim Zusammensein mit Freunden spielt der Walkman vor allem für die älteren Gymnasiasten kaum noch eine Rolle. Erstaunlich hoch ist der Anteil derjenigen, die vorm oder zum Einschlafen Walkman hören (23,1 %). Hier sind es vor allem die Mädchen (27,1 % gegenüber 19.4 % Jungen), die nicht nur seltener Musikanlagen besitzen — aber auch dann genauso häufig den Walkman einschalten (27,6 % zu 26,5 %), während Jungen bei Wahlmöglichkeit die HiFi-Anlage präferieren (23,2 % Nicht-Besitzer gegenüber 17,0 % Besitzer von HiFi-Anlagen hören Walkman zum Einschlafen). Vor allem aber ist bei Mädchen das Fehlen eines eigenen Zimmers ein aussagekräftiges Argument. Diejenigen Mädchen, die beim Einschlafen Walkman hören, besitzen zu 15,4 % kein eigenes Zimmer während es insgesamt nur 9,7 % aller Mädchen sind. Jungen scheinen dagegen weniger Rücksicht auf ihre Mitbewohner zu nehmen — ein eigenes Zimmer macht keinen Unterschied (9,5 % zu 10,1 %).

Der Walkmanbesitz scheint ein Indikator für insgesamt stärkere Medienzuwendung und größere Aufgeschlossenheit ihnen gegenüber zu sein. In der Gruppe der Walkmanhörer finden sich z.B. deutlich mehr Videoseher (55,2 % zu 37,3 %) und mehr Telespielsbesitzer (24,6 % zu 17,5 %), während der Buchbesitz unwesentlich geringer ausfällt (63 zu 69 Bücher). Scheint sich also das Vorurteil des sich passiv in seine Medienwelt zurückziehenden Jugendlichen zu bestätigen? Die ebenfalls

Tabelle: Walkmannutzung

In welchen Situationen wird der Walkman benutzt? (950 Walkmanbesitzer ≙ 63.1 % der Stichprobe)

	insg.	Jungen	Mädchen	⟨14	14-15	16-17	⟩17	Dorf	Mittel-stadt	Groß-stadt	Gymn. MS	Gymn. OS	HS	BS
wenn ich …														
zuhause allein sein will	16.6	13.8	19.8	25.9	18.6	14.2	10.7							
allein durch den Ort gehe	59.9	65.0	54.2	53.1	60.9	64.8	53.5	54.8	61.4	65.2	56.5	52.8	67.7	62.1
mit Freunden im Ort bin	14.1	17.0	11.0	17.0	17.9	9.0	14.5				12.5	4.9	19.5	18.6
Fahrrad fahre	33.1	37.9	27.8					27.0	37.1	36.4				
„auf der faulen Haut liege"	36.0	34.2	46.3	45.6	45.6	34.8	35.2	44.3	40.3	32.8				
nichts anderes zu tun habe	27.8			35.4	32.9	23.5	18.9	32.1	26.7	24.4	29.9	16.0	34.2	24.8
vor dem Einschlafen	23.1	19.4	27.1											

(nur signifikante Werte angegeben, = 0.05)

stark ausgeprägte *aktive* Mediennutzung spricht dagegen: Walkmanhörer filmen häufiger (12,4 % zu 7,5 %), fotographieren mehr (37,0 % zu 27,9 %), schreiben auch häufiger Tagebuch (20,5 % zu 16,5 %), Briefe (54,8 % zu 48,0 %) oder Gedichte (9,4 % zu 7,6 %), und arbeiten auch eher an einer (Schüler-)Zeitung mit (4,2 % zu 3,7 %). Und noch etwas zeichnet sie aus: Sie treiben mehr Sport (76,0 % zu 69,5 %) als andere. Ob es sich bei diesen Sporttreibenden um jene Walkmanhörer handelt, die joggend der Aufklärung davonlaufen, bleibt der Interpretation des geneigten Lesers überlassen.

Literatur:

Baacke, D.: Adoleszenz: Weltkonstruktion durch Lesen? In: Wangerin, W. (Hg.): Jugend, Literatur und Identität, Braunschweig 1983

Baacke, D. / W. Ferchhoff: Jugend, Kultur und Freizeit. In: Krüger, H.-H. (Hg.): Handbuch der Jugendforschung, Opladen 1988

Beck, U.: Jenseits von Stand und Klasse? Soziale Ungleichheiten, gesellschaftliche Individualisierungsprozesse und die Entstehung neuer sozialer Formationen und Identitäten. In: Kreckel, R. (Hg.): Soziale Welt, Sonderband 2: Soziale Ungleichheiten, Göttingen 1983, 35-74.

Beck, U.: Risikogesellschaft. Auf dem Weg in eine andere Moderne, Frankfurt 1986

Bonfadelli, H. u.a.: Jugend und Medien. Eine Studie im Auftrag der ARD / ZDF-Medienkommission und der Bertelsmann-Stiftung, Frankfurt 1986

Degen, R.: Medienwirkung: Der große Bluff. In: psychologie heute, 3 / 1988, 20-27

Ferchhoff, W.: Der postmoderne Abschied vom Mythos Jugend. Postmoderne Tendenzen in den neuen Jugendkulturen. In: Universitas 1988, 1001 - 1018.

Greffrath, M.: Das Öffentlichkeitsloch. Wie man die Menschen zum Schweigen bringt: Medien, Juxkultur und Souveränität. In: Die Zeit, Nr. 12, 18. März 1988, 57f.

Mc Guire, W.J.: The Myth of Massive Media Impact. Public Communication and Behavior, Bd. 1, 1986, 173-257.

Guggenberger, B.: Sein oder Design. Zur Dialektik der Abklärung, Berlin 1987

Habermas, J.: Strukturwandel der Öffentlichkeit, Frankfurt 1962

Horkheimer, M. / Adorno, Th.W.: Dialektik der Aufklärung, Frankfurt 1971

Maletzke, G.: Psychologie der Massenkommunikation, Hamburg 1963

Mooser, J.: Auflösung des proletarischen Milieus. Klassenbindung und Individualisierung der Arbeiterschaft vom Kaiserreich bis in die Bundesrepublik Deutschland, in: Soziale Welt 34, 1983, 270-306

Sander, U. / R. Vollbrecht: Kinder und Jugendliche im Medienzeitalter. Annahmen, Daten und Ergebnisse der Forschung, Opladen 1987

Shell-Studie 1985: Jugendliche und Erwachsene '85. 5 Bde. Herausgegeben vom Jugendwerk der Deutschen Shell, Opladen 1985

Winterswyl, R.: Die Welt als Bildfolge und Unterhaltung. Über die zweite Generation der Medienkinder: In: Süddeutsche Zeitung, Nr. 292, 19. / 20. Dezember 1987, 103.

* Das Forschungsprojekt „Medienwelten Jugendlicher“ wird durchgeführt von Prof. Dr. D. Baacke, Dr. U. Sander, Dr. R. Vollbrecht und gefördert durch das Bundesministerium für Jugend, Familie, Frauen und Gesundheit.

Uwe Sander

Kino und Jugend

Kommerzielle Medienumgebungen wie Diskotheken oder Kinos spielen in der Freizeit Jugendlicher heute eine zentrale Rolle. Viele Aktivitäten jugendlicher Peer-Groups ranken um solche Medienereignisse, ja, häufig konstituiert sich eine (neue medienvermittelte?) Form jugendlicher Gemeinschaft erst über mediale und kommerzielle Angebote. Mögliche Motive für eine medien- und kulturindustrielle Einfärbung jugendlicher Freizeit müssen sicherlich sensibel gefunden werden. Kurzschlüssige Determinationen wie das Bild der Jugend an den Marionettenfäden der Medienkonzerne oder wie die Idealisierung des frei entscheidenden, autonomen Medienkonsumenten vereinfachen anstatt zu plausibilisieren. Es geht in diesem Artiekl allerdings auch nicht darum, das Verhältnis zwischen Jugend und Kino qualitativ zu bestimmen. Der Anspruch setzt nicht so hoch an: Im folgenden werden Daten zur Kinonutzung vorgestellt, um den Stellenwert des Kinos für Jugendliche zu signalisieren und mit einigen Differenzierungen in unterschiedliche Nutzungsgruppen.

1. Quantitative Nutzung der Medienumgebung Kino

Die Jugendlichen unserer Stichprobe*, ausgenommen diejenigen, die gar nicht ins Kino gehen, besuchen im Jahresdurchschnitt ungefähr einmal im Monat ein Lichtspielhaus, nämlich exakt 11.4 mal im Jahr. Teilt man diese Gruppe der jugendlichen Kinogänger, immerhin 80.5 % der Gesamtstichprobe, in Untergruppen ein, so ergeben sich signifikante Unterschiede in der Häufigkeit des Kinobesuchs nach *Geschlecht,* nach dem *Lebensalter,* nach der besuchten *Schulart* und nach dem *Wohnort.*

Geschlecht:

Tabelle 1: Kinobesuch und Geschlecht

	insg.	männl.	weibl.
Anzahl der Kinobesuche Kinogänger insgesamt: (Mittelwert pro Jahr (p.a.))	11.4	13.1	9.9
Nicht-Kinogänger:	19.4 %	19.5 %	19.4 %
Kinogänger (1 - 12mal p.a.):	59.2 %	55.3 %	63.7 %
Viel-Kinogänger (〉12mal p.a.): (Prozente der Gesamtstichprobe)	21.3 %	25.2 %	17.0 %

Mädchen und Jungen stellen fast exakt einen gleich großen Prozentsatz von Nicht-Kinogängern; das sind diejenigen Jugendlichen, die angeben, nie oder fast nie ins Kino zu gehen. Mädchen geben das zu 19.4 % an und Jungen zu 19.5 %. Die jährlichen Durchschnittszahlen der Kinobesuche von den Jugendlichen, die ins Kino gehen, stimmen jedoch bei Mädchen und Jungen nicht überein. Die männliche Hälfte unserer Stichprobe geht deutlich häufiger ins Kino als die weibliche, das Verhältnis steht 13.1mal im Jahr zu 9.9mal im Jahr. Jungen gehen — statistisch gesehen — nach diesen Zahlen also ca. 30 % häufiger ins Kino als Mädchen.

Dieser geschlechtsspezifische Unterschied im zahlenmäßigen Kinobesuch ergibt sich dabei nicht über unterschiedliche Anteile von Nicht-Kinogängern, sondern über unterschiedliche Anteile bei den sogenannten „normalen' Kinogängern (die zwischen 1- und 12mal im Jahr ins Kino gehen) und den Viel-Kinogängern (die über 12mal im Jahr ins Kino gehen). Mädchen sind stärker in der Gruppe der „normalen" Kinogänger vertreten als Jungen (63.6 % der Mädchen zu 55.3 % der Jungen), während Jungen mehr Viel-Kinogänger stellen als Mädchen (25.2 % der Jungen zu 17.0 % der Mädchen).

Die Aussagen über Quantitäten des Kinobesuchs sagen allerdings noch nichts über die qualitativen Komponenten des Kinobesuchs aus. Auch geben die reinen Zahlen selbstverständlich keine Gründe an für die geschlechtsspezifische Differenzierung. Begründungen könnten in geschlechtsspezifischer Sozialisation zu suchen sein, sie könnten auch an einer geschlechtstypischen Verlagerung eines auswählend spezifischen versus unspezifisch konsumierenden Kinoverhaltens liegen, sie könnten in unterschiedlicher Eltern- respektive Peerunterstützung zu suchen sein etc. — solche Gründe sozialstatistischer Phänomene offenbaren sich allerdings nicht selbst in der Statistik, sondern müssen qualitativ erhoben werden.

Alter:

Nimmt man die durchschnittlichen Zahlen des Kinobesuchs pro Jahr, so ergibt sich keineswegs eine zum Alter parallele Steigerung des Kinobesuchs. Vielmehr erleben die durchschnittlichen Besuchszahlen einen Einbruch zwischen dem Alter 14 und 15 Jahre und steigen dann wieder an, über die Durchschnittszahlen der unter 14jährigen. Verfolgt man den Kinobesuch entlang der Alterskurve, erkennt man folgende Tendenzen.

Tabelle 2: Kinobesuch und Alter

	insg.	⟨14 J.	14-15 J.	16-17 J.	⟩18 J.
Anzahl der Kinobesuche Kinogänger insgesamt: (Mittelwert pro Jahr)	11.4	11.2	9.5	11.9	12.0
Nicht-Kinogänger:	19.4 %	21.3 %	23.3 %	19.2 %	14.3 %
Kinogänger (1-12mal p.a.):	59.2 %	62.7 %	56.8 %	58.6 %	60.1 %
Viel-Kinogänger (⟩12mal p.a.):	21.3 %	16.0 %	19.9 %	22.3 %	25.5 %
(Prozente der Gesamtstichprobe)					

Kurvenförmig sinkt der durchschnittliche Kinobesuch nach dem Lebensalter „unter 14 Jahre" und steigt dann wieder stetig an bis zu durchschnittlich 12 Kinobesuchen bei den 18- und Über-18jährigen. Dementsprechend entwickelt sich auch die Gruppe der Nicht-Kinogänger: Sie steigt zahlenmäßig von den Unter--14jährigen in Richtung 14 bis 15 Jahre und sinkt dann erst schwächer zu den 16- bis 17jährigen hin und noch stärker zu den 18- und Über-18jährigen.

Die gleiche Wellenbewegung macht auch die Gruppe der „normalen" Kinogänger mit: Sie sinkt bei den 14- bis 15jährigen und steigt dann wieder an. Lediglich bei den Viel-Kinogängern ist eine kontinuierlich steigende Tendenz mit zunehmendem Alter zu verzeichnen.

Eine Erklärung für diese globale Altersentwicklung könnte ein „pubertierender" Kinogeschmack und ein damit „pubertierendes" Kinoverhalten um das Alter 14 bis 15 Jahre sein. Das Interesse an den „Kinderfilmen" läßt nach, die Orientierung verlagert sich langsam zu den Filmen für ältere Jugendliche und Erwachsene, die aber erst ab dem 16ten bzw. 18ten Lebensjahr besucht werden dürfen. Ein anderer, mit dem Alter verbundener Grund könnte an der sich verlagernden sozialen Orientierung weg von den Eltern und hin zu den Gruppen Gleichaltriger liegen. Die bei vielen Jüngeren (unter 14 Jahre) noch nicht erodierende Einbindung in die Familie und in Familienaktivitäten schließt möglicherweise noch eine ganze Reihe Jüngerer in ein Kinoerlebnis als *Familien*-Erlebnis ein, was ab dem Alter 14 Jahre (zuerst ersatzlos) aufgegeben wird. Die Abkopplung von der Familie würde sich somit aus verschiedenen Gründen negativ auf den quantitativen Kinobesuch auswirken. Wichtige Gründe dürften sein: wenig Geldmittel und geringe Mobilität. Diese Schwierigkeiten setzen insbesondere dann ein, wenn die Fürsorge für diese Dinge von den Eltern auf die Jugendlichen selbst übergeht. D.h. fürs Kino: Wenn die Eltern nicht mehr den Eintritt bezahlen und die Fahrten zum Kino besorgen.

Schule:

Tabelle 3: Kinobesuch und Schule

	insg.	Haupt-schule	Gymn. Mittelst.	Gymn. Oberst.	Berufs-schule
Anzahl der Kinobesuche Kinogänger insgesamt: (Mittelwert pro Jahr)	11.4	13.2	9.7	9.3	13.4
Nicht-Kinogänger:	19.4 %	23.1 %	20.1 %	17.2 %	15.6 %
Kinogänger (1 - 12mal p.a.):	59.2 %	53.5 %	62.4 %	64.2 %	55.3 %
Viel-Kinogänger (⟩12mal p.a.): (Prozente der Gesamtstichprobe)	21.3 %	23.4 %	17.4 %	18.7 %	29.2 %

Nach Art der Schule differenziert, teilt sich die Gesamtstichprobe unter der Betrachtung jährlicher Kino-Besuchszahlen in die Gruppe der Gymnasiasten einerseits und in die Gruppe der Haupt- und Berufsschüler andererseits. Der jährliche Durchschnitt des Kinobesuchs bei den Gymnasiasten der Ober- und Mittelstufe ist fast gleich: Mittelstufe ≙ 9.7mal pro Jahr, Oberstufe ≙ 9.3mal pro Jahr. Ebenfalls fast identisch sind die Zahlen für Haupt- und Berufsschule: Hauptschule ≙ 13.2mal pro Jahr, Berufsschule ≙ 13.4mal pro Jahr. Statistisch signifikant liegen damit die jüngeren wie älteren Gymnasiasten in puncto Kinobesuch hinter den Haupt- und Berufsschülern, und zwar um rund 30 %. Altersmäßig würde ja die Mittelstufe des Gymnasiums mit der Hauptschule und die Oberstufe des Gymnasiums mit der Berufsschule übereinstimmen. Ausschlaggebender als das Alter scheint für die Quantität des Kinobesuchs jedoch die Zugehörigkeit zu einer bestimmten Schulform und damit zu einer bestimmten Bildungsschicht zu sein.

Betrachtet man die Ausdifferenzierung nach *Nicht-Kinogänger* und *Viel-Kinogängern,* dann bleibt die besagte Tendenz bestehen, ja, sie wird sogar noch verstärkt deutlich.

Die Tabelle soll den Verlauf des Kinobesuchs innerhalb des angenommenen Schulkarriereverlaufs von der Haupt- zur Berufsschule und von der Mittelstufe zur Oberstufe des Gymnasium nachzeichnen. Bei beiden hier zusammengefaßten Schulgruppen, Haupt- und Berufsschule bzw. Gymnasium Ober- und Mittelstufe, zeigen sich von der Tendenz der *Entwicklung* bei den drei Besuchergruppen des Kinos parallele Entwicklungen, jedoch sind die *Ausprägungen* in den verschiedenen Schul- / Altersstufen deutlich unterschiedlich, und auch die Veränderung der Gruppen der verschiedenen Kinogänger besitzt deutlich verschiedene Steigungen. Von der Haupt- zur Berufsschule sinkt z.B. der in der Hauptschule noch sehr hohe Anteil der Nicht-Kinogänger um 7.5 % auf einen recht niedrigen Wert; die Differenz zwischen den beiden Stufen des Gymnasiums liegt mit 3.1 % deutlich niedriger. Ebenso unterschiedlich sind die Entwicklungen der Viel-Kinogänger. Der im Vergleich zum Gymnasium schon sehr hohe Anteil der Viel-Kinogänger unter den Hauptschülern steigert sich hin zu den Berufsschülern noch einmal um 5.8 %, bei den Gymnasiasten liegt die Steigerung lediglich bei 1.3 %. Zusammenfassend läßt sich sagen, daß die Gruppe der Haupt- und Berufsschüler die quanti-

Tabelle 4: Anzahl der Kinogänger in Prozent

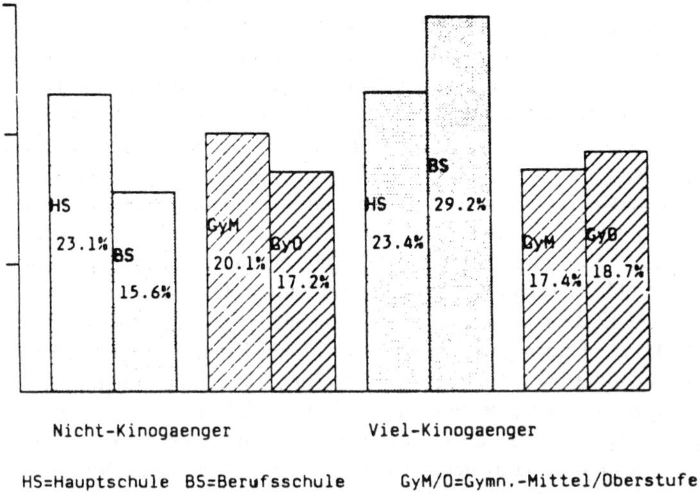

tativ „intensiven" Kinogänger stellt, während sich die Gymnasiasten durchgängig eher als „normale" Kinogänger präsentieren.

Dieses sind jedoch globale, statistische Aussagen, die nichts über das qualitative Wie des Kinobesuchs aussagen. „Kinointensiv" bei den Haupt- und Berufsschülern bedeutet oben nur, daß diese Gruppe *oft* ins Kino geht, verglichen mit den Gymnasiasten. „Intensiv" muß damit noch lange nicht heißen, daß es sich bei den Trägern dieses Merkmals z.B. um „Cineasten" handelt. Vielmehr könnten ebenso wie bei der geschlechtlichen Differenzierung vielfache qualitative Phänomene das zahlenmäßige Zurück der Gymnasiasten relativieren. Wahrscheinlich wird sein, daß die beiden über Schultypen ausdifferenzierten Gruppen von Kinobenutzern nicht nur signifikant unterschiedlich oft ins Kino gehen, sondern auch unterschiedliche Genres von Kinofilmen bevorzugen. Hier steht ein Proporz von statistischer Häufigkeit der Kinobesuche und Quantität der verschiedenen Genre-Filme zu vermuten.

Region:

Tabelle 5: Kinobesuch und Region

	insg.	Dorf	Mittel.	Metropole
Anzahl der Kinobesuche Kinogänger insgesamt: (Mittelwert pro Jahr)	11.4	11.3	11.2	12.4
Nicht-Kinogänger:	19.4 %	23.2 %	18.6 %	15.7 %
Kinogänger (1 - 12mal p.a.):	59.2 %	58.5 %	60.9 %	58.4 %
Viel-Kinogänger (>12mal p.a.): (Prozente der Gesamtstichprobe)	21.3 %	18.4 %	20.5 %	25.8 %

Ob Jugendliche auf dem Dorf oder in mittelgroßen Städten leben, das scheint, betrachtet man die durchschnittliche jährliche Anzahl der Kinobesuche, keinen Einfluß auf die quantitative Nutzung der Medienumgebung Kino auszuüben. Dorf- und Mittelstadtjugendliche verhalten sich mit dem statistischen Mittelwert 11.3 (Dorf) bzw. 11.2 (Mittelstadt) Kinobesuche pro Jahr fast „normal", legt man als Normalität die Durchschnittzahl von 11.4 Kinogängen pro Jahr der Gesamtstichprobe fest. Lediglich die Jugendlichen aus der Metropole treten mit ihrem 12.4 Kinobesuchen pro Jahr gegenüber ihren Alterskollegen aus den anderen Regionen hervor. Ein differenzierteres Bild ergibt sich jedoch beim Vergleich der regionalen Differenzierung in die drei Kinogänger-Spezies: Nicht-Kinogänger, „normale" Kinogänger und Viel-Kinogänger. In diesem Vergleich stellen sich Dorf und Metropole in ein reziprokes Verhältnis: Beide Regionen ähneln sich mit ihren 58.5 % (Dorf) bzw. 58.4 % (Metropole) „normalen" Kinogängern. Jedoch stellt das Dorf einen größeren Anteil von Nicht-Kinogängern (23.2 %) und einen kleineren Anteil von Viel-Kinogängern (18.4 %) — und zwar dieses sowohl im Vergleich zum allgemeinen Druchschnitt (Nicht-Kinogänger: 19.4 %, Viel-Kinogänger: 21.3 %) als auch im Vergleich zur Metropole, in der die Verhältnisse des Dorfes fast exakt umgekehrt werden. Hier gehen vergleichsweise wenig Jugendliche gar nicht ins Kino (15.7 %) und vergleichsweise viel Jugendliche häufig ins Kino (25.8 %).

Fassen wir die Ergebnisse des zahlenmäßigen Kinobesuchs zusammen, so erhalten wir folgende Tendenzaussagen, die hier zugegebenermaßen konturiert zusammengestellt werden.

Die Medienumgebung Kino wird stärker von *Jungen* als von *Mädchen* frequentiert, ihr Publikum zeichnet zahlenmäßig eine wannenförmige, *parabelförmige Besucherkurve* mit dem Tiefpunkt um das Alter „14 bis 15 Jahre", sonst ansteigend nach beiden Seiten der Alterskurve (gedacht selbstverständlich nur in der Altersspanne der Jugend). Kino ist von der Quantität hier gesehen eher eine Medienumgebung der *Haupt-* und *Berufsschüler,* statt der *Gymnasiasten;* und das Kino ist nach dem Kinosterben auf dem Lande nicht nur von der Ansiedlung her ein *urbanes Phänomen,* sondern auch von der Nutzung. Zwar besuchen auch Dorfjugendliche durchaus „durchschnittlich" ein Kino, jedoch deutlich weniger als z.B. Großstadtjugendliche.

2. *Gründe für und gegen den Kinobesuch*

Nachdem wir gesehen haben, wie oft Jugendliche, unterschieden nach Geschlecht, Alter, Schultyp und Region, ins Kino gehen, wenden wir uns den Gründen zu, *weshalb* Jugendliche heute ins Kino gehen und *weshalb* bestimmte Jugendliche nicht ins Kino gehen.

2.1 Gründe gegen den Kinobesuch

Von den Nicht-Kinogängern unserer befragten Jugendlichen wurden folgende Gründe angegeben, weshalb sie nicht ins Kino gehen:

Tabelle 6: Gründe der Nicht-Kinogänger gegen den Kinobesuch (in Prozent)

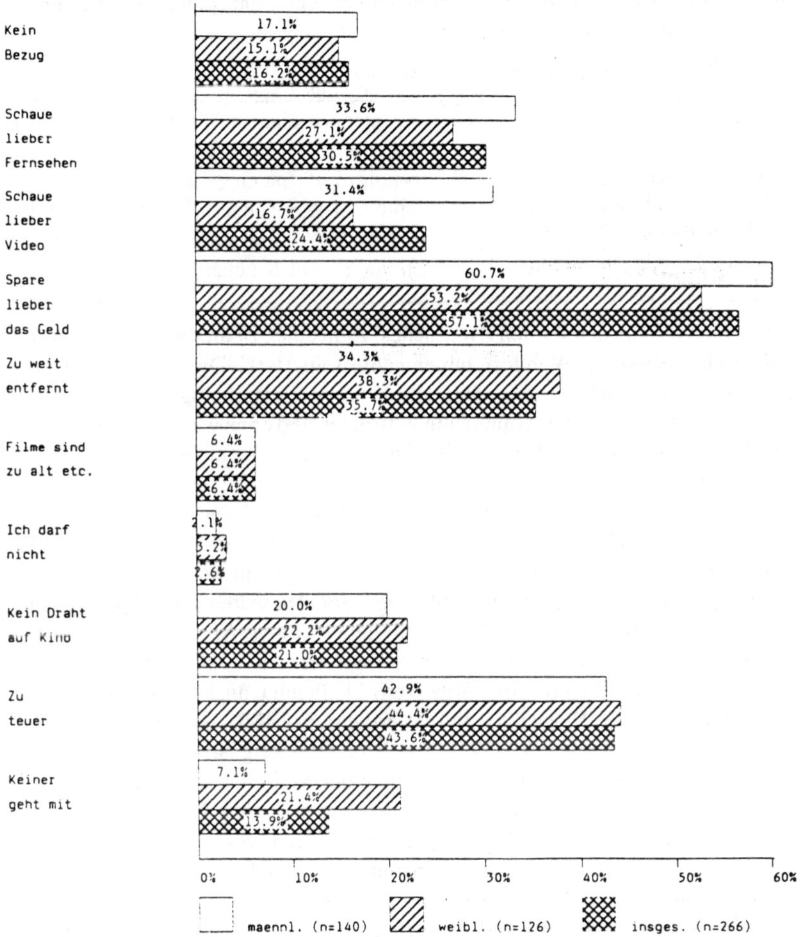

Die Gründe gegen einen Kinobesuch lassen sich zusammenfassen zu folgenden Oberpunkten. In der Hierarchie der Nennungen werden *finanzielle* Gründe am häufigsten aufgeführt. Jungen wie Mädchen, die nicht ins Kino gehen, geben zumeist an, Kino koste zu viel Geld, bzw. sie würden lieber ihr Geld sparen. Danach folgt in der Häufigkeit der Nennungen der *Entfernungsaspekt.* Vor allem Mädchen beklagen, es sei zu weit zum nächsten Kino. Örtliche Nähe begünstigt, wie leicht einzusehen ist, Kinobesuche; das Gegenteil wirkt sich dementsprechend negativ aus. Überläßt man die Definition dessen, was als „Wohngegend", „Nachbarschaft" oder „Viertel" gilt, eben dort, „wo ich lebe und mich aufhalte", den Jugendlichen selbst, so läßt sich z.B. für die Kinogänger unter den Jugendlichen folgendes nachweisen. Die Existenz eines Kino eben in der unmittelbaren Sozialökologie der Wohngegend wirkt sich wesentlich auf die Quantität der durchschnittlichen Kinobesuche aus. Jugendliche, die angeben, an „ihrem Wohnort" sei ein Kino, verhalten sich in der Unterscheidung von Nicht-Kinogängern, „normalen" Kinogängern und Viel-Kinogängern deutlich unterschiedlich zu den Jugendlichen ohne Kino am Wohnort.

Tabelle 7: Kinobesuch und Kino am Wohnort

	insgesamt	Kino ja	am Wohnort nein
Nicht-Kinogänger:	19.5 %	14.2 %	20.5 %
Kinogänger (1 - 12mal p.a.):	59.2 %	56.9 %	60.0 %
Viel-Kinogänger (〉12mal p.a.):	21.3 %	28.8 %	19.5 %
(Kino am Wohnort „ja" n=295 (20.7 %) „nein": n=1129 (79.3 %))			

Erkennbar ist an den Zahlen Zweifaches: Zum einen ist die Gruppe der Jugendlichen ohne Kino am Wohnort zahlenmäßig sehr stark. Die Medienumgebung Kino ist vornehmlich *nicht* Bestandteil primärer Sozialökologien, sondern liegt außerhalb des Kreises der wohnmäßig vertrauten und ohne weiteres zu erreichenden Orte. Kein Wunder also, daß die Gruppe ohne Kino am Wohnort mit ihrem Ausmaß von fast 80 % der Gesamtstichprobe sich auch fast genauso (statistisch) verhält wie die Gesamtstichprobe. Zum anderen fällt auf: Die zahlenmäßig kleine Gruppe der Jugendlichen mit einem Kino am Wohnort verhält sich in puncto Kinobesuch deutlich unterschiedlich zum Rest der Jugendlichen, besonders in den Extremgruppen der Nicht- und Viel-Kinogänger. Diese kleine Gruppe stellt prozentual die *meisten Viel-Kinogänger* und die *wenigstens Nicht-Kinogänger.* Das deutet auf den Zusammenhang medienökologischer Ausstattung des unmittelbarsten Lebensraumes und des (quantitativen) Mediennutzungsverhaltens. Verbunden mit der häufigen Klage über die Entfernung zum nächsten Kino kann man interpretieren, daß es für sehr viele Jugendliche schwierig ist, ihr prinzipielles Interesse am Kino mit dem prekären Problem der Mobilität zu koordinieren.

Deshalb, so könnte man meinen, müßten eigentlich viele Jugendliche ihr prinzipielles Interesse an (Kino-)Filmen über andere Medien wie Fernsehen oder Video zu kompensieren versuchen. Für männliche Jugendliche trifft dieses auch zu, jedoch kann man die Absage ans Kino, „Ich schau lieber Fernsehen oder Video", natürlich nicht einzig auf mangelnde Mobilität zurückführen. Jungen jedenfalls, die nicht ins Kino gehen, geben häufig Fernsehen und Video als Grund an, im Durchschnitt ca. bei beiden Konkurrenzmedien zu einem Drittel. Damit liegen mit dieser Begründung die männlichen Jugendlichen überdeutlich vor den Mädchen (vgl. Tab. 8).

Fernsehen und Video sind zwar als Konkurrenzmedien der Medienumgebung Kino anzusehen, jedoch tendenziell nur für die Gruppe der Jugendlichen, die sich für Bildschirm- und Filmmedien interessieren. Man erkennt das auf der folgenden Tabelle:

Tabelle 8: Kinobesuch und TV / Video

	insgesamt	schaue TV ja	TV nein	nutze Video ja	Video nein
Nicht-Kinogänger:	19.5 %	19.0 %	26.3 %	14.4 %	24.2 %
Kinogänger (1 - 12mal p.a.):	59.2 %	59.6 %	56.6 %	59.1 %	59.6 %
Viel-Kinogänger (>12mal p.a.):	21.3 %	21.4 %	17.2 %	26.6 %	16.2 %

(schaue EV „ja“: n=1268 (92.8 %) „nein“: n=99 (7.2 %))
(nutze Video „ja“: n= 689 (48,6 %) „nein“: n= 730 (51.4 %))

Wer gar nicht fernsieht, so zeigen die Zahlen, der tendiert auch eher zum *Nicht-Kinogänger* als zum Kino-Vielgänger; und wer nicht Video nutzt, verhält sich tendenziell genauso. Noch deutlicher als die Jugendlichen, die angeben fernzusehen (das tut heute fast jeder Jugendliche), erkennt man bei den Jugendlichen, die Video nutzen, eine generelle Tendenz zu den Medien des bewegten Bildes. Die Videonutzer stellen fast im gleichen Ausmaß wie die Jugendlichen mit einem Kino am Wohnort extrem wenig Nicht-Kinogänger und extrem viel Viel-Kinogänger. Die Konkurrenz von Video und Kino wird also innerhalb der gleichen Untergruppe der medieninteressierten Jugendlichen ausgetragen.

Kehren wir zurück zur Geschlechts-Differenzierung bei der Kinonutzung. Man kann nicht sagen, daß wegen der „Jungen-Medien“ TV und noch stärker Video dem Kino die Jungen weglaufen und das Kino somit zu einer Medienumgebung der Mädchen würde — das Gegenteil ist eher der Fall (vgl. Tab. 1).

Jungen und Mädchen stellen einen circa gleich großen Anteil von Nicht-Kinogängern, aber dieser Anteil ist unterschiedlich motiviert. Die mediale Konkurrenz Fernsehen und Video spielt bei den Jungen eine entscheidende Rolle; finanzielle und Entfernungsgründe pegeln ungefähr gleich aus; übrigens auch der denkbare Grund eines elterlichen Verbots: Dieser Grund ist mit seinen geringen Angaben zu vernachlässigen (vgl. Tab. 9)! Kino scheint auf der Elternseite eine prinzipiell akzeptierte Medienumgebung zu sein. Verboten wird nicht der Besuch allgemein, sondern höchstens der Besuch bestimmter Kinofilme.

Motivdifferenzen bei Jungen und Mädchen gegen das Kino gibt es neben TV und Video jedoch auch in puncto *sozialer Kontexte* des Besuchs. Kino ist für Jugendliche, wie noch gezeigt wird, wesentlich ein *Gruppenerlebnis;* sowohl bei Jungen wie auch — und das noch ausgeprägter — bei Mädchen. Man geht allgemein ins Kino mit gleichaltriger Begleitung, fehlt diese Begleitung, so ist das vor allem bei Mädchen ein wichtiger Grund, nicht ins Kino zu gehen (vgl. Tab. 9).

Zusammenfassung:

Gründe gegen einen Kinobesuch sind bei Jugendlichen häufig in den schmalen *finanziellen Ressourcen* und der *geringen Mobilität* zu suchen. Andere *Bildschirmmedien* spielen vor allem bei Jungen eine Rolle; Mädchen beklagen häufiger als Jungen, keine (gleichalte) *Begleitung* für den Kinobesuch zu finden.

Prinzipiell kann gesagt werden, daß die Gründe gegne einen Kinobesuch sehr selten beim Kino selbst zu suchen sind. Unattraktive Filme z.B. werden vernachlässigbar als Motiv gegen einen Kinobesuch genannt. Und auch die Gründe, „Ich habe zum Kino keinen Bezug“, oder, „Ich habe keinen Draht zum Kino“, rangieren eher am Ende der Motivskala gegen das Kino.

Mit anderen Worten: Kino ist für Jugendliche eine attraktive Medienumgebung, von der man eher durch *externe Gründe* abgehalten wird, als daß man sie willentlich nicht aufsucht.

2.2 Gründe für den Kinobesuch

Nachdem wir behandelt haben, was die Nicht-Kinogänger als Gründe für ihre Kinoabstinenz angeben, fragen wir, weshalb die jugendlichen Kinogänger ins Kino gehen. Dazu das folgende Schaubild.

Tabelle 9: Gründe der Kinogänger für den Kinobesuch (in Prozent)

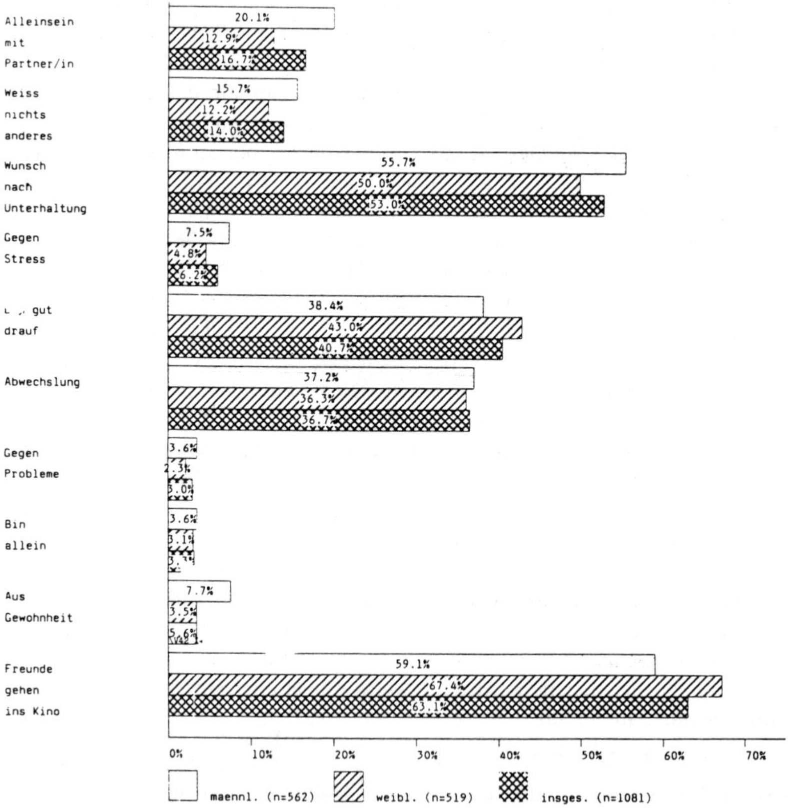

Die Gründe der Jugendlichen für einen Kinobesuch lassen sich genau wie die Gründe gegen einen Kinobesuch in bestimmte Motivgruppen zusammenfassen.

Neben dem selbstverständlichen Interesse an einem bestimmten Film als Auslöser für den Kinobesuch (94.3 % aller Jugendlichen geben das an) stellen die Wünsche nach *jugendlicher Geselligkeit* und der allgemeine Wunsch nach *Unterhaltung* die wichtigsten Gründe dar. Der Auslöser, „Ein oder mehrere Bekannte wollen ins Kino, und ich gehe mit", liegt bei Jungen wie Mädchen noch vor dem Wunsch nach Unterhaltung, wobei das Motiv der Geselligkeit bei den Mädchen signifikant höher liegt als bei den Jungen. Jugendliche besuchen das Kino als *Gruppe,* allein geht man nicht ins Kino. Lediglich 4 % der Jugendlichen geben an, ins Kino zu gehen, um allein zu sein. Kino in seiner Gesamtheit ist ein Ort der Unterhaltung und ein gemeinsames Erlebnis. Jugendliche besuchen das Kino, wenn sie „gut drauf" sind. Die mögliche Excape- oder Ersatzfunktion des Kinos, verbunden mit der Metapher des Kinos als Produkt medialer „Traumfabriken", spielt demgegenüber keine große Rolle. Wer Streß oder Probleme hat, geht deswegen nicht ins Kino. Ebensowenig geht man kaum ins Kino, wenn man gerade nichts anderes zu tun weiß. Jugendliche gehen also eher gezielt als zufällig ins Kino; wobei auch das „Alleinsein mit Partner / in" mittlerweile wohl nur noch eine untergeordnete Rolle spielt.

Wird noch über die Eltern- bzw. Großelterngeneration der heutigen Jugendlichen erzählt, sie hätten das Dunkel der Kinosaals für die ersten Tête-à-têtes genutzt, so gilt das für die heutigen Jugendlichen als Grund für einen Kinobesuch nicht mehr — besonders nicht für die Mädchen. Berücksichtigt man, daß es sich bei den 20.1 % Jungen bzw. 12.9 % Mädchen mit diesem Motiv wesentlich um jüngere Jugendliche handelt, so scheint das Kino als Ort des zärtlichen Kontakts diese Subfunktion an andere Orte abgegeben zu haben. In einer liberaler gewordenen Gesellschaft, in der auch Zärtlichkeit jüngerer Menschen zunehmend öffentlich demonstriert werden kann, hat das Kino die Funktion einer unbequemen erotischen Dunkelkammer verloren und wird zusammenfassend vielmehr aufgesucht, weil das Kino als Medienumgebung vorzüglich von Gruppen Gleichaltriger genutzt werden kann, und natürlich weil das Kino Unterhaltungsattraktivität für vielfache Geschmäcker liefert.

3. Wer geht mit wem ins Kino?

In der folgenden Tabelle werden die Antworten auf die Frage, „Mit wem gehst du ins Kino?", aufgeführt, und zwar die Durchschnittswerte der Antworten auf folgender Antwortskala:

Ich gehe ins Kino mit … (0)---(1)---(2)---(3)---(4)---
nie meistens

Tabelle 10: Begleitung der Kinogänger

Ich gehe ins Kino mit	insgesamt	männlich	weiblich
... allein	0.51	0.70	0.30
Partner	2.02	1.96	2.19
Freund / in	3.15	3.04	3.27
Gleichaltrigen	3.13	3.13	3.12
Eltern	0.79	0.77	0.81
Geschwistern	1.29	1.20	1.38
(Mittelwerte einer Rangskala von 0 bis 4)			

Die Spalte der Gesamtjugendlichen zeigt deutlich eine schon thematisierte Tendenz: Das Kino ist eine Medienumgebung, die Jugendliche vornehmlich in Begleitung ihrer Alterskollegen nutzen. Allein oder in Begleitung der Eltern geht kaum jemand ins Kino; auch rangieren Geschwister als Begleitung weit hinter den Peers.

Die geschlechtliche Differenzierung zeigt einen auch schon aufgeführten Trend. Mädchen gehen noch weniger allein ins Kino als Jungen. Das paßt zu der häufigen Angabe der Mädchen unter den Nicht-Kinogängern, nicht ins Kino zu gehen, weil niemand mitkommt. Die Zahlen vermitteln für die Mädchen insgesamt ein etwas „zurückhaltend-begleitenderes" Bild als für die Jungen. Jungen gehen häufiger als die Mädchen *allein* (oder in *Gruppen Gleichaltriger* ins Kino), während Mädchen stärker als Jungen zu zweit (mit einem Partner oder einem Freund / einer Freundin) und auch mit Eltern und Geschwistern ins Kino gehen.

In puncto Alter sind die Unterschiede der bevorzugten Begleitung zwar signifikant, es gibt jedoch nur eine stark ausgeprägte Beziehung zwischen Alter und Kinobegleitung: nämlich „Partner / Partnerin". Da Jugendliche mit zunehmendem Alter verstärkt Partenerschaften eingehen, ist diese Beziehung einleuchtend.

Tabelle 11: Altersentwicklung der Kinobegleitung

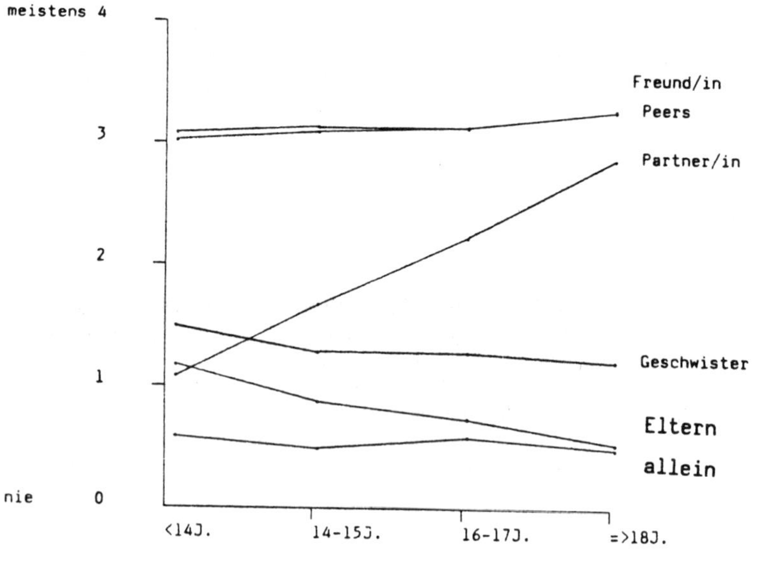

Wie auf dem Schaubild oben zu sehen, verändern sich die Angaben über die Kinobegleitung jenseits von „Partner / in" längst nicht so stark. Es gibt hier drei Tendenzen. Relativ altersunabhängig und damit altersneutral gehen Jugendliche *fast nie allein* ins Kino, es gibt hier keine Alterstendenz. Eine *sinkende* Tendenz zeigen allerdings die Angaben, mit *Eltern* oder *Geschwistern* ins Kino zu gehen. Mit 14 oder 15 Jahren allerdings hat sich schon eine relativ stabile negative Tendenz entwickelt, nicht mit den Eltern oder den Geschwistern ins Kino zu gehen. Eine ansteigende Tendenz, wenn auch nicht so stark wie bei „Partner / in", gibt es bei den Angaben zur gleichaltrigen Begleitung. Über das 18. Lebensjahr hinaus, sogar mit 18 Jahren noch deutlich ansteigend, bevorzugen Jugendliche ihre Altersgruppe als Begleitung, wenn es darum geht, sich in der Medienumgebung Kino zu amüsieren. Kino bleibt heute auch über die traditionelle Grenze der Jugendlichkeit hinaus eine Medienumgebung und ein Medienerlebnis der „puerilen Geselligkeit".

* Die in diesem Artikel aufgeführten Tendenzen und Ergebnisse stammen aus einer empirischen Untersuchung an der Universität Bielefeld, „Medienwelten Jugendlicher", die gefördert wird vom Bundesministerium für Jugend, Familie, Frauen und Gesundheit. In dieser Untersuchung wurden 1987 über 1 000 Jugendliche (Haupt-, Berufsschüler und Gymnasiasten zwischen 13 und 19 Jahren) aus einem Dorf, einer mittleren Stadt und einer Großstadt (Metropole) nach ihrem Mediennutzungsverhalten befragt, wobei nicht nur die Nutzung bestimmter Medien, sondern auch der Besuch von Medienumgebungen (z.B. Kino, Diskothek, Spielhalle etc.) interessierte. Aus der Gesamtuntersuchung werden hier die Daten zur Medienumgebung Kino präsentiert.

Christoph Seeger

Jugendliche Alltagswelt und Medien — Ein Praxisbericht

1. Bezugsrahmen

„Jugendliche Alltagswelt und Medien" ist ein medienpädagogisches Teilprojekt, das im Rahmen der Begleitforschung der Evangelischen Kirche zum Kabelpilotprojekt Berlin — „Kommunikationsverhalten und Neue Medientechniken" — durchgeführt wird. Hier wird ein lebensweltlich-medienpädagogischer Ansatz verfolgt, mit dem die Zielgruppe Jugend im Ballungsgebiet Berlin untersucht wird. Die medienpädagogischen Maßnahmen insgesamt haben zum Ziel, Kinder und Jugendliche zu einem bewußten und sinnvollen Umgang mit dem erweiterten Medienangebot zu befähigen. Im Gesamtprojekt, das mit qualitativen Methoden arbeitet, werden die Auswirkungen der Programmvermehrung auf das Freizeit- und Kommunikationsverhalten, die Familie etc. wissenschaftlich erhoben.

Es geht also nicht nur um die Feststellung von Veränderungen oder Defiziten; vielmehr soll durch die Einbeziehung der medienpädagogischen Hilfestellungen Anleitung zu kompetenter Nutzung der Medienangebote sowie zur Erweiterung der kommunikativen Fähigkeiten der Menschen gegeben werden. Dieses umfangreiche Untersuchungsziel wird auf zwei Ebenen angegangen: zum einen mit wissenschaftlichen Erhebungen mittels einer Methodenkombination von Fragebogen, Gruppendiskussionen und Einzelinterviews, zum anderen mit medienpädagogischen Praxisprojekten, in denen mit Schülern unterschiedlicher Altersstufen mediale Produkte erstellt werden. Dies geschieht auf beiden Ebenen unter Anwendung qualitativer Sozialforschungsmethoden. (vgl. Luger 1985, S. 12)

Wesentlich dabei ist, daß in die Untersuchung der Mediennutzung des einzelnen der Hintergrund der gesamten Persönlichkeit mit einbezogen wird, d.h. ihre aktuellen sozialen Bindungen, die persönlichen Interessen und Bedürfnisse sowie ihre Alltagswelt. Dies erfordert, sich auf den betroffenen Menschen in hohem Maße einzulassen und ihm Raum zu geben, sich als „Experte in eigener Sache" zu äußern.

2. Die medienpädagogische Praxis mit Jugendlichen

Die heutige Jugend gehört ebenso wie die Kinder der zukünftigen Mediengeneration an. Sie wird in besonderem Maße von den Medien, vor allem von den Neuen Medien, in Anspruch genommen. Die Jugendlichen werden mit der Programmvermehrung konfrontiert und sie wachsen in einer Umwelt auf, die immer stärker durch Medien bestimmt ist.

Die pädagogischen Institutionen müßten dieser rasanten Entwicklung mit neuen Lehrangeboten Rechnung tragen. Im Blick auf eine kommunikative Kompetenz muß der sinnvolle Umgang mit der Vielfalt der Neuen Medien und Medientechniken erlernt werden, damit auf diesem Wege die darin transportierten Inhalte durchschaut werden können. Die pädagogische Praxis wird dieser Entwicklung aber nicht in ausreichendem Maße gerecht. Es stellte sich die Frage, wie Beispiele medienpädagogischen Handelns aussehen sollten, um von Pädagogen, Erziehern und Gemeindearbeitern in ihrem Arbeitsalltag eingesetzt werden zu können.

Es gilt also, grundlegende Ziele wie Kritikfähigkeit gegenüber den Medien zu fördern und einen bewußten Umgang damit anzuregen, das persönliche Ausdrucksvermögen zu erweitern und die Kommunikationsfähigkeit zu stärken, die sozialen Verhaltensweisen in der Gruppe zu entwickeln und die kreativen Fähigkeiten zu fördern. Dabei geht es darum, diese Ziele in der Medienarbeit so zu erreichen, daß weder das Fernsehen verteufelt noch ein schlechtes Gewissen erzeugt wird. Es galt, den Kindern und Jugendlichen, mit denen gearbeitet wurde, die Möglichkeit zu bieten, sich mit den verschiedenen Aspekten von Realität auseinanderzusetzen. So orientierte sich die medienpädagogische Arbeit mit Jugendlichen an ihrer Lebenswelt und Alltagsrealität. In dieser Lebensphase lösen sich Jugendliche immer mehr aus den familiären Zusammenhängen und die Beziehungen zu den Peer-Groups treten in den Vordergrund. In diesem Zusammenhang wird die Musik als Hauptausdrucksmittel für Stimmungen zum wichtigsten Medium. (Vgl. Sander / Vollbrecht 1986)

2.1 Erhebung

2.1.1 Fragebogen

Um einen Einblick in die jugendliche Alltagswelt und die Mediennutzung der Jugendlichen zu gewinnen, wurde zunächst ein Fragebogen von den Schülern ausgefüllt. Hieraus einige Ergebnisse, die jedoch nicht unbedingt verallgemeinert werden können, da sie sich auf eine kleine Gruppe beziehen; allerdings bestätigen sie aber bereits vorliegende Ergebnisse anderer Medienforschungen. (Vgl. Jugend und Medien 1986)

Nahezu alle Schüler besitzen zuhause ein Tonbandgerät bzw. eine Kassettenrekorder. Weit über die Hälfte hatte eine Walkman, und jeder Haushalt verfügte über mindestens einen Fernseher, bei Dreiviertel der Schüler zwei oder mehr Fernseher. In ca. 75 % der Haushalte befand sich in dieser Klasse zusätzlich ein Videorekorder.

Mehr als 75 % der Jugendlichen hörten im Schnitt täglich zwei Stunden Radio und bevorzugten überwiegend Popmusik-Sendungen (reine Unterhaltungssender).

Auch die Fernsehnutzungsdauer betreffend bestätigten sich hier schon vorliegende Ergebnisse der Medienforschung. Fast ohne Ausnahme sah jeder Jugendliche mehr als zwei Stunden täglich durchschnittlich fern. Am beliebtesten waren hier Videoclip-Sendungen, gefolgt von Spielfilmen, Krimis bzw. Actionfilmen und Serien.

Es wurde deutlich, daß Musik ein zentrales Medium für Jugendliche ist und in der Strukturierung des Alltags den größten Stellenwert einnimmt. (Vgl. Kabel u.a. 1987)

2.1.2 Interviews

Um einen genaueren Einblick in die jugendliche Medienwelt zu erhalten, wurden biografische Interviews durchgeführt, wo nach Motiven, Gründen, Gefühlen, Stimmungen und Funktionen gefragt wurde, die bei den Jugendlichen während ihrer Mediennutzung eine Rolle spielten. Hierzu einige Beispiele aus Interviews:

Iris z.B. ist ein 16jähriges, sehr aufgewecktes Mädchen, das zu der Gruppe von Jugendlichen gehört, die sehr viel fernsehen und Musik hören. Sie sieht täglich ca. 4 Stunden fern. Im Fragebogen gibt sie an, daß sie darüberhinaus etwa 3 Stunden Radio bzw. Musik hört. Zusätzlich sieht sie häufig mit ihrem Freund zusammen Videos. Im Fernsehen sieht sie hauptsächlich Unterhaltungssendungen und Spielfilme, die sie anderen Filmen vorzieht. Nach Durchsicht des Fragebogens konnte man insgesamt feststellen, daß sie zu der Gruppe der Vielseher gehört. In dem Interview werden die Gründe ihrer Vielnutzung deutlich. Sie sagt:

„Also, wenn ein Film kommt, das weiß ich immer ganz genau. Z.B. dienstags sehe ich ab 1/28 bis spät, wo dann Miami Vice läuft. Oft schalte ich auch aus, wenn ich müde bin und höre dann lieber Musik. Das macht mir manchmal mehr Spaß. Dabei kann ich träumen und ich tanze in meinem Zimmer. Das mache ich dann ganz ausgeflippt. So ein wenig sexy. Ich habe da einen großen Wandspiegel, den brauche ich. Und wenn ich dann z.B. Prince höre, ja, dann kommen bei mir Träume, und wenn ich dann lostanze, träume ich, daß ich den treffe und ihn dann ansehe. Dann funkelt es zwischen uns. Weil ich den wahnsinnig mag, obwohl ich ja nicht weiß, wie der wirklich ist. Ist ja vielleicht Quatsch, aber so ist das eben bei mir. Aber wenn ich zu meinem Freund gehe, also ich weiß nicht, der macht die Kiste (FB) ununterbrochen an, sogar beim Essen ... Sowohl in seinem Zimmer, als auch vorne (im Wohnzimmer) ist der Fernsehkasten an. Ja, echt, das ist doch 'ne Macke. Dann hat er Kabelfernsehen und trotzdem holt er sich noch verrückte Filme aus der Videothek. Das ist echt schlimm."

Im Laufe des Gesprächs klärt sich, daß Iris viel lieber mit ihrem Freund reden möchte, als ständig vor dem Fernseher zu sitzen. Sie geht aber trotzdem immer wieder mit ihm in die Videothek. Er leiht sich dort gerne Actionfilme, Western und lustige Filme à la Didi Hallervorden. Sie leiht sich dann meistens zusätzlich noch einen Horrorfilm aus. Iris:

„Horrorfilme sehe ich gerne bei meinem Freund. Weil ich mich dann immer bei ihm festklammern kann. Ich habe dann Angst. Auch wenn es nur Schreckszenen sind. Das sind dann meine Nerven immer. Volle Angst. Das ist eigentlich immer so. Und wenn ich dann träume, dann träume ich auch Horrorfilme, andere, selbst phantasierte. Aber die sind auch schrecklich."

Iris erklärt, daß sie sich die Horrorfilme aus zweierlei Gründen besorgt. Erstens, weil sie dann das Gefühl von Angst als sehr lustvoll erlebt, andererseits, weil sie dann weiß, daß ihr Freund sie in den Arm nimmt und sie tröstet. Gegen Ende des ca. zweistündigen Interviews erzählt sie, daß sie gerne mal einen Film drehen möchte, wo (Zitat) „ich gejagt werde, die mich aber nicht kriegen, weil mir irgendjemand hilft und wo ich immer wegrennen muß, wo ich Situationen spielen muß, wo ich Angst habe und so, das würde ich gerne. Ich werde immer verfolgt, kann aber durch Zufall immer entwischen. Diese Angst könnte ich bestimmt gut spielen, ... wenn Schreikrämpfe dabei sind, daß man sich überall anfaßt, daß man schwitzt und nervös ist ... Also, wirkliche Angst, nicht so 'ne Kinderangst, richtige, als ob mich jemand aufschlitzen wollte oder so."

Sie begründet dieses Bedürfnis später damit, daß man in einem Film nicht die Realität abbilden muß, sondern eine fiktive Geschichte spielt, die mit der Realität nichts zu tun hat. Dieses sei der Reiz des Films.

Dieses Beispiel zeigt sehr eindrücklich, wie die hohe Mediennutzung von Iris zu verstehen ist. Ihrem Freund zuliebe, der sehr viel fernsieht, oft gegen ihr Bedürfnis, sieht sie halt auch sehr viel, anstatt ihrem Bedürfnis nach verbalem Austausch nachzukommen. Ein Nachtrag: Die beiden sind inzwischen zusammengezogen und wollen nach Beendigung ihrer Lehren heiraten und eine Familie gründen.

Ein anderes Beispiel: Uwe

Uwe ist 16 Jahre alt und hat inzwischen die Schule mit Mittlerer Reife abgeschlossen. Auch er kann aufgrund des Fragebogens als Vielseher bezeichnet werden. Er sieht täglich fern, werktags bis zu 4 Stunden, am Wochenende über 4 Stunden. Musik und Radio hört er täglich über 4 Stunden. Er liest regelmäßig zur Unterhaltung und zur Weiterbildung, im Urlaub liest er noch mehr. Die abonnierten Zeitungen werden auch regelmäßig gelesen. Im Fernsehen sieht er gerne Sendungen zu Wissenschaft und Technik, Musik-Videoclips, Sport, Krimis, Serien und Spielfilme. Seine Lieblingssendungen sind im Radio RIAS 2, Berlin Charts und im Fernsehen auf SAT 1 McGuyver. Zwischen den Programmen schaltet er viel hin und her, weil er mehrere gleichzeitig sehen oder sich einen Überblick verschaffen will.

Auch Video sieht er regelmäßig, überwiegend aufgezeichnete Sendungen, weniger ausgeliehene.

Musik hört er häufig, um sich zu entspannen, um seine Stimmungen zu unterstützen oder um seine Ruhe zu haben, wenn er von allem die Nase voll hat oder auch, um Erinnerungen wachzurufen. Manchmal auch zum Träumen.

Bei Uwe bekommt man schnell den Eindruck, er sei ein extremer Nutzer aller Medien. Auch im Interview wird dieses Bild von ihm zunächst verstärkt. Er hat sein eigenes Telefon. Zuhause hat er einen eigenen Computer stehen, den er sehr viel nutzt. Früher zum Spielen und in Verbindung mit einem Schachcomputer, aber seit zwei Jahren nutzt er ihn für die Schule zur Textverarbeitung und jetzt beruflich zur Buchführung. Er schreibt Programme, die er in der neuen Stelle nutzen kann.

Seine Zukunftspläne sind, die Lehre zu beenden, sich dann aber um eine Stelle z.B. in einer Videogesellschaft, zu bemühen. Er möchte gern seine Medienkompetenz, sein bisheriges Hobby, zum Beruf machen.

Im Interview wird schließlich deutlich, daß er gezwungen ist, die Medien so intensiv zu nutzen, da er zuhause kaum Möglichkeiten zur verbalen Kommunikation hat. Seine beiden Eltern sind taubstumm. So spielt er z.B. beim gemeinsamen Fernsehen den Dolmetscher. Er beherrscht die Taubstummensprache perfekt.

Ein drittes Beispiel soll hier Franz sein.

Franz ist 17 Jahre alt und lebt mit seiner Schwester und Mutter in einer Hochhaussiedlung am Rande Berlins. Er macht seinen Hauptschulabschluß und will dann eine Erzieherausbildung machen. Oberflächlich gesehen, aufgrund der Daten aus dem Fragebogen, kann Franz als Wenignutzer angesehen werden. Sowohl Fernsehen als auch Radio hört er selten länger als eine halbe Stunde pro Tag. Das Fernsehen interessiert ihn nicht und er hält es für Zeitverschwendung, vor der Glotze zu hängen, wie die anderen. Er hält es für „Verblödung". Beim Radio hört er fast ausschließlich den neuen freien Radiosender 100, das linke Berliner Radio. Die Musik, die die Unterhaltungssender RIAS 2 und SFB 2 anbieten, findet er größtenteils langweilig.

Das Interview mit Franz macht aber deutlich, daß er sich der Musik verschrieben hat, d.h. er mag eine spezielle Richtung von Musik und hat für zwei Berliner Punk-Bands Fanclubs gegründet. Die ganze Arbeit wird von ihm organisiert. Die Bandleaderin der einen Gruppe „Unlimited Systems" hat für ihn Idolcharakter. Er ist auf jedem Konzert und hat inzwischen einen guten Kontakt zur Gruppe.

„Ja, also, seitdem ich hier diese aggressive, also diese Enzensberger, kenne, mit ihrer Musik, da hab' ich mich auch irgendwie charaktermäßig total verändert. Ich bin irgendwie lockerer und zugänglicher selber. Auch anziehmäßig habe ich mich verändert. Ich weiß nicht, ich fühl' mich jetzt irgendwie viel besser ... Früher war ich irgendwie ein ganz anderer Mensch. Ich habe oft ferngesehen, saß oft zuhause, habe die Musik auch leiser gehört. Und irgendwie mehr schüchtern. Aber jetzt, durch diese Musik ... ich hab' die Sängerin dann auch öfter getroffen, war viel mehr weg von zuhause. Und deshalb habe ich auch nicht mehr so viel Fernsehen geguckt. Da bin ich auf die Idee gekommen, daß das irgendwie blöde ist, nur vorm Fernseher zu hocken und sich vollaufen zu lassen. Das bringt doch nichts. Nach drei, vier Filmen bringt man sowieso alles durcheinander."

Diese Auszüge aus den Einzelinterviews verdeutlichen, wie unterschiedlich der Umgang mit den Medien beim Einzelnen ist. Für die medienpädagogische Arbeit sind diese Erfahrungen wichtig, da sowohl die Fragebogenergebnisse wie auch Elemente aus den Einzelinterviews mit in die Planung der Projekte an den Schulen eingeflossen sind.

2.2 Realschul-Projekt

Mit einer 10. Realschulklasse wurde mit Hilfe der Kunstlehrerin zehn Wochen lang ein medienpädagogischen Projekt durchgeführt. Die Gruppe der Jugendlichen bestand aus 22 17jährigen Schülern. (Vgl. Seeger 1988)

Zur gleichen Zeit fand an der Schule ein übergreifendes Gesamtprojekt mit dem Titel „Wellensprünge" statt. Das Großprojekt „Wellensprünge" wurde vom Senator für Jugend und Familie finanziert und getragen von der Medienoperative Berlin und einem Team der Suchtprophylaxe Wilmersdorf in Zusammenarbeit mit der Begleitforschung der Evangelischen Kirche. Jugendliche hatten die Aufgabe, sendefähige Beiträge im Bereich Video und Hörfunk zu produzieren. Den Schülern sollte Einblick in Hintergründe, Produktionsbedingungen und technische Voraussetzungen von Hörfunk und Fernsehen vermittelt werden. Projektmitarbeitern, die zur Projektrealisierung als ‚Medienfachleute' in die Schule kamen, wurde mit relativer Offenheit gegenübergetreten. Alle fertigen Produktionen sollten abschließend auf einem großen Schulfest der Öffentlichkeit vorgestellt werden.

2.2.1 Themenfindung

Das hier zu beschreibende Projekt fiel etwas aus dem Rahmen der o.g. Zielsetzung. Die Schüler entschlossen sich nach längerer Diskussion nicht für einen Videofilm oder ein Hörstück, sondern für die Erstellung einer Ton-Bild-Schau (TBS). Die Schüler wollten ihre eigene Medienwelt unter die Lupe nehmen, über ihren Alltag in der Großstadt und ihre Träume erzählen. Bereits in der Diskussion um die Inhalte der TBS gewann man einen Einblick in die Medienwelt bzw. Mediennutzungsgewohnheiten der Jugendlichen. Hierzu ein Diskussionsausschnitt.

Conny: „Morgens früh, wenn ich aufstehe, mache ich bei mir erst mal das Radio an. Und wenn ich zur Schule fahre, habe ich den Walkman (da)bei, … und wenn ich dann nach Hause fahre, höre ich weiter Walkman. Und dann, zuhause, mache ich als erstes das Radio an."
Frage: „Und wie ist das mit dem Fernsehen?"
Conny: „Na ja, abends immer. Und seit es das ‚dumme' Kabelfernsehen gibt, sitze ich noch länger vor'm Fernseher."
Frage: „Und was siehst du da gerne?"
Conny: „Na ja, früher habe ich das normale Programm gesehen, jetzt sehe ich lieber ‚musicbox' und so."
Michael: „Ich sehe eigentlich lieber RTL plus, weil dort ganz gute Serien laufen und weil da so ein chaotischer Moderator ist, der das sehr locker und lustig macht …"
Markus: „Die machen das so locker und die lachen so, reißen Witze. Im 1. und 2., da sind die so trocken und können nicht lachen. Die nehmen das alles nicht mit Humor."

Neben der Mediennutzung kam es in der Diskussion auch zur Thematik der Medienumgebungen. (Vgl. Sander, Vollbrecht 1986) Solche Medienumgebungen sind z.B. Kinos, Discos, Spielhallen, Boutiquen, Warenhäuser, Reklame auf der Straße und private Räume mit Medien. Dabei muß man unterscheiden zwischen den Medien, die Jugendliche aktiv nutzen, wie ins Kino gehen, Fernsehen, Musik hören per Radio oder Walkman. Auf der anderen Seite gibt es aber auch die Medienumgebungen, die man nicht mehr bewußt wahrnimmt, wie bildschirmübersäte Schaufensterflächen in der Stadt, Musikkulissen im Kaufhaus, Videoüberwachungsanlagen in der U-Bahn oder Rock- und Popmusik in Boutiquen. Diese ‚unzentrierten' Medienumgebungen definieren sich nicht durch die Medien in diesen Räumen. Demgegenüber bestimmen in den ‚zentrierten' Medienumgebungen die Medien den Ort, wie z.B. der Film das Kino. In diesem Zusammenhang erzählt Thorsten ein Beispiel aus dem Kaufhaus:

„Wenn ich da im Kaufhaus bin und da so an den Weinregalen vorbeigehe und dort wird portugiesische Musik gespielt, da steckt doch die Absicht hinter, den portugiesischen Wein im Sonderangebot zu kaufen. Und vielleicht geht man mit dieser Stimmung im Ohr und diesem Wein dann nach Hause, und diese Stimmung würde sich dann zuhause auch übertragen ..."

2.2.2 Unterrichtsplanung und Ziel

Das zentrale Thema in der TBS sollten nach den Diskussionen mit den Schülern ihre Medienumgebungen sein. Dafür war es notwendig, daß die Schüler ihren alltäglichen Umgang mit der Vielzahl der Medien im gesamten räumlichen und sozialen Kontext sich erst einmal bewußt machten, um ihn anschließend visuell umzusetzen. Es wurde somit versucht, den medienökologischen Ansatz unmittelbar im Unterricht zu praktizieren.

In den zwei ersten Unterrichtsblöcken wurde das Thema „Medienwelten" erarbeitet. Auffallend war hier, daß zunächst nur die zentrierten Medienumgebungen aufgezählt wurden, die unzentrierten erst nach schrittweiser Erarbeitung. Nach einer Stadtgehung im nächsten Unterrichtsblock beschrieben die Jugendlichen alle Orte, in denen Medien eine Rolle spielen, wobei ihnen der hohe Stellenwert der Medien erstmalig in seiner Alltäglichkeit im Stadtbild besonders auffiel.

Dieses Material nutzten die Schüler später, um es zu einem Exposé für die TBS zu verarbeiten. Ihr Interesse war jedoch, eine Rahmenspielhandlung zu entwickeln, in die die jugendlichen Medienwelten eingebettet sein sollten. Es wurde ein ‚exotisches' Wesen aus Transsylvanien (das Land hinter den Wäldern), einer Welt ohne Medien, erfunden, das durch Zufall im Zentrum Berlins als Frachtgut landet. Glücklicherweise trifft die ‚transsylvanische Lady' auf eine ‚coole Insider-Gang', die sie auf ihrer faszinierenden Entdeckungsreise durch die fremde Medienwelt begleitet.

Als vorteilhaft erwies sich, daß für die Erstellung der TBS alle Schüler eine Aufgabe zu übernehmen hatten, für die sie sich in Kleingruppen verantwortlich fühlten.

In den nächsten drei Unterrichtsblöcken wurde auf Grundlage des Drehbuchs die TBS inszeniert und fotografiert, wobei alle Aufgaben wie Schauspiel, Fotografie, Ton, Requisite, Make-up und Regie von den Kleingruppen durchgeführt wurden. Die Schüler leisteten diese Aufgaben mit viel Phantasie, Engagement und technischem Verständnis. Wenig Hilfe von außen war notwendig.

Von den 700 gemachten Fotos an den drei Tagen wurden 120 für die TBS ausgesucht und in eine entsprechende Reihenfolge gebracht. Dann wurde mit Hilfe einer professionellen Musikerin der „Transsylvanien-Rap" komponiert und von den Schülern gesungen.

Transsylvanien-Rap

Neulich trafen wir uns auf dem Kurfürstendamm
wie jeden Samstagnachmittag.
Wir sind 'ne coole Gang, das turnt uns tierisch an,
weil keiner spricht, und keiner uns was fragt.
Plötzlich steht 'ne Kiste mitten auf der Piste,
da steht „Transsylvanien" drauf.
Wir bleiben natürlich cool und gehen erst mal hin,

da ist bestimmt was Scharfes drin.
Plötzlich fängt die Kiste zu wackeln an
und eine silberblaue Hand kommt langsam raus.
Dann kommt ein Arm, dann noch ein Kopf mit rotem Haar, es sieht voll abgefahren aus.
Es steht nur da und sagt kein Wort und guckt sich skeptisch um.
Das arme Wesen hat ja keinen Walkman auf.
Wir müssen Erste Hilfe leisten, Kopfhörer her,
was es jetzt braucht, das ist ein starker Sound.
Ich komm' aus Transsylvanien,
Eilpost nach Berlin.
Ich finde keinen Weg durch den Großstadtdschungel.
Ich seh' nur bunte Bilder und Worte überall,
grelle Neonfarben blenden mich total.
Video und Leuchtreklame zieh'n uns mächtig an.
Das ist Action, Baby, verstehst du nicht.
Komm' endlich weg von diesem Schaufenster-Mann,
ein kalter Plastikmund ist ungesund.
Wir geh'n jetzt rüber in die Super-Spielothek.
Hol' mal deine Kente raus,
du bist ein Vertreter der galaktischen Allianz,
die Bedrohung durch Invaders hört nie auf.
Denn in Transsylvanien,
weit weg von Berlin,
gibt es keine Weltraumabenteuer.
Hier ist die Welt am größten,
das ist der echte Trip.
Leuchtanzeigen locken,
mach' doch endlich mit.
Computerspiele, Video, Invaders aus dem All,
darauf steh'n die Kids hier in der Stadt.
Abends in der Disco vor den Lautsprechern steh'n,
bis man beinahe keine Ohren mehr hat.
Alle finden mich so toll,
alle gucken mich so an.
Ich weiß, ihr sucht den neuen Trip,
Kleinigkeit für mich, ich schenke sie auch gleich,
riesengroße bunte Träume, kommt nur mit.
Ich komm' aus Transsylvanien, Eilpost nach Berlin.
Ich kenn' jeden Weg hier im Großstadtdschungel.
Ihr wollt was erleben,
ich helfe euch dabei,
folgt mir auf die Reise in die Wirklichkeit.

Dieser Song hatte schließlich eine Länge von sieben Minuten, was den zeitlichen Rahmen der TBS festlegte. Die Programmierung der TBS wurde aus Zeitmangel nicht mehr von den Schülern ausgeführt. Zur Verfügung standen zwei Carussel-Projektoren und eine Zwei-Projektoren-Überblendeinheit mit einem impulsgesteuerten Kassettenrekorder.

Auf einem großen Schulfest im Rahmen des „Wellensprung"-Projekts wurde die TBS neben den Hör- und Videostücken mit viel Erfolg gezeigt. Die Schüler waren stolz, daß sich ihr Produkt mit der ihm eigenen Ästhetik von den Videofilmen unterschied.

2.2.3 Abschließende Anmerkungen zur TBS und der Projektarbeit

Die TBS ist mehrfach in den letzten Monaten vorgeführt worden. Dabei war auffällig, daß fast alle Zuschauer, die die TBS gesehen haben, von dem „Videoclip", nicht von der TBS sprachen; sogar die Schüler sprachen in ihrer Präsentation von ihrem „Video". Hier liegt die Vermutung nahe, daß die Wahrnehmungsmuster der Jugendlichen durch die Videoclips so geprägt sind, daß sie dies unwillkürlich auf die TBS übertragen haben. Das resultiert aus ihren Sehgewohnheiten, ihrem starken Interesse für Musik und den auf den neuen Programmen, wie ‚music-box', RTL plus und SAT 1 angebotenen Videoclips. Diese werden, wie bereits gesagt, von Jugendlichen stark genutzt.

Den Schülern ist es nicht geglückt, die glitzernde Ästhetik der neuen Medienwelt von der ‚transsylvanischen Lady', die aus einer Welt ohne Medien kommen soll, zu trennen. Die beiden Ebenen vermischen sich somit. Hier zeigt sich, daß bestimmte ästhetische Kategorien aus den neuen Programmangeboten unkritisch übernommen werden.

Die TBS besteht aus zwei medialen Ebenen, rhythmischer Musik und der Bildfolge. Vielen Zuschauern ist es so ergangen, daß sich Musik und Bild gegenseitig ersetzen, sich aufheben. Beide Teile haben inhaltlich für sich eine stärkere Aussage als gemeinsam. Den Schülern ist dadurch klar geworden, daß sie bei einer neuen TBS viel Wert darauf legen würden, stärkere Brücke, d.h. Gegensätze zu zeigen. In Bezug auf diese TBS würde z.B. die ‚transsylvanische Lady' optisch wie eine Frau von ‚hinter den Bergen' aussehen und nicht, wie hier, ähnlich einer Reklame- oder Medienfrau.

2.3 Hauptschulprojekt

In dem zweiten Projekt wurde ein Videofilm gedreht, der viele Elemente des Lebensalltags der Jugendlichen in Verbindung mit ihren Träumen enthalten sollte. Es wurde das starke Musikinteresse der meisten Schüler aufgegriffen und ihr Bedürfnis, einmal berühmt zu sein, filmisch realisiert. In der ersten Phase der Exposé-Entwicklung sollte ein Horror-Action-Film gedreht werden. Das wurde aber verworfen und man einigte sich auf einen Film, in dem eine Band und ihre Akteure die Hauptrolle spielen. Um die Geschichte der Band rankt sich eine verzwickte Liebes- und Eifersuchtsgeschichte.

Das Erstaunliche an dieser Filmidee war, daß keiner der Jugendlichen ein Instrument spielen konnte, es ihnen jedoch bei den Dreharbeiten nicht schwer fiel, die geliehenen Instrumente zur Play-back-Musik fast professionell zu bedienen. Auch hier zeigten die Jugendlichen eine große technische Fertigkeit und ein Einfühlungsvermögen in ihre Rollen. Bei dieser Produktion fiel auf, daß den Schülern die Vorbereitung des Drehbuches, also die Zeiten im Klassenraum, sehr schwerfielen, daß sie aber in der konkreten Produktionsphase ein erstaunliches

Verantwortungsgefühl und Engagement aufbrachten. Selbst Schüler, die vorher kaum am Unterricht beteiligt waren, entwickelten einen großen Eifer und führten die von ihnen übernommenen Aufgaben zuverlässig durch.

3. Fazit

Die Erfahrungen, die hier gemacht worden sind, lassen sich aber durchaus auch auf die außerschulische Jugendarbeit und Gemeindearbeit übertragen. Es kann hier nur noch einmal betont werden, daß unserer Ansicht nach medienpädagogische Arbeit, gerade angesichts der zunehmenden Mediatisierung des Alltags, fest in der Schule und schon im Kindergarten verankert werden sollte. Dabei geht es nicht nur um den Erwerb technischer Kenntnisse, sondern auch um die Bedeutung der neuen Kommunikations- und Informationstechniken, die den Kindern und Jugendlichen nähergebracht werden und deren kreatives Potential nutzbar gemacht werden soll.

Medien sollten zur Förderung von Kommunikation, Bildung und Kultur eingesetzt werden und als Ausdrucks-, Erfahrungs- und Gestaltungsmittel handhabbar gemacht werden. Dabei sollte sich Medienpädagogik immer an der Medien- und Alltagsrealität der Zielgruppe orientieren, denn so ist gewährleistet, daß eine solche Arbeit nicht an den Bedürfnissen der Menschen vorbeigeht. Überdies sollte Medienerziehung von Anfang an kontinuierlich durch alle Klassen als fester Bestandteil des Unterrichts durchgeführt werden. Das allerdings setzt voraus, daß Medienpädagogik in den Rahmenplänen für die Schulen fest verankert ist, und die Lehrer und Erzieher auf diesem Gebiet eine qualitative gute Ausbildung erhalten müssen. Medienpädagogische Arbeit in den Erziehungseinrichtungen scheitert haufig an den fehlenden Kenntnissen über die neuen Informations- und Kommunikationstechniken und daran, daß eine solche Arbeit allzu häufig die Freizeit der Erziehenden fordert.

Literatur

Bonfadelli, H. u.a.: Jugend und Medien. Eine Studie im Auftrag der ARD/ZDF-Medienkommission und der Bertelsmann-Stiftung, 1986

Kabel, R.; Sönnichsen, M.; Splanemann, A.: Jugend der 80er Jahre, Berlin 1987

Luger, K.: Medien im Jugendalltag, Wien/Köln/Graz 1985

Sander, U.; Vollbrecht, R.: Mediennutzung und Medienwirkung bei Kindern und Jugendlichen, Gutachten im Auftrag des Bundesministeriums für Jugend, Familie und Gesundheit, Bielefeld 1986

Schmidt, C.; Bruns, Ch.; Schöwer, Ch.; Seeger, Ch., in: Schmidt C. u.a. (Hrsg.) Medien — Menschen, Kommunikationsverhalten und Neue Medientechniken. Beiträge zur Begleituntersuchung der Evang. Kirche zum Kabelpilotprojekt Berlin, Frankfurt/M. 1988

Seeger, C.: Im Land der Medien oder diesseits von Transsylvanien, in: medien praktisch 1/88

Cillie Rentmeister / Cristina Perincioli

Computer im „Reich der Sinne": das Modellprojekt „Auge & Ohr"

Zum „Reich der Notwendigkeit" gehören die meisten „Computer-Bildungs"-Angebote für Mädchen und Frauen, ob es sich nun um schulische oder außerschulische Veranstaltungen handelt. Gelehrt werden naturwissenschaftliche, mathematische, arbeitsweltbezogene Anwendungen.

Das Modellprojekt „Auge & Ohr" ist ein Angebot vor allem für Mädchen und Frauen, die Reise in die Kreativität mit Computern anzutreten: Erkundungen im elektronischen „Reich der Sinne".

„Auge & Ohr" bedeutet die Verknüpfung von visuellen und Audio-Medien: also von Video (mit computergestützter Schnittanlage), Computergrafik und -animation, und einem Ensemble von Musik-Computern, vor allem Sound-Sampler (Naturklangspeicher) und Rhythmuscomputer.

In allen Bereichen wird in Kleingruppen abgestimmt gearbeitet — beispielsweise mit dem Ziel, die einzelnen optischen und akustischen Teilarbeiten zu einem Musik-Clip zusammenzufügen.

So erforschen wir, zwei Dozentinnen, zusammen mit den Teilnehmerinnen unserer Seminare, auf einwöchigen „Ausflügen ins Digitalium" die kreativen Potentiale dieser neuen Werkzeuge. Welche Möglichkeiten der Wahrnehmung und Gestaltung eröffnen sie? Was können wir mit ihnen machen, was machen sie mit uns?

Beispielsweise ist Mädchen oder Frauen, die sich nicht schon mit elektronischer Klangerzeugung beschäftigt haben, meist nicht bewußt, in welchem Maß die aktuelle „U"-Musik computergeneriert ist: ob das nun die Komposition, die Aufnahme oder die Wiedergabe betrifft, oder die Rhythmen, die Instrumente, die Sounds; oder gar das eigentlich doch lebendigste und individuelleste Instrument, die Stimme — wenn Prince sich nicht nur eine überwiegend weibliche Band, sondern auch gleich eine Frauenstimme zulegt, und Laurie Anderson mit vocoder-erotisch eingefärbtem Tenor raunt: „Yes mom! I'm coming!"

Suggestopädie: die Reise ins Digitalium

Eine Seminarwoche ist sehr kurz, und wir arbeiten ja öfter mit TeilnehmerInnen ohne Vorkenntnisse. Deshalb bemühen wir uns, ihnen „den Weg des leichten Lernens" zu ebnen. Wir haben uns inspirieren lassen von einigen Ideen Lozanovs, des Begründers der „Suggestopädie", und als einführende didaktische Einheit

"durch Katastrophen werden die DINGE
auf unselige Weise in Ordnung gebracht.." ?

eine Art geistiger Reise durchs Computersystem der Abteilung „Ohr" verfaßt: „Die göttliche Hannelore, Herrin der Informationen, und die Byte-Sisters. Eine Reise durchs Digitalium".

Das Computersystem wird darin als Miniatur-Staatswesen beschrieben, und die Vorgänge bei der elektronischen Klangerzeugung und -bearbeitung werden im Zuge einiger aufregender und auch amüsanter Ereignisse von den darin handelnden Personen erlebt. Nach kurzen Entspannungsübungen wird diese Geschichte suggestiv vorgetragen. Wenn die ZuhörerInnen anschließend die Augen wieder aufmachen, haben sie etwa 50 Fachausdrücke und über die wichtigen technischen Vorgänge nicht nur schon mal gehört, sondern sie wegen dieser speziellen Darstellungsweise auch besser in ihrem Gedächtnis gespeichert. Folgt dann gleich im Seminar die Verknüpfung mit der Praxis, so werden diese Informationen noch erinnert und alsbald „richtig" gelernt.

Die „Abteilung Ohr"

Die zentrale Rolle bei der Klangerstellung und -verfremdung spielen die „Sampler", und mit solchem Gerät arbeiten wird. Jedes analog-akustische oder elektronische Tonsignal kann in diesen Computer eingelesen, „gesamplet" werden. (Bei unserem Sampler bis zu 32 Sekunden Signaldauer.) Es steht dann, digitalisiert, zur freien Bearbeitung zur Verfügung. Über einen weiteren Computer und zusätzliche Software lassen sich die Hüllkurven der Klänge auch auf dem Monitor abbilden — und beispielsweise mit der Fouriertransformation dreidimensional darstellen, als „Berge und Täler". Wir können dann die Berge versetzen und damit die Klänge umbauen, mit Eingaben über Computertastatur oder Maus. Diese manipulierten Kurven lassen sich schließlich, zurückverwandelt in analoge Signale, über eine Klaviatur wieder abspielen.

An (Re-)Produktionsmitteiln stehen noch weitere Geräte zur Verfügung: Synthesizer und Drum-Computer, Sequenzer als Kompositionshilfe; Effektgeräte, um den synthetisierten Klängen den Raum zurückzugeben; schließlich Mischeinheit und Mehrspurrecorder.

Was für Produktionen können entstehen, und wie und was kann gelernt werden?

Die Sampler sind vielseitige Instrumente, Spiel-Zeuge und Lehrmittel in einem. Sie eröffnen neue Klangwelten, ebenso wie sie akustische, physikalische und elektronische Phänomene veranschaulichen. Sampler können dienen als

— „normales" Tasteninstrument, sozusagen ein Synthesizer mit extrem vielen Sound-Möglichkeiten, zugleich aber auch den typischen Synthesizer-Funktionen bei Signalerzeugung, -bearbeitung und Steuerelementen.

GilleR

- Computer-Modell durch den Systemaufbau mit Rechner, Speicher, Dateneingabe und -ausgabe; sie arbeiten mit dem binären System, zeigen eine Befehlsstruktur, besitzen Dialogfähigkeit, Programmierbarkeit, und Synchron-Vernetzungsmöglichkeiten via MIDI: Musical Instrument Digital Interface. Mit anderen Computern gemeinsam haben sie übrigens die Fehleranfälligkeit, was zur Entmystifizierung beiträgt.
- Lehr- und Darstellungsmittel für die „Welt der Wellen": Elektronik, Physik, Akustik, Frequenzlehre.

Als didaktisch ideal erweist sich, daß sich in der Arbeit mit diesen Geräten so verschiedene Lernbereiche miteinander verbinden lassen — wenn nämlich Prozesse der Klanganalyse und -synthese und Computerfunktionen sich gegenseitig und gleichzeitig anschaulich und anhörbar machen. Denn es ist natürlich faszinierend, wenn bei der Betätigung der Funktionstasten und Regler, wenn bei jeder kleinsten Änderung der Parameter immer sofort zu hören und zu sehen ist, was frau / man getan hat.

In der „Abteilung Ohr" entstehen zum Beispiel Soundtracks zu den Videoanimationen, die parallel in der „Abteilung Auge" erstellt werden. Oder auch eigenständige Kurzproduktionen, zum Beispiel ein „Rap": aus New York kommt diese Mischung aus dominantem Rhythmus, Sprechgesang, und mehr oder weniger „musikalischen" Akzenten aus Geräuschen, Klängen, Lauten. Die Rhythmusspur wird gesamplet, ein Text „aus dem Leben gegriffen", passende Geräusche zu Musik verwandelt — ein Lachen, ein Seufzer, ein Telefonklingeln.

Für TeilnehmerInnen ohne musikalische Vorkenntnisse hat sich die Komposition eines Rap als gute Übung bewährt. Neben der Bewältigung der technischen Aufgaben stellt für die meisten das timinggerechte Einspielen der Sounds (zum Beispiel aus dem Telefonklingeln ein Melodiestückchen zu spielen) und das rhythmische Einsprechen des Textes schon eine hohe Anforderung dar — die meisten halten das für viel leichter, als es ist ... proportional wächst die Achtung vor dieser Musikrichtung.

Die „Abteilung Auge"

Eine selbstgestellte Anforderung unseres Konzeptes besteht darin, im Bereich leistungsfähiger Low Cost-Systeme zu bleiben, nach folgenden Kriterien:

- hohe Speicherkapazität bei einem auch für andere Bildungsstätten und NutzerInnen erschwinglichen Preis
- preiswerte und nutzerInnenfreundliche Software für Musik, Grafik und Animation (GEM)
- der Gerätetyp sollte auch als „Home"-Computer verbreitet sein, damit TeilnehmerInnen Gelerntes weiterhin anwenden können.

Im Frühjahr 1986, als wir mit dem Projekt begannen, und in den folgenden Monaten hatte die Entscheidung für einen Computer noch etwas von einer Wette im

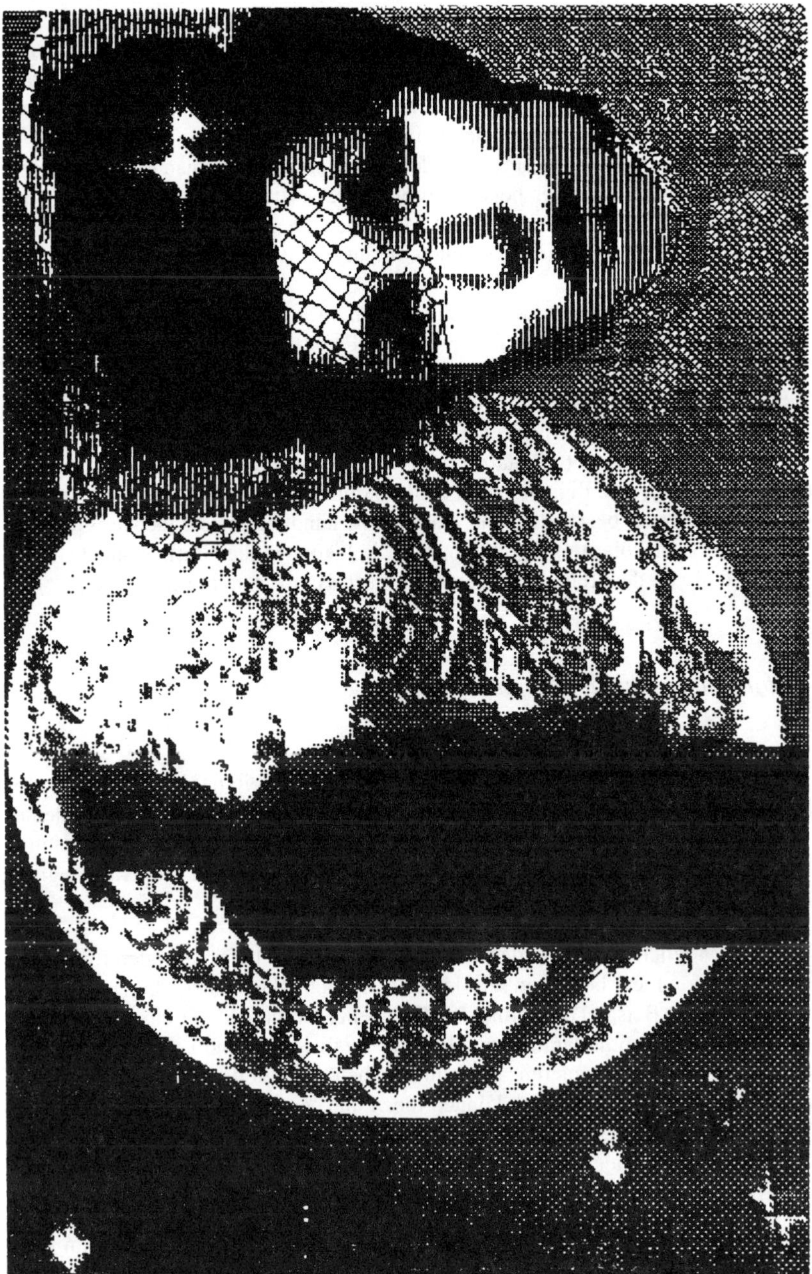

Pferderennen. Privat arbeiteten wir damals noch mit einem Commodore 128, für den es bereits ausgezeichnete Musiksoftware gab. IBM und Apple Macintosh schieden aus Preisgründen aus. Für das Projekt entschieden wir uns dann für den Mega-Atari, der damals gerade das Preissenkungsrennen anführte. (Inzwischen hat auch Commodore's Amiga viel zu bieten.) Eigentlich leiten die „Zukunfts"-Technologien wohl ihren Namen von dem Umstand her, daß man Monat für Monat auf ein Erscheinen der benötigten Software vertröstet wird. Für die Mega-Ataris erschien jedoch in erträglichen Abständen die angekündigte Software, und sie ermöglicht befriedigendes Arbeiten mit ansehnlichen und anhörbaren Resultaten.

Im Grafikbereich verwenden wir die Programme „Art Director" für Farbgrafik und Scheinanimation durch „Cycle Color"-Funktionen; STAD (ST Aided Design) für hochauflösende Schwarzweiß-Grafik und Animation in 2D sowie 3D; und das Farb-Animations(Trickfilm)-Programm „Aegis Animator". Außerdem arbeiten wir mit einem Digitizer. Er kann Fotos oder bewegte Szenen von Video in den Computer lesen („digitalisieren" — das entspricht dem „Samplen" in der Abteilung Ohr). Die digitalisierten Bilder können mit den Grafik- bzw. Animationsprogrammen bearbeitet, und dann als Bestandteil eines Videoclips wieder auf Video zurückübertragen werden. Natürlich können die Grafiken auch ausgedruckt und von den TeilnehmerInnen mit nach Hause genommen werden.

Erfahrungen aus der Seminarpraxis

Neben den persönlichen Einweisungen und der Begleitung der Arbeitsgruppe durch uns hat es sich als nötig erwiesen, eigens spezielle Anleitungen, ja kleine Handbücher zu den Programmen zu verfassen. Denn die mitgelieferten Anleitungen sind entweder ausgezeichnet, aber zu lang (STAD) oder in Englisch (Aegis); oder in Englisch und lückenhaft (Art Director).

- Eine Möglichkeit, um in der kurzen Seminarzeit zu befriedigenden Ergebnissen zu kommen, besteht in sehr klaren Vorgaben. Nach einer Übungsphase erhalten zum Beispiel die TeilnehmerInnen ein „Drehbuch" für eine Animation; jede/r übernimmt daraus einen Part zur Realisierung und kooperiert von daher auch mit den anderen. Manchmal geben wir bereits digitalisierte Hintergrundbilder vor. Natürlich können Ideen und Vorlagen abgewandelt und verworfen werden. Aber grundsätzlich scheinen solche Einschränkungen sinnvoll, weil Neugier und ungezieltes Experimentieren zu leicht dazu führen, daß frau/man sich im Dschungel der vielfältigen Funktionen verirrt.

- Wenn wir mit einer Mädchengruppe einen Videoclip produzieren, dann fällt ihnen unübersehbar die Entscheidung für die Computergrafikgruppe am schwersten: der Video- und Musikcomputerbereich verspricht eben mehr action, mehr Selbstdarstellung, mehr Leben und Gefühl, Bewegung und Unmittelbarkeit. Computergrafik dagegen wird mit isolierter Konzentration vor ei-

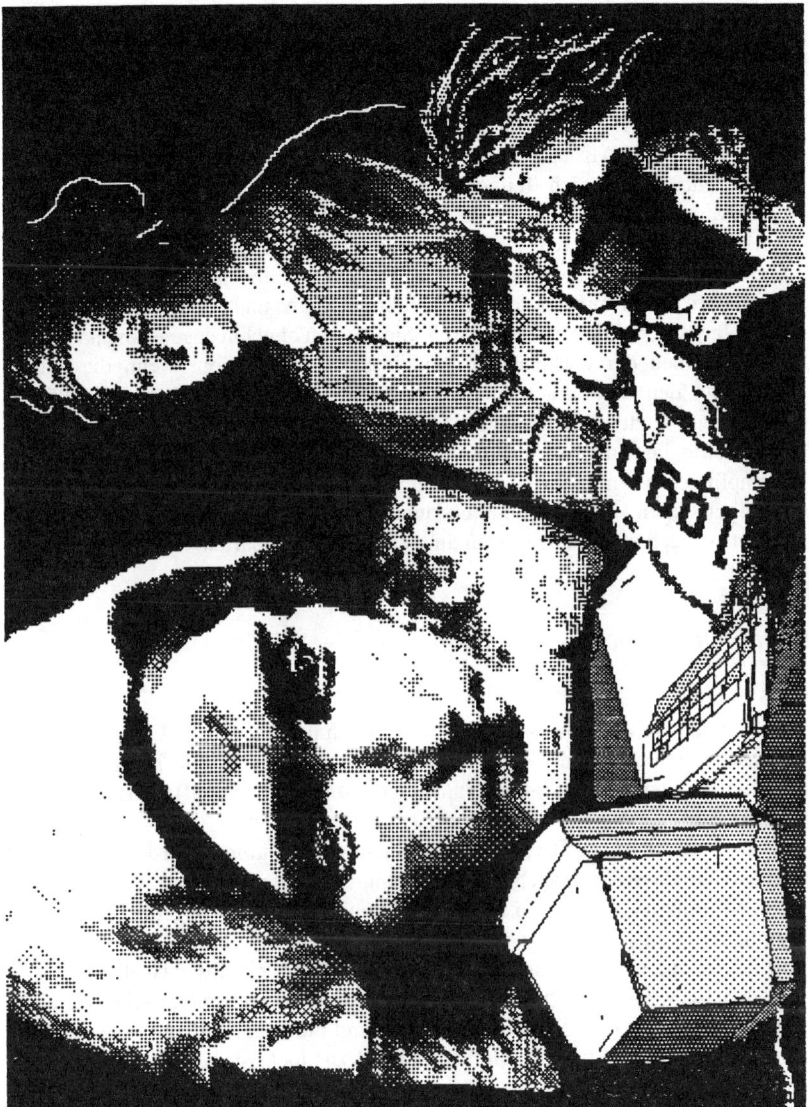
1990

nem Monitor und mit brütender Stille assoziiert — und daran ist ja auch etwas Wahres. In künftigen Seminaren beziehen wir deshalb stärker die Bearbeitung digitalisierter Selbstporträts ein.

- Für den motorischen Ausgleich bieten wir während des Seminars Bewegungsmöglichkeiten: Afrotanz, Percussion oder auch ein Tischtennisturnier. Außerdem entscheiden sich TeilnehmerInnen zwar zu Seminarbeginn für einen Schwerpunkt (Computergrafik, — musik oder Videoproduktion). Aber die Kleingruppen „rotieren“ auch durch die Tätigkeitsfelder und -räume der anderen: sie arbeiten einen Tag mal mit der anderen Technologie; jeden Abend wandern die Gruppen durch die Produktionsräume und betrachten gegenseitig die Tagesproduktionen der anderen. Sie müssen ohnehin engen Kontakt halten im Rahmen der entstehenden gemeinsamen Produktion, wenn die „Tonfrauen“ den Soundtrack für die Animationsgruppe erstellen. Schließlich, meist am letzten Seminartag, erklären sich die Arbeitsgruppen nochmal gegenseitig die von ihnen verwandten Technologien. Dieses gegenseitige Zeigen empfinden wir als sehr sinnvoll. Die Lernenden sind als Lehrende gefordert (dabei stellen sich manchmal erstaunliche Befähigungen heraus), und gefordert ist auch ein gewisses Maß an Geduld und Solidarität.

Kulturelles Lernen im Digitalium

Durch den aktiven Umgang wollen wir TeilnehmerInnen in die Lage versetzen, Machart und Botschaften, Wesen und Wirkungen der synthetisch erzeugten Bilder und Klangwelten, die uns täglich zunehmend (und kommerziell) ins Haus gesendet werden, besser zu verstehen und zu entmystifizieren.

Daß dieses Ziel durchaus „lustvoll“ erreicht wird, spüren wir in den Seminaren und entnehmen es den Fragebögen. Es gibt übrigens gerade in den Mädchen- und Frauenseminaren weniger zu entmystifizieren und weniger angebliche typisch-weibliche Hemmschwellen zu überwinden, als behauptet wird. Es scheint fast, als seien diese unterstellten Ängste und Aversionen selber ein absichtsvoller Mythos — jedenfalls was die Erfahrungen in unserem, dem kreativ-spielerischen Bereich angeht. Es scheint uns, als gingen Mädchen und Frauen oft auf angenehm sachliche, nicht überidentifizierte, und (manchmal zu) lockere Weise an die Medien heran. Viele Teilnehmerinnen äußern, daß diese Technologien sie faszinieren, und daß sie gerne weiter damit zu tun hätten (wenn sie das Geld dafür auftrieben!). Manche verabschieden sich aus dem Seminar mit der Bemerkung, sie wollten jetzt „richtig“ handwerklich ein Instrument lernen, oder „richtig“ zeichnen lernen.

Ostern 87:
Eine Insel taucht aus dem Thunersee auf und bringt die ältesten weiblichen
Monumentalskulpturen der Schweiz ans Licht...

Wir bieten Stoff zum Nachdenken und Diskutieren an — über das Thema Lärm zum Beispiel, das zugleich eine spannende Kulturgeschichte des Krieges, des Geschlechterkrieges und des Klassenkampfes aufrollen läßt. Lärm, das heißt „all'arme", „zu den Waffen". Keine Teilnehmerin, die dazu nichts zu sagen hätte.

- Oder wir vergegenwärtigen uns die kulturellen und wirtschaftlichen Hintergründe neuer Medien am Paradebeispiel der Compact Disc. Und natürlich betrachten und diskutieren wir Kunstvideos, Musikclips und Commercials.
- In unserer Welt der warenhausmäßigen Überfülle an Bildern und Klängen und der „totalen Bearbeitungsmöglichkeiten" besteht eine existentielle Herausforderung an Kreativität darin, das Wesentliche zu erkennen (falls das noch möglich ist); beziehungsweise darin, Kriterien für eine Auswahl zu finden, und ästhetische und soziale Aspekte zu berücksichtigen. Das gilt für die Konsumentin, und erst recht für die Produzentin.

So geraten wir in ein sehr grundsätzliches Nachdenken über unser Zeitalter: das Digitalium, das Zeitalter der totalen Reproduzierbarkeit. Die Analog-Digital-Wandlung erscheint uns dann als das zeitgemäße Mysterium, als Metapher für die zeitgemäße (un)heilige Wandlung — Licht wird zu Ton, Ton zum Bild, Bild zu Strom. Und wir? Schauen in den Spiegel, in unser digitalisiertes Porträt, das uns auf dem Monitor entgegenleuchtet, löschen an der Nasenspitze noch ein paar Pixel, verknüpfen unseren Kopf logisch mit dem digitalisierten Leib einer Sphinx, und speichern das Bild ab. Damit wir uns nicht verlorengehen, wenn der Strom ausfällt.

„Auge & Ohr"
Computer und Kreativität

„Auge & Ohr" ist ein Modellprojekt, gefördert von der „Stiftung Deutsche Jugendmarke e.V.", in dem wir Nutzen und Sinn von Computern im gestalterischen Bereich der Jugendbildung und der Fortbildung erforschen. Unsere Seminarangebote gelten vor allem Mädchen und Frauen, die in der kulturellen Jugendbildung und in Kulturberufen arbeiten. Sie finden im „Wannseeheim für Jugendarbeit e.V." in Berlin statt, der Trägerinstitution des Projekts.

Wir erproben dort über einen Zeitraum von vier Jahren, was unser synästhetisches Konzept im Rahmen der außerschulischen, kulturellen Bildungsarbeit leisten kann (einwöchige Intensivseminare, „Kurzzeitpädagogik" ...); und welche Elemente daraus auch für eine zeitgemäße schulische Bildung anregend wirken könnten.

Die Auswertung der praktischen Erfahrungen, theoretische Begründungen, speziell entwickelte Didaktiken, Materialien und Ausschnitte aus Produktionen werden wir in einer abschließenden Veröffentlichung zusammenfassen.

Zum „Wannseeheim": an dieser unabhängigen Bildungsstätte bestehen langjährige Erfahrungen in der Entwicklung, Durchführung und Publizierung von Seminarmodellen zur außerschulischen Jugend- und speziell auch Mädchen- und Frauenbildung, sowie von Fortbildungen und Fachtagungen,national und international.

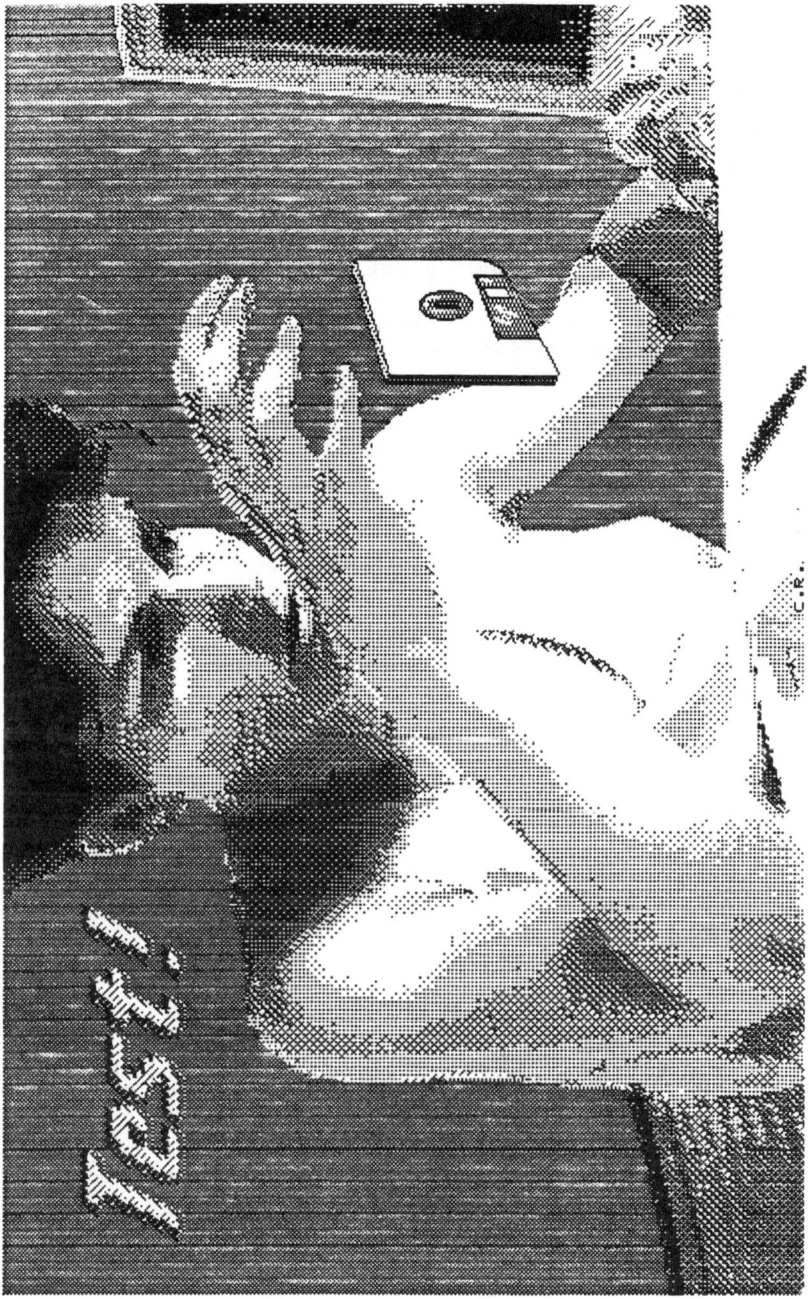

In dem Komplex aus Villa und Neubau auf einem Seegrundstück mit 13 000 Quadratmeter Park stehen dem Modellprojekt eigene Räume zur Verfügung.

Die Seminare dauern in der Regel 5 Tage, aber auch kürzer oder länger, je nach Kurscharakter und -ziel. Unterbringung und Verpflegung im Wannseeheim. Die TeilnehmerInnenzahl sollte 12 Personen nicht übersteigen.

Zur Zeit schreiben wir ein „Handbuch für Compter-Artisten", das ca. Ende 1989 im DuMont-Verlag erscheinen wird.

Projektzeitraum: von 1986 - 1990.
Dozentinnen: Cristina Perincioli (Regisseurin, Autorin)
Dr. Cillie Rentmeister (Kulturwissenschaftlerin, Musikerin).
Projektanschrift:
„Auge & Ohr", c/o Wannseeheim, Hohenzollernstr. 14, 1000 Berlin 39. Tel. 030-805 30 87 (Wannseeheim) oder 030-24 94 09 (Perincioli / Rentmeister).

Jan-Uwe Rogge

Ältere Menschen, Altern und die subjektive Bedeutung von Medien — Schlaglichter auf ein komplexes Beziehungsgeflecht

1. Annäherungen

Die Begegnungen mit wissenschaftlichen Themen sind manchmal zufällig und stecken voller Überraschungen. Anfang der achtziger Jahre habe ich daran gearbeitet, medienbezogene Handlungsstile, Genrepräferenzen und Sehvorlieben nicht nur aus aktuellen gesellschaftlichen oder individuellen psychosozialen Rahmenbedingungen, sondern zugleich aus lebensgeschichtlichen Entwicklungen und Besonderheiten heraus zu erklären. So wie die Biographie eines einzelnen ein Gemenge aus Kontinuität und Veränderung darstellt, ist auch die Medienbiographie ein Ineinander von Bewahrung und von Bruch mit Traditionen. Die Rekonstruktion von individuellen Medienbiographien habe ich verschiedentlich mit älteren Menschen unternommen, weil ich davon ausging, je spezifische Zusammenhänge von Lebensphasen und Weichenstellungen (hinsichtlich unterschiedlicher medienbezogenen Nutzungsstile) detaillierter aufzeigen zu können. Solch Rekonstruktion geschah anfänglich als Gruppengespräch in Freizeitclubs für ältere Menschen bzw. Altenheimen. Nun will ich nicht die vielen Eindrücke und Begegnungen wiedergeben, die solch Feldarbeit mit sich bringen, aber einige Gesichtspunkte verdienen doch Erwähnung, weil sie mich irritierten, weil sie Auswirkungen auf ein späteres Forschungsprojekt haben sollten.

Da war zunächst die — vielleicht als trivial zu bezeichnende — Beobachtung über die hohe Bedeutung der Massenmedien im Alltag älterer Menschen. Aber diese Beobachtung war keineswegs trivial oder selbstverständlich. Geahnt hatte ich das — auf der Basis eigener, meist zufälliger Begegnungen. Gut, es gab in den einschlägigen Medienforschungsprojekten, in den Tagesablaufstudien, in den Zahlen über Reichweite und Sehdauer lapidare Hinweise auf den großen Stellenwert, den Medien bei älteren Menschen haben. Daraus wurden meist pauschale Urteile über den hohen Medienkonsum im Alter abgeleitet.

Aber wenn man Kenner der gerontologischen Fachliteratur war — und ich war zu dieser Zeit keiner — übersah man leicht, wie problematisch solch Verallgemeinerung war.

Die Ausblendung des medienbezogenen Handelns älterer Menschen aus der Medienforschung (gleichwohl wurde über die Einflüsse von Medien auf diese Zielgruppe spekuliert) sowie die einseitige Konzentration auf die Altersgruppe der 6- bis 18jährigen deutet — so bin ich mir heute sicher — auf ein reduziertes Sozialisationskonzept innerhalb der Medienforschung hin: Einerseits blendete man — und darauf haben medienbiographische Forschungen aufmerksam gemacht — medienbezogene Prägungen, die sich im Laufe einer Lebensgeschichte vollziehen, aus;

übersah man sozialisatorische Entwicklungen im Erwachsenenalter; andererseits betrachtete man die Mediennutzer zumeist als Opfer der Medien, als passive, den Medien willenlos ausgelieferte Rezipienten. Wenn schon das Modell eines die Medienrealität produktiv verarbeitenden Subjekts in der Erforschung der kindlichen und jugendlichen Mediennutzung in den letzten Jahren Eingang in methodologische Forschungskonzepte gefunden hat, so beweist ein Blick in die amerikanische Literatur zum Komplex „Ältere Menschen und Medien", daß hier nahtlos Unzulänglichkeiten und Schwächen der Kinder- und Jugendmedienforschung fortgeschrieben wurden.

Sicherlich deuteten viele Feldstudien auf den großen Stellenwert von Medien im Alltag älterer Menschen hin, zweifellos wurde immer klarer, wie komplex Lebens- und Mediengeschichten verbunden sind, sich in medienbezogenen Nutzungsstilen, Normen, Werten, Erziehung und Kultur spiegelten; gleichwohl macht ein genauerer Blick auch die *Vielfältigkeit* des Mediengebrauchs älterer Menschen deutlich. „Die Alten" lassen sich hinsichtlich eines hohen Fernsehkonsums (ja eines Medienkonsums allgemein) genauso wenig verallgemeinern, wie das bei der Fernseh- und Mediennutzung von Familien oder Kindern nützlich ist. Solch Pauschalisierungen machen eine große Bevölkerungsgruppe zu einer „Problemgruppe" und übersehen im Drang zu allgemeingültigen Aussagen reale Problemkonstellationen, die natürlich auch im Alltag älterer Menschen vorhanden sind und zu „kumulativen Benachteiligungen" (Rosenmayr) bei bestimmten Bevölkerungsgruppen führen können. Aber der Alltag älterer Menschen ist eben nicht auf kritische Punkte allein zu reduzieren.

Denn deutet man die Mediennutzung älterer Menschen vor dem Hintergrund gesellschaftlicher wie psychosozialer Rahmenbedingungen, dann wird schnell klar, wie differenziert sich deren medienbezogenes Handeln darstellt, wie prägend soziodemographische Variablen wie Bildung, Geschlecht oder Wohnort sind. Diese Variablen haben auch bei Kindern, Jugendlichen oder Familien zentrale Bedeutung, verbieten vorschnelle Generalisierungen. Anders ausgedrückt: *Das chronologische Alter an sich taugt nicht zur Erklärung von Auffälligkeiten bzw. Normalitäten beim Medienkonsum — weder bei Kindern, Jugendlichen noch bei alten Menschen.*

Vor allem scheint es vermessen und unzulänglich, das Freizeit- und Kommunikationsverhalten der älteren Menschen auf einen überhöhten Medienkonsum oder eine Begrenzung der unmittelbaren Kommunikation einzuschränken. Dies trat bei einer weiteren Begegnung mit dem Thema „Medien und alte Menschen" zutage. Als ich mich im Rahmen eines Forschungsprojektes über „Alte und neue Medien im häuslichen Alltag" mit dem Mediengebrauch älterer Menschen konfrontiert sah, wurden mir unzulässige Vereinfachungen, zugleich aber auch das Vorhandensein realer Probleme sinnfällig vor Augen geführt. So war es bei einigen Älteren, ob nun alleinstehend oder verheiratet, manchmal schwer, Termine für die Interviews zu finden. Das war kein Boykott oder böser Wille: die einen fuhren vielmehr häufig in Urlaub, die anderen hatten nachmittags oder abends ihre kleinen oder größeren Veranstaltungen; andere gingen noch einer Tätigkeit nach. Das Bild des zurückgezogenen, vereinsamten oder kranken alten Menschen, das in vielen Variationen das Alltagswissen und -handeln beherrscht, nicht selten aufgebaut durch die Altersstereotype in verschiedenen Medien, stimmt nicht immer mit der vermuteten und gelebten Realität überein. Natürlich existiert auch die Kehrseite in der Realität älterer Menschen — nur geht solch isolierter, kranker, immobiler alter Mensch, der auf die häusliche Nahwelt und die Medienwirklichkeit verwiesen ist, nicht in angenommene Klischees auf. Diese sind angesichts des realen Leidens und der zu beobachtenden Kommunikationslosigkeit eine Beschönigung. Ich habe diese andere Alten-Realität eher auf dem Lande oder in sozialen Brennpunkten von Städten gefunden. War das anfängliche Mißtrauen überwunden, dann erhielt das Forschungsinterview soziale Qualität, wurde der Fragende für den Befragte zu einem Quasimedium, zum Bestandteil der Realwelt, aus der sich manch älterer Mensch längst zurückgezogen hatte.

Ältere Menschen und Medien — eine Beziehung, die auf den ersten Blick vorschnell monokausal zur Problemkonstellation erklärt wird, stellt sich bei genauerem Hinsehen als ein Komplex mit vielen Farben und Facetten dar. Was für den kindlichen und familialen Medienumgang schon längst gelten sollte (zumindest für das medienbezogene Alltagswissen aber noch immer nicht gilt), eben die Abkehr von Verallgemeinerungen, Vereinfachungen oder einer nur problematisierenden Sichtweise, müßte auch für die Einschätzung des Mediengebrauchs älterer Menschen zutreffen: Die medienbezogene Nutzungsstile, Aneignungsweisen, Rezeptionsrituale oder Genrepräferenzen sind nicht mit dem Konzept eines chronologischen Alters zu erklären. Wer die sozialökologischen Kontexte oder psychosozialen Rahmenbedingungen im Alltag älterer Menschen ausblendet, der bleibt — wie bei Kindern und Familien — oberflächlich. So geht das medienbezogene Handeln älterer Menschen eben nicht in Einschaltquoten, Reichweiten oder in die Aufzählung von Genrepräferenzen auf. Aussagekraft erhalten Daten nur, wenn sie in Zusammenhang mit gesellschaftlichen wie individuellen Kontexten gebracht werden. Hierzu kommt, daß den Selbstkonzepten bzw. den medienbezogenen Wissens- und Handlungskonzepten älterer Menschen, den subjektiven Bedeutungszuweisungen mehr Beachtung geschenkt werden muß.

Ich möchte in den Mittelpunkt meiner Betrachtungen zwei Gesichtspunkte stellen:

- Einerseits eine kritische Bestandsaufnahme der Forschungsliteratur und
- andererseits die Konkretisierung einiger abhängiger Variablen, die maßgeblich die Mediengewohnheiten älterer Menschen beeinflussen *können*.

Damit bleibt ein zentraler Gesichtspunkt ausgeblendet: die Darstellung des Alters und älterer Menschen in den Medien. Da dieser Bereich aber sehr umfassend erforscht ist[1], will ich mein Augenmerk auf den Medienumgang im Kontext sozialökologischer Rahmenbedingungen legen, um so zumindest ansatzweise zu einer Beantwortung jener Fragen beizutragen, die Rubin[2], der maßgeblich zu einer ganzheitlicheren Betrachtungsweise des medienbezogenen Handelns älterer Menschen beitrug, so gestellt hat: „What communication, social, psychological, physical and economic conditions foster increased reliance or dependence on television for information, entertainment and companionship among other needs? How does the degree of interaction, social activity, mobility, health, life satisfaction, or economic security contribute to television dependence or to the use of other communication channels? (...) Television is an important channel of communication and researches need to explore how television fits into the social fabric and functions with other channels of communication for older persons. (...) There is a dearth of information concerning media alternatives to television. Also some research has been conducted in the area of a nontelevision media and aging, it is quite limited. Researches could expand or refocus their investigations to consider the role and functions of other mass communication channels, examining the consequences of elder persons' uses of radio, newspapers, magazines, moovies and the like."

2. Altern und Mediengebrauch — Trends und Ergebnisse der Forschung

Ältere Menschen und Medien stellt — zieht man die Regale füllenden Forschungen über Kindheit, Jugend und Medien zum Vergleich heran — ein eher unbedeutendes Segment der Medienforschung dar. Während qualitative Analysen des medienbezogenen Handelns Älterer in der bundesrepublikanischen *Medienforschung* — sieht man von eher verallgemeinernden und nicht sehr detaillierten Aussagen einmal ab — bis Anfang der achtziger Jahre eine untergeordnete Rolle spielten, kann man für die *amerikanische* Medienforschung durchaus eine Forschungstradition konstatieren. Einige Zusammenfassungen und Überblicke — z.B. die von Davis, Davis/Kubey und Rubin/[3] — geben Hinweise auf vier Untersuchungsschwerpunkte:

- Das Bild älterer Menschen in den Medien und die Wahrnehmung solcher Konzepte,
- quantitative Aspekte des Medien-, vor allem des TV-Gebrauchs,
- Genrevorlieben sowie
- die Funktion der Medien im Alltag älterer Menschen.

Mitte der achtziger Jahre fassen Davis/Westbrook[4] die vorliegenden Untersuchungsergebnisse der letzten beiden Jahrzehnte zum Komplex „Ältere Menschen und Medien" so zusammen:

„1. They are heavy viewers, with older females spending more time with the television than any other audience.
2. They are ‚embracers', excepting with little judgment what is placed before them.
3. They overwhelmingly prefere news and publics affairs programs.
4. They perceive the viewing experience as a benefit because it provides companionship, essence of involvement, and a meaningfull structuring of time."

Hier wird zugleich eine zentrale Schwäche deutlich, die für die meisten der Untersuchungen über das medienbezogene Handeln bis Ende der siebziger Jahre für die amerikanische Medienforschung zutrifft: Sie argumentiert daten- und medienorientiert, funktionalistisch und stimulusorientiert, läßt sozialökologische

Aspekte sowie subjektive Wissens- und Handlungskonzepte des Alltags der Alten außen vor und verliert sich vorschnell in Verallgemeinerungen. Erst die Arbeiten von Rubin/Rubin[5] bringen eine entscheidende Wende in der Erforschung des medienbezogenen Handelns älterer Menschen mit sich.

Für die Bundesrepublik stellt Bosch[6] zu Beginn dieses Jahrzehnts zurecht fest, daß der Medienkonsum im Alter allenfalls ein Randthema der Medienforschung war. Sie verweist u.a. auf die Emnid-Studie „Lebensbedingungen und Bedürfnisse älterer Menschen" (1972) und die Studie „Massenkommunikation" Ende der siebziger Jahre. Übereinstimmend wird die hohe subjektive Bedeutung vor allem des Mediums Fernsehen (hinsichtlich der Reichweite und der Sehdauer) hervorgehoben und übereinstimmend wird die Mediennutzung des älteren Menschen unter Substitutionsgesichtspunkten betrachtet. Medien und die Wirklichkeit aus zweiter Hand ersetzen Primärerfahrungen und die direkte Kommunikation. Allein die sozialgerontologische Literatur[7] — auf die noch detaillierter eingegangen wird — gab schon früh Hinweise darauf, daß eine allein strukturfunktionalistische Betrachtung des Mediengebrauchs die Motive und Kommunikationsinteressen der älteren Rezipienten ebensowenig trifft wie eine bloß nutzen- und bedürfnisorientierte, sie auf Entsprechungen zwischen dem massenmedialen Angebot und der sozialpsychologischen Lage der Rezipienten ausgerichtet ist. Das medienbezogene Handeln älterer Menschen wird aber nur dann in seiner Komplexität und in seiner Besonderheit zu verstehen sein, wenn Spezifika der Lebens- und Medienwelt älterer Menschen genauer betrachtet und vielschichtig verortet werden.

Quantitative Aspekte des Mediengebrauchs

Von DeGrazia und Meyersohn Anfang der sechziger Jahre bis hin zu den Untersuchungen von Davis/Westbrook[8] Mitte der achtziger Jahre wird der besondere Stellenwert des Fernsehens für ältere Menschen immer wieder hervorgehoben. Dieses Medium nimmt unter den Freizeitaktivitäten der über Sechzigjährigen den herausragenden Platz ein. Ältere stellen unter den „heavy viewers", den Vielsehern, eine erhebliche Größe dar, eine durchschnittliche Sehdauer von mehr als drei Stunden pro Werktag ist keine Seltenheit. Hinzu kommt noch die Nutzung der Zeitung oder des Radios, bei denen die älteren Menschen gleichfalls einen Spitzenplatz einnehmen, was die Reichweite und die Nutzungsdauer anbetrifft.

Genauere Daten zum Medienverhalten älterer Menschen enthält die ARD/ZDF-Untersuchung „Ältere Menschen und Medien"[9], die nicht nur eine Lücke in der bundesrepublikanischen Medienforschung füllt, sondern sich auch im internationalen Vergleich durch ihre Differenziertheit auszeichnet, weil sie eine alltagsnähere Betrachtung des Mediengebrauchs älterer Menschen versucht als die meisten der vorliegenden amerikanischen Untersuchungen. Der entscheidende Unterschied zu vielen englischsprachigen Forschungen liegt im Versuch, die Medien- und Freizeitaktivitäten vor dem Hintergrund sozialer Rahmenbedingungen und Lebensziele zu gewichten.

Die Zeitungslektüre, das Fernsehen und der Hörfunk stellen die beliebtesten Freizeitaktivitäten dar. Dabei liegt die Fernsehnutzung mit 189 Minuten (für die

55- bis 74jährigen) je Werktag über dem Gesamtdurchschnitt, die Hörfunknutzung mit 145 Minuten je Werktag liegt leicht darunter.[10] Während das Radio und auch die Zeitung mit zunehmendem Alter in der subjektiven Bedeutung abnehmen, wird das Fernsehen mit zunehmendem Alter wichtiger.[11] Außerhäusliche Medienaktivitäten wie Kino, Theater oder Konzert spielen eine absolut untergeordnete Rolle.[12]

Setzt man diese Zahlen allerdings in Beziehung zu anderen Altersgruppen, dann wird deutlich, daß das Kriterium Alter kaum zur Unterscheidung von medienbezogenen Handlungsstilen beiträgt. Wichtiger — und dies gilt auch für die je spezifische Verortung von Programmpräferenzen und von Kommunikationsansprüchen an die Medien — dürften Bildung, Berufstätigkeit und Geschlecht sein. Dieses wird durch eine weitere bundesdeutsche Untersuchung über die Vielhörer und -seher bestätigt.

Auf die große Bedeutung des Hörfunks und des Fernsehens für ältere Menschen hat auch Kiefer jüngst hingewiesen: „Über die Hälfte der Vielseher 1985 ist älter als 55 Jahre, der Bevölkerungsanteil dieser Altersgruppe liegt dagegen bei 31 Prozent. Der Anteil der Senioren unter den Vielsehern ist dabei zwischen 1974 und 1985 weiter gestiegen, von 43 Prozent über 53 Prozent auf nun 56 Prozent."[13] Eine hohe Bindung an das Fernsehen, eine emotional geprägte Bedeutungszuweisung an dieses Medium ist in Zusammenhang mit Berufstätigkeit, Bildung, Einkommen und einem Mangel an Freizeitalternativen zu bringen. Dazu Kiefer: „Überdurchschnittliche Nutzer elektronischer Medien sind die über Vierzigjährigen, insbesondere die 56- bis 70jährigen Personen mit lediglich Volksschulbildung, die teilweise nicht oder nicht mehr Berufstätigen mit einem Haushaltsnettoeinkommen im Bereich bis zu 2000,- DM."[14] Damit sind einige Spezifika genannt, die hinsichtlich des medienbezogenen Handelns älterer Menschen genauer konkretisiert und bestimmt werden müssen.

Und noch ein weiterer Zusammenhang wird in der Darstellung von Kiefer deutlich. Vielseher oder Vielhörer sind nicht einer bestimmten Altersgruppe zuzuordnen. Anders ausgedrückt: Das Alter allein stellt keine hinreichende Bedingung für eine übermäßige Hinwendung zu den Medien dar. Dies dürfte erst für die über 75jährigen Menschen zutreffen.[15] Erst in der Kombination mit ökologischen Variablen läßt sich ein hoher Medienkonsum genauer interpretieren und bestimmen. Die Studie „Massenkommunikation"[16] hat insbesondere auf den Faktor „Abwechslung im Leben" hingewiesen. Kiefer stellt dazu fest[17]: „So verfügen Vielseher nicht nur über gute Stunde Freizeit pro Tag mehr als Wenigseher. Sie verbringen auch rund 85 Prozent dieser Freizeit zuhause, während Wenigseher sie zu über 50 Prozent außerhalb ihrer eigenen vier Wände verbringen. (...) Vielseher üben nicht nur fast alle Freizeitbeschäftigungen unterdurchschnittlich bis stark unterdurchschnittlich aus, ihnen fehlt offenbar auch in hohem Maße der Kontakt mit Bekannten und Freunden." Aus dieser Rahmenbedingung folgt eine spezifische Bedeutungszuweisung an das Fernsehen. „Langeweile, wenig Abwechslung im Leben, wenig zwischenmenschliche Kontakte und ein enges Spektrum an Freizeitinteressen, zu dem Lesen von Zeitungen und Zeitschriften allerdings gehört, sind Faktoren, die Vielsehen offensichtlich stark begünstigen. Fernsehen übernimmt hier wohl Kompensationsfunktionen, offenbar aber ohne allzu großen Erfolg. Zumindest wird das Leben von Vielsehern dadurch kaum als abwechslungsreicher empfunden."[17]

Hier sind wichtige Aspekte genannt, mit denen das je spezifische und besondere Medienverhalten älterer Menschen genauer herausgearbeitet werden kann.

Medienpräferenzen und Programmvorlieben

Die Hinwendung zu bestimmten Genres und Medien stellt einen weiteren wichtigen Forschungsschwerpunkt dar. Faßt man die verschiedenen amerikanischen Erhebungen — angefangen von Meyersohn (1961) über Schramm (1969), Davis (1971) bis hin zu Korzenny / Neuendorf (1980) oder Rubin (1982)[18] — dann fällt ein Trend zu nicht fiktionaler (Nachrichten, news-shows) bzw. leichter Unterhaltung (Seifenopern, Spielshows) auf. Erklärt werden diese Präferenzen aus zwei Motivationen der älteren Mediennutzer:

- Informationen ersetzen die einstmals unmittelbaren Bezüge zur Welt, stellen eine Kommunikationsbrücke zur Realität her.
- Seifenopern und Shows vermitteln emotionale Nähe und geben jene Gefühle, für die einstmals die Großfamilie zuständig war.

Auch die Studie von Horn / Eckhardt stellt ähnliche Programmpräferenzen fest. Für die Hörfunknutzung gilt folgende Reihe[19]: Aktuelle Informationen stehen an erster Stelle, gefolgt von Politik / Wirtschaft / Sport, der Oper / der Operette / der Volksmusik sowie bildungsorientierten Sendungen. An letzter Position liegt die Schlager-, Rock- und Popmusik. Eine Faktorenanylse ergibt bei der Fernsehnutzung nachstehende Vorlieben:[20] Hier dominiert die leichte Unterhaltung, gefolgt von der Information / Berichterstattung, der spannenden Unterhaltung sowie bildungsorientierten Produktionen. Schlager-, Rock- und Popmusik bilden auch hier das Schlußlicht.

Soziodemographische Merkmale beeinflussen die Reihenfolge maßgeblich. So bevorzugen die Männer eher die aktuellen Informationen und die politische Berichterstattung. Frauen weisen dagegen der leichten Unterhaltung und der volkstümlichen Musik eine höhere Bedeutung zu. Die Vorlieben für vertiefende Informationen und bildungsorientierte Angebote sind stark vom Bildungsstatus abhängig. Gleichzeitig weist die Untersuchung auch nach, wie oberflächlich und leichtfertig es ist, von *dem* Medienkonsum älterer Menschen zu sprechen, ihn gar auf den TV-Gebrauch allein zu reduzieren. So fördert eine medienübergreifende Betrachtungsweise differenzierte medienbezogene Handlungs- und Wissenskonzepte älterer Menschen zutage: Das subjektiv bedeutsamste Medium stellt die Tageszeitung, gefolgt von Fernsehen und Radio dar. Die Tageszeitung ist *die* herausragende Informationsquelle für ältere Menschen. Und auch das Radio wird wegen seiner politischen Informationen gesucht. Das Fernsehen dagegen hat Unterhaltungswert, der Zeitschrift kommt dagegen eher ein Ratgebercharakter zu und das Buch wird vor allem der Bildung wegen gesucht.[21] Solch Bedeutungszuweisung muß allerdings hinsichtlich soziodemographischer Merkmale gewichtet werden. Auf einige Gesichtspunkte sei an dieser Stelle hingewiesen:

- Das Fernsehen dient mit seinen unterhaltenden Sendungen vor allem der Ablenkung und der Entspannung. Das Ausmaß der Nutzung hängt dabei wesentlich von soziologischen Merkmalen ab. Je geringer beispielsweise die Schulbildung, je niedriger das Einkommen und je weniger personale Kontakte lebbar sind, umso intensiver ist die Mediennutzung und je emotional besetzter stellt sich die Bindung an die Medien dar. Dies gilt freilich nicht nur für ältere Menschen.
- Das Radio wird neben seiner Informationsfunktion auch zur Ablenkung von Trauer, Langeweile und zur Vermeidung von Depression genutzt. Dies gilt insbesondere für ältere, alleinstehende bzw. verwitwete Frauen.
- Unabhängig vom Bildungsstatus nimmt das Interesse an Büchern ab und das Fernsehen als ein leicht zu handhabendes Medium, das zudem viele Sinne zugleich anspricht, gewinnt an Bedeutung.
- Die Beendigung der Berufstätigkeit läßt den Radio- und Fernsehkonsum vor allem der Männer ansteigen. Dieser Einschnitt stellt einen bedeutsameren Faktor dar als das chronologische Alter.
- Insgesamt trennt das Merkmal Bildung deutlicher als das Alter. Je höher die formale Bildung, desto wichtiger werden außerhäusliche Aktivitäten, desto mehr sind medienbezogene Tätigkeiten in einen auch äußerhäuslichen Aktivitätsverbund integriert.

Funktionszuweisungen an die Medien

Seit Anfang der sechziger Jahre beschrieb man die fernsehenden Alten als „embracers". Glick/Levy[22], auf die dieser Begriff zurückgeht, wollten damit die große Identifikation älterer Menschen mit dem Fernsehen, die große Akzeptanz, die dieses Medium bei dieser Zielgruppe hat sowie den wahllosen, undisziplinierten Fernsehkonsum umschreiben.

Ein wesentlicher Forschungsschwerpunkt lag in der Suche nach Funktionen, um den hohen Fernsehkonsum älterer Menschen zu beschreiben. Durchaus in der Tradition einer strukturfunktionalistischen Theorie wurde dabei auf die These vom Disengagement und der Substitution zurückgegriffen, anders ausgedrückt: Der Rückzug älterer Menschen aus der Berufswelt und die damit einhergehenden kommunikativen Veränderungen wie Wandlungen in den interpersonalen Beziehungen machen — aus der Sicht der Forscher — einen Rückgriff auf die Medien notwendig. Überblickt man die verschiedenen Funktionen, die in den Untersuchungen hervorgerufen wurden, lassen sich sechs Komplexe unterscheiden. Über die Medien wird ein Gefühl vermittelt, „dazuzugehören".[23] Medien stellen ein *Fenster zur Welt* dar, verbinden den älteren Menschen vor allem vermittels der Nachrichten- und Informationsangebote mit der Außenwelt, verweben innerhäusliche Aktivitäten mit der außerhäuslichen Realität.

Medien, Medienangebote leisten dem alten Menschen Gesellschaft.[24] Sie geben durch ihre immer gleichen Strukturen, Inhalte und Personen Nähe, Medien sind verläßlich, vertraut, reduzieren Komplexität und kompensieren Isolation. Nicht selten werden Medien als eine Art „safe, non threatening companionship" zu denen eine intensive Freundschaft möglich ist.[25] Qualitative Untersuchungen — auf die noch einzugehen sein wird — haben diesen Aspekt einer emotionalen Bindung älterer Menschen an einzelne Sendungsangebote bzw. deren personale Repräsentanten bestätigt. „Das Fernsehen und die Leute aus'm Fernsehen", so berichtete mir eine Siebzigjährige in einem Interview, „das sind die einzigen, die ich in meine Wohnung lasse."

Aber neben stereotypen medienbezogenen Nutzungsweisen, bei denen die Grenze zwischen Ritual und Zwanghaftigkeit ständig verwischt, sogar überschritten ist, lassen sich auch *reflexiv-offene* Zugänge zu den Medien finden. Ältere Menschen binden ihre Gefühle nicht nur an bestimmte Fernsehprotagonisten, Medieninhalte und -angebote, Medien werden auch genutzt, um sie in das Gespräch innerhalb und zwischen den Generationen einfließen zu lassen. So steht das „großelterliche Fernsehen" bei vielen Kindern hoch im Kurs — nicht nur, weil mehr und wahlloser gesehen werden darf, vielmehr auch deshalb, weil die Nutzung (gemeinsam mit den Großeltern) in eine gelungene kommunikative und gefühlsbetonte Atmosphäre eingebunden ist; das Gespräch über Sendungsinhalte nicht — wie bei vielen Eltern — eine pädagogische Aufarbeitung, vielmehr einen Dialog darstellt: Großeltern erfahren Aneignungsstile und Denkweisen ihrer Enkelkinder, die Enkelkinder erlernen etwas über die Wahrnehmungsmuster und die Verarbeitunskonzepte der Großeltern. Dialog bedeutet keinesfalls Harmonie, Dialog kann durchaus Konflikt und Auseinandersetzung bedeuten.

Schon in den frühen Untersuchungen wurde der Stellenwert des Fernsehens bei den älteren Menschen damit erklärt, daß sich über Medien Tages- und Wochenläufe strukturieren lassen.[26] Verschiedene Forschungen verweisen auf einen stark ritualisierten, routinisierten Umgang mit den Medien. Das betrifft die Zeitung ebenso wie das Radio oder das Fernsehen. Die älteren Nutzer richten ihre sonstigen Aktivitäten auf die verschiedenen Programme hin aus. Sie wissen um die Programmstruktur, um die Wiederkehr von Inhalten, Genres und Motivationen. So spielt die Vorinformation hinsichtlich des Radioprogramms eine völlig untergeordnete Rolle. Die älteren Hörer wissen, was gesendet wird und richten sich in ihren Tagesabläufen darauf ein. Dies gilt auch für das Ineinander von Radiohören und Fernsehen.

Als das Nachmittagsprogramm der ARD 1986 / 1987 vorverlegt wurde und mit einer brasilianischen Seifenoper, den sogenannten telenovelas, startete, hatte dies für einige der potentiellen Seher dieses Genres erhebliche Veränderungen und Einschnitte im Tagesablauf zur Folge: Um „Die Sklavin Isaura" zu sehen, wurde der Einkauf verschoben, der Nachmittagskaffee oder andere Termine vorverlegt, auf das Radiohören manchmal sogar verzichtet.[27]

Medien strukturieren aber nicht nur Zeiten, sie tragen auch zum Verbrauch von Zeit — wie Zeitbudgetstudien belegen — bei. Dies gilt insbesondere für das Fernsehen: „TV is a way to kill time until it kills you."[28]

Fernsehen bzw. medienbezogenes Handeln stellt — aus der Sicht des Rezipienten — ein Ereignis dar, der Gebrauch der Medien gibt *das Gefühl, etwas zu tun*. Dadurch können — wenn auch zeitlich begrenzt — Einsamkeit und Langeweile verhindert, Sorgen vergessen werden.[29] Der Rückzug aus der Betriebsamkeit des Alltags oder Einschränkungen in der face-to-face-Kommunikation werden mittels

Fernsehen und Radio kompensiert. Statt personal und unmittelbar zu interagieren, setzen ältere Menschen — darauf haben Autoren wie Atkin[30] hingewiesen — Medien als parasoziale Interaktionspartner ein: Die Medienhelden sind zwar nicht wirklich da, aber sie geben die Illusion einer Gegenwart, drängen sich als fiktive Kommunikationspartner auf. Sie sind vertraut, bekannt, angenehm, allgegenwärtig und auf Knopfdruck da.

Nicht nur bei Kindern kommt es immer mehr zu einem Nebeneinander, ja möglicherweise zu einem Ineinander von primären und sekundären Umwelterfahrungen. Die Konsequenzen für dieses Gemenge sind noch nicht abzusehen, auf zwei Gesichtspunkte sei hier aber hingewiesen: Gerbner et al.[31] haben in ihren Arbeiten über die angsterregende Welt des Vielsehers immer wieder darauf aufmerksam gemacht, daß die medial inszenierte Realität des Fernsehnutzers Einflüsse auf die Wahrnehmung der Realwelt haben kann. So schätzen Vielseher die Kriminalitätsrate der sie umgebenden Wirklichkeit wesentlich höher ein als sie tatsächlich ist.

Andere Autoren[32] haben — ähnlich wie beispielsweise Kinderfernsehforscher — auf die negativen Folgen eines hohen Medienkonsums älterer Menschen hingewiesen: Die hohe Wertschätzung, die diese den audiovisuellen Medien entgegenbringen, die Faszination, die parasoziale Interaktionsformen ausüben, machen ältere Menschen abhängig und führen zu einer Abkehr von unmittelbarer Realität, mithin dazu, sich von aktiven Beschäftigungen abzuwenden.

In Einklang mit der Substitutions- und Disengagement-Theorie überwiegt eine eher problemorientierte Betrachtungsweise des medienbezogenen Handelns älterer Menschen. Allenfalls neuere Untersuchungen — wie die von Rubin oder von Horn / Eckhardt[33] — verweisen auf den Bildungs- und Informationsaspekt, den Medien für ältere Menschen haben. Dabei wird die medial aufbereitete und vermittelte Bildung und Information nicht als Ersatz sondern als notwendiger und wichtiger Bestandteil alltäglicher Lebensweisen begriffen. Hinzu kommt, daß man Medienangebote und die Mediennutzung auch als Bereicherung und Ergänzung begreift, daß das medienbezogene Handeln gekonnt in vielseitige Alltags- und Handlungsabläufe integriert, ein bedeutsamer Bestandteil im Alltag älterer Menschen darstellen kann.

Und wie bei anderen Altersgruppen kommt dem Fernsehen eine *sozialpsychologische Funktion* zu: Es dient der Unterhaltung, der Spannungsreduktion und der Streßminderung. Auch diese Gesichtspunkte sind bei der älteren Zuschauergruppe — zu Unrecht — einseitig als negativ gewertet worden. So verweisen viele Forscher[34] ausschließlich auf das Problem einer überzogenen Bindung an das Fernsehen; darauf, daß ältere Menschen den Medien nur unkritisch gegenüberstehen, ihre Programmangeboten mithin völlig ausgeliefert sind. Mir scheint diese Bewertung zu undifferenziert. Zweifelsohne legen je besondere, je spezifische psychosoziale Rahmenbedingungen bei älteren Menschen die Gefahr einer zwanghaften Bindung von Gefühlen an Medien nahe, die einhergehen mit einem durch Wiederholung gekennzeichneten Nutzungsmuster: Man braucht Genres, dramaturgische Strukturen oder charakterliche Stereotypen, um sich wohlzufühlen oder um ein als angenehm empfundenes Aktivationsniveau aufrecht zu erhalten. Aber zugleich können Motive wie Spannungsreduktion oder Streßminderung als normale und notwendige Wünsche bzw. Sehnsüchte, als „Ferien vom Ich" (Kris) bezeichnet werden.

Am letztgenannten Funktionsaspekt stellt sich mehr denn je die Frage, was denn nun das je Altersspezifische darstellt. Oder anders formuliert: Sind regressive medienbezogene Aneignungsstile nicht auch bei anderen Altersstufen zu finden? Bevor auf weitere, eher typologisch wie qualitativ ausgerichtete Ansätze zur Erforschung des Mediengebrauchs älterer Menschen eingegangen wird, will ich ein kurzes kritisches Resumee versuchen, das vor allem auf methodologische Probleme der vorliegenden Forschungen eingeht.

3. Kritische Zusammenfassung der Forschungen

Sieht man von einigen innovatorischen Ansätzen seit Beginn der achtziger Jahre ab — verwiesen sei hier nur auf die Arbeiten von Rubin oder Horn / Eckhardt[35] — lassen sich bei den Untersuchungen über das medienbezogene Handeln älterer Menschen sechs kritische Punkte festmachen.

1. Obwohl seit längerem das Fehlen einer sinnvollen Definition von „alt" beklagt und festgestellt wird, obwohl die gerontologische Forschung eine Vielzahl an zumindest diskussionswürdigen Altersdefinitionen zur Verfügung gestellt hat (z.B. life-span-theory, disengagement-theory, activity-theory[36]), orientiert sich die Medienforschung weitgehend am chronologischen Alter.

2. Damit geht eine unzulässige Verallgemeinerung des medienbezogenen Handelns älterer Menschen einher, die weitgehend als Problemgruppe hinsichtlich eines überzogenen Mediengebrauchs betrachtet wird. Es ist zu vereinfachend, von *den* älteren Menschen zu sprechen, ohne je spezifische soziodemographische Besonderheiten in Betracht zu ziehen. Zudem sind Verallgemeinerungen kaum geeignet, die zentralen sozialpolitischen Probleme, die durch die Dominanz einer sekundären Umwelt bedingt sein *können*, detailliert und alltagsnah zu erfassen.

3. In der Betrachtung des Mediengebrauchs älterer Menschen herrscht eine medi*um*orientierte Sichtweise vor. Das medienbezogene Handeln dieser Altersgruppe wird zumeist auf das Fernsehen reduziert. Damit wird man aber den medienübergreifenden Nutzungsstilen älterer Menschen in keinster Weise gerecht. Dies gilt auch für die je subjektiven medienbezogenen Wissens- und Handlungskonzepte bei älteren Menschen.

4. Vor allem die amerikanischen Untersuchungen haben den Medienumgang älterer Menschen häufig nur in Extremsituationen (Krankenhäuser, Altenheime) untersucht. Zudem bleibt das sonstige Alltagshandeln dieser Gruppe aus den Fragestellungen ausgeblendet, so daß die Vorherrschaft einer Medienwelt methodisch offensichtlich erst konstruiert wurde. Alltagsnahe Forschungen, die methodisch den subjektiven Medienwelten älterer Menschen einen großen Raum zuweisen, waren selten.

5. Ältere Menschen stellen nicht allein unter soziodemographischen Gesichtspunkten eine höchst unterschiedliche Zielgruppe dar, sie differieren auch hin-

sichtlich ihrer subjektiven Lebenswelt oder biographisch ausgebildeten wie gelebten kulturellen Traditionen.

6. Das medienbezogene Handeln älterer Menschen wird zu Unrecht allein mit Hilfe der Substitutions- bzw. Disengagementthese erklärt. Dabei bleibt der produktive und gekonnte Charakter des medienbezogenen Handelns außen vor, soll heißen: Ältere Menschen nehmen — wie andere Rezipienten auch — Medien aktiv wahr, gehen sinnvoll mit ihnen auf der Basis vorhandener Wissens- und Handlungskonzepte um, versuchen Medien bewußt in eine Vielfalt an Freizeitaktivitäten einzubeziehen.

7. Insgesamt zeichnet sich die Forschung bis Anfang der achtziger Jahre — von wenigen Ausnahmen abgesehen — durch eine mangelnde methodologische Reflexion aus. Sie argumentiert daten- und mediumorientiert bzw. -zentriert, bleibt durch das Ausblenden soziologischer oder psychologischer Rahmendaten äußerst oberflächlich.

Dabei zeigen neuere Forschungen, daß ökologische, biographische oder entwicklungsorientierte Gesichtspunkte, daß kommunikative, soziale oder psychologische Rahmenbedingungen wichtiger sind als das chronologische Alter, wenn es um die Interpretation von Sehmotivationen, Nutzungsstilen und Programmpräferenzen geht. Fernsehen / Medien und Alter stellt sich vielmehr als eine dynamische Beziehung mit vielen abhängigen Variablen dar, die von unabhängigen Variablen wie Bildung, Einkommen, Berufstätigkeit oder Wohnort beeinflußt werden.

Auf solch komplexe Zusammenhänge hatten seit den sechziger Jahren gerontologische Untersuchungen[37] schon längst hingewiesen. Es spricht nicht für *die Medienforschung*, solch Hinweise übergangen bzw. in methodologische Untersuchungskonzepte einbezogen zu haben. Anders ausgedrückt: Die Gerontologie als eine interdisziplinär denkende und forschende Disziplin argumentiert nicht nur ganzheitlich, sie stellt zugleich den alten Menschen ins Zentrum, macht ihn zum Ausgangspunkt der Argumentation. Demgegenüber argumentiert die Medienforschung — ungeachtet aller immer wieder zitierten Paradigmen — zumindest, was die Untersuchung älterer Menschen anbetrifft, weitgehend produktorientiert und fällt weit hinter jenem theoretischen Niveau zurück, das die Untersuchung des Medienalltags von Familien und Kindern mittlerweise aufweist.

4. Qualitative Aspekte der Mediennutzung älterer Menschen'

Gerontologen[38] haben in ihren Arbeiten auf eine Vielzahl von Faktoren aufmerksam gemacht, die die medienbezogenen Aktivitäten alterer Mencshen beeinflussen können. Eine geringe Variabilität in den Freizeitaktivitäten, fehlende Abwechslung im Leben entspricht keinesfalls dem „natürlichen Altersvorgang“[39]. Auf diesen Sachverhalt hat auch Kiefer hingewiesen, indem sie die ökologischen Rahmenbedingungen bei Vielsehern und -hörern näher untersuchte.[40]

Zweifelsohne ist eine Zunahme des Freizeitverhaltens und eine stärkere Hinwendung zu innerhäuslichen Aktivitäten zu beobachten. Aber eine erhöhte Medienrezeption bei gleichzeitigem Verzicht auf produktive Fähigkeiten und Aktivitäten muß nicht zwangsläufig die Folge sein. Altsein bedeutet keinesfalls Langeweile oder zieht Kontaktarmut und Isolation nach sich. Qualität und Quantität des Freizeitverhaltens sind vielmehr bildungsabhängig; höhere Bildung läßt ein breiteres Spektrum an Aktivitäten zu, erleichtert es, auf „Neues" zuzugehen.

Zweifelsohne existieren objektive Sachverhalte, die zu einer sozialen Benachteiligung der älteren Generation führen und indirekte, vermittelte Formen der Kommunikation stützen können. Ursula Lehr nennt hier den Bildungsstatus, die Wohnsituation, den Gesundheitszustand, die vorhandenen sozialen Kontakte oder die zu lebenden Freizeitaktivitäten. Solch Defizite wirken aber nie an sich, vielmehr immer nur für sich, eben in konkreten Alltagszusammenhängen, so daß Rosenmayr von „kumulativen Benachteiligungen" bestimmter Gruppen älterer Menschen spricht. Er nennt in diesem Zusammenhang Rentner, ältere Betagte, ältere Menschen mit Volksschulbildung bzw. auf dem Lande Lebende, Alleinstehende sowie Frauen ohne Beruf. Verstärkt werden solch Defizite durch eine „gesellschaftsbedingte Selbstverursachung".Dau zählt Rosenmayr u.a.

— die finanzielle Schlechterstellung
— die schlechtere gesundheitlich Situation
— die Zentrierung auf innerhäusliche Kontakte
— den Zusammenhang von Interessensarmut und Einsamkeitsgefühlen sowie
— die Stadt-Land-Gefälle.

Vor allem die *typologischen Zugänge zum medienbezogenen Handeln* älterer Menschen haben zumindest ansatzweise versucht, den Medienumgang vor dem Hintergrund von ökologischen Rahmenbedingungen zu interpretieren. In seiner frühen, leider nicht publizierten Dissertation hat Schalinske[41] die bewußten und unbewußten Seher (discriminate bzw. indiscriminate television use) unterschieden und den Mediengebrauch in Relation zu sozialpsychologischen Rahmenbedingungen gesetzt. *„Indiscriminate television use"* wird durch soziale Isolation, Immobilität, Langeweile und ein Gefühl von Nutzlosigkeit und Abhängigkeit bedingt. Der *bewußte und selektive ältere Mediennutzer* fühlt sich demgegenüber aktiv, unabhängig und in soziale Kontexte integriert. Solch Mediengebrauch dient nicht dem Totschlagen von Zeit, als Substitut, er ist vielmehr in eine Fülle von Freizeitaktivitäten einbezogen, er dient der Ergänzung.

Mitte der siebziger Jahre identifizierte Wenner[42] in seiner Analyse über die Funktion des Fernsehens bei älteren Menschen drei Typen. Er bestimmte zunächst einen *bewußten Seher*, der verheiratet ist, sich durch Mobilität und Aktivität auszeichnet und vor allem Informationsprogramme bevorzugt. Daneben existiert aber ein *vielsehender älterer Mensch*, der verwitwet ist, sozial isoliert lebt und das Fernsehen als einen Gefährten betrachtet, der Gesellschaft gibt. Dieser Typ möchte zwar nicht so viel fernsehen, steht auch nicht zu seinen Nutzungsvorlieben, wird aber durch die sozialen Rahmenbedingungen dazu gebracht, weil der Wunsch, nicht allein zu sein ist, sich stärker und bedeutsamer darstellt als kulturelle Lebenswelten. Wenner nennt dann einen weiteren Typ des vielsehenden älteren Menschen. Auch er lebt allein, zurückgezogen, ist sozial isoliert. Fernsehen bedeutet für ihn Nähe, stellt eine Möglichkeit dar, Zeit zu verbrauchen. Fernsehen dient als Brücke zur Welt, die den freiwilligen Rückzug aus der unmittelbaren Realität kompensieren soll. Subjektiv existiert für ihn keine Alternative zum Fernsehkonsum, biographisch und sozial geprägte Interessenarmut bedingen ein Verwiesensein auf das audiovisuelle Medium.

Josef Eckhardt[43] hat in einer Sonderauswertung zur ARD / ZDF-Untersuchung von 48 Leitfadeninterviews bei älteren Menschen vier Zuschauertypen unterschieden:

— Der *Zuschauertyp 1* stellt einen rituellen, regelmäßigen und selektiven Fernsehnutzer dar. Medien spielen eine große Rolle im Alltag, sie strukturieren Tagesabläufe. Das Fernsehen dient dabei der Entspannung und Unterhaltung, die Zeitung der Information. Das Radio wird demgegenüber sehr selten genutzt.
— Eckhardt nennt den *Zuschauertyp 2* einen bewußten Fernseh- und selektiven Mediennutzer, der über diese soziale und kommunikative Kontakte verfügt und deshalb dem Fernsehen nur einen geringen Stellenwert zumißt.
— Der *Zuschauertyp 3* ist ein „heimlicher" Vielseher, bei dem eine große Abhängigkeit vom Fernsehen und eine starke emotionale Bindung an dieses Medium zu beobachten ist. Die selbst erhobenen Ansprüche auf eine selektive Fernsehnutzung sind nicht zu leben. Solch wahllose Nutzung führt zu einem schlechten Gewissen. Noch wichtiger erscheint ein weiterer Aspekt: Durch die Art und Weise der Fernsehnutzung werden soziale Kontakte nicht nur ersetzt, vielmehr verhindert.
— Im *Zuschauertyp 4* scheint das Altersstereotyp vom „Dauerfernsehzuschauer" bestätigt. Das Fernsehen ist *das* dominierende Medium schlechthin, es lenkt von psychischen und physischen Belastungen ab.

5. Konkretisierung von sozialen, psychologischen und biographischen Variablen

Wer die Funktion von Medien für ältere Menschen detailliert erfassen will, der muß sozialpsychologische, gesellschaftliche wie interaktive Rahmenbedingungen ebenso berücksichtigen wie sozialökologische oder biographische Gesichtspunkte. Mediengebrauch und Alter stellt sich als ein dynamisches Gemenge aus vielen unabhängigen Variablen dar, die — vorsichtig formuliert — von abhängigen Variablen wie Sozialstruktur, Wohnort, Einkommen und vor allem dem formalen Bildungsstatus entscheidend beeinflußt werden.

Einige der abhängigen Variablen will ich auf der Basis von Interviews veranschaulichen, wobei ich mich mehr auf die kumulative Benachteiligten konzentrieren möchte. Die Interviews basieren auf zwei verschiedenen Befragungen: zum einen Gespräche, die zwischen 1984 und 1986 in drei Erhebungswellen bei 62 älteren Menschen durchgeführt wurden, zum anderen den Interviews mit 116 älteren Menschen in zwei Erhebungswellen zwischen 1986 und 1987.[44] Dabei war eine gleiche Verteilung der Geschlechter, eine repräsentative Verteilung des Bildungsstatus und des Wohnorts (Stadt-Land-Verteilung) gegeben. Die Befragten waren zwischen 61 und 84 Jahren alt.

Stadt-Land-Gefälle. „Sonntag ist der einzige Tag, an dem wir hier sind", erzählt das Ehepaar Geiger, 69 und 71 Jahre alt, die in einer Mittelstadt wohnen. Ansonsten haben sie einen genau strukturierten Wochentag mit einer Vielzahl an außerhäuslichen Aktivitäten, angefangen vom Bridge-Club über das Kegeln bis hin zum Gesprächszirkel in der Kirche. „Gut, daß mein Mann noch Autofahren kann", meint Frau Geiger, „sonst wäre das wohl alles viel schlechter zu schaffen". Demgegenüber steht die Familie Hensinger, gleich alt, aber auf dem Lande wohnend: „Im Prinzip sind wir die ganze Zeit hier", erzählen beide übereinstimmend. „ Wir freuen uns, wenn die Kinder kommen, das bringt die einzige Abwechslung". Hensingers Wohnort ist sehr klein, bis zur nächsten Stadt sind es 30 Kilometer. Sie haben zwar ein Auto, aber, so erzählt der Mann, „ich fahr' nicht mehr so gerne, vor allem abends, wenn's dunkel ist". So konzentrieren sich denn ihre Aktivitäten auf innerhäusliche medienbezogene Handlungen. Auch sie haben einen genau strukturierten Tagesablauf: Morgens lesen sie Zeitung und hören das Radio, nachmittags ist die Zeitschrift und das Radio an der Reihe, spät nachmittags und abends steht das Fernsehen im Mittelpunkt. „Wir richten uns schon genau danach, was es gibt", sagt Frau Hensinger. „Ohne Fernsehen, Radio und Zeitungen könnten wir nicht leben, dann würde uns die Decke auf den Kopf fallen."

Biographisch geprägte Interessen. Die Fallbeispiele der Geigers und Hensingers machen noch einen weiteren zentralen Aspekt deutlich. Die Qualität des Altseins und des Verwiesenseins auf Medien ist nicht allein vom Wohnort abhängig, sondern ganz zentral von den (medien-)kulturellen Biographien der Haushaltsmitglieder abhängig. „Wenn ich ehrlich bin", sagt Frau Geiger, „Früher haben wir auch nicht ganz so viel gemacht. Wir waren auch immer so ganz zufrieden, höchstens mal zum Tanz oder ins Theater hier im Dorf, aber sonst, ja noch mal 'ne Operette oder Holiday on Ice. Gut, in meiner ganz frühen Jugend war das noch anders. Aber das ist schon lange her." Herr Geiger: „früher haben wir doch noch mehr gemacht. Theater und das Opernabo, Kino, wir haben alles mitgenommen, weil wir uns für alles interessierten. Das war auch schon früher so, nur als die Kinder klein waren, da gab's mal einen Bruch. Aber sobald diese größer waren, waren wir viel unterwegs. Das hat sich eigentlich bis heute gehalten."

Gelebte bzw. nicht praktizierte kulturelle Interessen bilden sich im Laufe einer Lebens- und Familiengeschichte aus. Sie haben auch im Alter ihre Bedeutung. Dabei ist die Variabilität der Interessen abhängig von der Bildung (Geigers haben Abitur bzw. Hochschulabschluß, Hensingers haben einen Volksschulabschluß, Frau Hensinger war nie berufstätig) und das Einkommen (Herr Geiger war Geschäftsführer bei einer großen Firma, Frau Geiger arbeitete als Apothekerin; Herr Hensinger war erst sehr spät Meister in einer Strickwarenfabrik). Aspekte der sozialen Kontakte, interaktive Kompetenzen oder mögliche Formen von Vereinsamung sind nicht Folgen des Alters, sie bilden sich in Abhängigkeit von biographischen Abläufen aus, zeigen sich allerdings in ihren negativen Folgen möglicherweise erst im Alter, weil sie hier mit anderen Faktoren zu einem Problem kumulieren.

Isolation und subjektive Zufriedenheit. Ich hatte Herrn und Frau Peters (72 und 68 Jahre alt) 1984 in einem ersten Interview als ein sehr zufriedenes und aktives Ehepaar kennengelernt. Beide unternahmen sehr viel, Medien, vor allem das

Fernsehen spielten eine untergeordnete Rolle. Als ich ein Jahr darauf ein weiteres Gespräch vereinbarte, erfuhr ich, daß Frau Peters in der Zwischenzeit gestorben war. Herr Peters war auch nach wie vor in verschiedenen Vereinen und Gremien seines Wohnorts aktiv, allerdings konzentrierte er sich nun mehr auf innerhäusliche Tätigkeiten. „Wenn ich nun nach Hause komme, mache ich das Fernsehen an, weil ich Geräusche brauche. Früher war meine Frau da und dann gab's meistens ein Gespräch. Das war immer so gemütlich. Ich brauch' nun etwas, um mich zu beruhigen. Ich gestehe mir das zwar nicht zu, aber das ist eben so. Ich brauch' das Fernsehen in der Zwischenzeit." Und an anderer Stelle sagte er: „Ich hab' zwar noch ein Theaterabo, aber ich verschenk' die Karten immer häufiger. Allein ist das nichts mehr. Vierzig Jahre war ich mit meiner Frau da, wir haben so viel zusammen gemacht, nun bin ich allein, nein, das geht irgendwie nicht." Medienbezogene Handlungsvorlieben stellen sich im Alter — unter anderen Voraussetzungen als bei Kindern — als ein Ineinander aus Kontinuität und Bruch dar. Verschärft werden mögliche Problemkonstellationen durch geographische, biographische wie soziale Rahmenbedingungen.

„Als mein Mann noch war", erzählt Ruth Rolfs, 68 Jahre, wohnhaft in einem Dorf mit einem Haus und großem Garten, „haben wir noch mehr unternommen. Das ist viel weniger geworden. Vor allem gehe ich abends nicht mehr raus. Als er da war, hat bei uns immer das Radio gelaufen, aber wir haben uns nebenbei immer unterhalten. Das war ganz gemütlich. Manchmal ging das stundenlang. Auch ohne viel zu reden. Es war schön, ihm beim Essen zuzusehen. Der konnte das genießen. Heut' hab' ich den Fernseher an, wenn ich esse und dann rede ich mit den Leuten im Fernsehen. Meistens wart' ich bis zu den Nachrichten. Weil die Leute sind mir sympathisch. Dann fühl' ich mich nicht mehr so allein. Ja, so ist das." Und dann fährt sie fort: „Raus komm' ich nicht viel. Manchmal noch. Aber so viel Geld hab' ich auch nicht mehr. Für meine Kinder will ich noch was übriglassen und so üppig ist die Rente ja auch nicht. Das zählt man nichts."'

Als ich Martha Weins, 65, von diesem Gespräch erzähle, meint sie: „Kann ich nicht verstehen. Ich bin nach dem Tod meines Mannes kaum noch zuhaus'. Ich bin viel aktiver geworden. Fernsehen kenn' ich eigentlich gar nicht mehr. Ich bin nur noch unterwegs, mach' ganz viel. Das ist schön. Mein Mann, der mochte eben viel zuhause sein. Na ja, der kam auch geschafft vom Beruf nach Hause und dann hatte der keine Lust mehr. Ich hab' da 'n großen Nachholbedarf. Und solange es gut geht, mit meiner Gesundheit und so, mache ich das. Wer weiß, wie lange das noch geht."

Gesundheit. „Mit dem Schlaganfall", berichtet Robert Krieg, 62 Jahre, „das war ein Einschnitt. Ich kann nicht mehr lesen, nicht mehr so richtig hören. Da bin ich froh, daß es das Fernsehen gibt. Ich kann auch nicht so richtig raus, weil ich eben gehbehindert bin. So ist das." Auch in vielen anderen Interviews wird der Zusammenhang von Gesundheit, die Qualität der Sinnestätigkeiten und dem Mediengebrauch bestätigt. Aus diesen Gründen vermeidet eine Gruppe älterer Menschen auch eine überhöhte Nutzung elektronischer Medien: „Solange noch was anderes möglich ist, mach' ich das. Man weiß doch nie, wie es in ein paar Wochen aussieht."

Strukturierung des Tagesablaufs. „Das war schon ein Einschnitt. Nicht mehr zur Arbeit, keine Frühstückspause, kein Mittag, man verliert richtig die Orientierung", so Johann Barsch, 68 Jahre. Seine Frau ergänzt: „Und dann war er mit einem Mal die ganze Zeit zuhause. Am Anfang ist es ja ganz gut, daß er da ist. Aber dann geht er einem doch auf den Wecker. Gut, und dann läuft eben das Radio. Und dann hörst du ihn eben nicht mehr die ganze Zeit reden. Dann redet der eben im Radio. Das ist schon ganz gut und erleichtert einem eben den Alltag."

Damit sind einige Variablen angerissen, die die Beziehung „Medien und ältere Menschen" in erheblichem Maße bestimmen (und die in weiteren Untersuchungen konkretisiert werden müßten):

— Der Wohnort hat auf die Variabilität der Freizeitinteressen, der inner- und außerhäuslichen Tätigkeiten einen ebenso bedeutsamen Einfluß wie die Art und Weise des medienbezogenen Handelns.
— Die Qualität der emotionalen Bindung an Medien bildet sich medienbiographisch aus; familiengeschichtlich höchst unterschiedlich determinierte kulturelle Traditionen prägen auch die kulturellen Lebenswelten älterer Menschen.
— Der Alltag älterer Menschen stellt sich als eine Einheit aus Kontinuität und Bruch dar, wobei der Wunsch nach Kontinuität (z.B. bei alltagskulturellen Handlungen) aufgrund gesundheitlicher, partnerschaftlicher oder beruflichen Veränderungen nicht mehr gelebt und umgesetzt werden kann.

So läßt sich durchaus eine Beziehung zwischen sozialer Isolation, subjektiv empfundener Einsamkeit, schlechtem Gesundheitszustand und der Höhe des Fernsehkonsums feststellen — allerdings nicht für *die* älteren Menschen schlechthin. Der Medienkonsum kann durchaus soziale Kontakte ersetzen, innerhäusliche Aktivitäten oder Kontaktaufnahme verhindern; Medien können genauso eine sinnvolle Ergänzung zu einer Vielzahl von Freizeitaktivitäten bedeuten.

Wichtig scheint mir die Erkenntnis, daß der *Medienkonsum älterer Menschen nicht die Ursache für Kontaktarmut und Isolation darstellt,* er ergibt sich vielmehr aus den kommunikativen Rahmendefiziten. Wenn denn etwas aus manchen Irrwegen der Kindermedienforschung zu lernen ist, deren pädagogische Konsequenzen ja in einem Schutz und einer Bewahrung der Kinder vor den Einflüssen der Medien mündeten, dann ist es dieses: den Mediengebrauch älterer Menschen ökologisch und kontextuell zu bestimmen und das vorschnelle Gerede von *dem* hohen Mediengebrauch *der* älteren Menschen zu beenden. Solch Verallgemeinerungen führen nur dazu, den Schutz- und Bewahrungsgedanken (vor den Medien) auch in die Altenpolitik einzuführen. Bewahrung und Schutz allein ist ein viel zu defensives und abstraktes Ziel, entspricht eine geringe Variabilität in den Freizeitaktivitäten doch keinesfalls dem Altsein allein. Den Umgang mit der sekundär vermittelten Welt in angemessene, unmittelbare und personale kommunikative Zusammenhänge zu stellen, scheint immer mehr zur Aufgabe einer Politik für ältere Menschen zu werden. Die Qualität des medienbezogenen Handelns ergibt sich dann von selbst. Mehr denn je ist aber auch die Medienforschung gefordert, den Mediengebrauch älterer Menschen in seiner Komplexität und Ganzheitlichkeit zu denken und zu interpretieren.

Anmerkungen:

1 Vgl. hierzu die sehr ausführliche und detaillierte Arbeit von Bosch (1986). Die Autorin hat zudem in einem Anhang die amerikanische Forschungsliteratur zu diesem Thema bis Ende der siebziger Jahre dokumentiert.
2 Rubin (1982), S. 549.
3 Davis (1971), Davis / Kubey (1982) sowie Rubin / Rubin (1981).
4 Davis / Westbrook (1985), S. 209f.
5 Rubin / Rubin (1981) und Rubin / Rubin (1982b).
6 Bosch (1981), S. 461f.
7 Aus der umfangreichen Literatur sei hier nur auf die Arbeiten von Rosenmayr / Köckeis (1965), Rosenmayr (1969), Rosenmayr / Rosenmayr (1978), Reimann (1974), Tews (1974) sowie Lehr (1979) hingewiesen. Alle hier erwähnten Autoren geben einen umfassenden Einblick in die sozialgerontologische Denkweise, die für jeden, der sich mit dem Komplex „Ältere Menschen und Medien" beschäftigt, unabdingbar ist.
8 DeGrazia (1961), Meyersohn (1961) sowie Davis / Westbrook (1985).
9 Horn / Eckhardt (1986) sowie Eckhardt (1988).
10 ebd. S. 102 u. 106.
11 ebd. S. 103 u. 106.
12 ebd. S. 99.
13 Kiefer (1987), S. 683.
14 a.a.O.
15 Darauf haben verschiedene Autoren aufmerksam gemacht, so z.B. Horn / Eckhardt (1986).
16 Kiefer (1987), S. 683.
14 a.a.O.
15 Auf diesen Sachverhalt haben verschiedene Autoren hingewiesen, so z.B. Horn / Eckhardt (1986).
16 Kiefer (1987), S. 684f.
17 ebd. S. 685.
18 Meyersohn (1961), Schramm (1969), Davis (1971), Korzenny / Neuendorf (1980) sowie Rubin (1982).
19 Horn / Eckhardt (1986), S. 104.
20 a.a.O. S. 107.
21 a.a.O. S. 99ff.
22 Glick / Levy (1962).
23 Vgl. zu diesem Aspekt u.a. Frank / Greenberg (1979).
24 Auch dieser Sachverhalt wird in verschiedenen Untersuchungen genannt, so z.B. bei Graney / Graney (1974).
25 Vgl. zu diesem Aspekt u.a. Davis (1985).
26 Auf den Strukturierungsaspekt der Zeit durch vorgegebene Medienrhythmen wurde schon sehr früh hingewiesen, so z.B. bei Meyersohn (1961).
27 Ich bin dieser Frage anläßlich einer Untersuchung über die Nutzung der Medien am Nachmittag nachgegangen. (Vgl. hierzu Jan-Uwe Rogge: Die Sklavin Isaura — Ergebnisse einer Zuschauerbefragung. Bargteheide 1987 (masch.)).
28 Dieses Zitat stammt von Robert Butler, dem Direktor des National Institute on Aging, zit. bei: Davis / Kubey (1982), S. 203.
29 Vgl. hierzu beispielsweise Schramm (1969).
30 Atkin (1976).
31 Gerbner et al. (1980).

32 Erwähnt seien hier nur Graney / Graney (1974).

33 Rubin (1982) sowie Rubin / Rubin (1982a und 1982b) sowie Horn / Eckhardt (1986) und Horn (1988).

34 Aus den älteren Arbeiten sei hier auf Glick / Levy (1962), aus den neueren Arbeiten auf Kubey (1980) hingewiesen.

35 Rubin (1982), Rubin / Rubin (1981, 1982a und 1982b) sowie Horn / Eckhardt (1986) und Horn (1988).

36 Vgl. hierzu die Übersicht bei Rubin / Rubin (1981).

37 So beispielsweise Rosenmayr / Köckeis (1965).

38 An dieser Stelle sei auf die schon vorher genannten Autoren verwiesen, so z.B. Rosenmayr, Reimann oder Lehr.

39 Tews (1974), S. 30.

40 Kiefer (1987), S. 683ff.

41 Die Arbeit von Schalinske ist unveröffentlicht. Sie wird ausführlich zitiert bei Rubin (1982), S. 544.

42 Wenner (1976).

43 Eckhardt (1988).

44 Die Interviews fanden u.a. im DFG-Forschungsprojekt „Alte und neue Medien im häuslichen Alltag" statt, das zwischen 1984 und 1986 am Ludwig-Uhland-Institut der Universität Tübingen durchgeführt wurde. Zum methodischen Aspekt der Arbeit vgl. u.a. Jensen / Rogge (1988) sowie Rogge (1988).

Literatur

C.K. Atkin: Mass Media and the Aging. In: Oyer / E.S. Oyer (eds): Aging and Communication. Baltimore 1976.

R.L. Barton / E. Schreiber: Media and Aging: Critical Review of an Expanding Field of Communication Research. In: Central States Speech Journal 1978. S. 173 - 186.

E.M. Bosch: Ältere Menschen und Fernsehen. Frankfurt / M. 1986.

E.M. Bosch: Ältere Menschen vor dem und im Fernsehen. In: Media Perspektiven 1981. S. 461 - 470.

D.O. Cowgill / N. Baulch: The Use of Leisure Time by Older People. In: Gerontologist 1962. S. 47 - 50.

R.H. Davis: Television Communication and the Elderly. In: D.S. Woodruff / J.E. Birren (eds): Aging: Scientific Perspektives and Social Issues. New York 1975.

R.H. Davis: Television and the Older Adult. In: Journal of Broadcasting 1971. S. 153 - 159.

R.H. Davis et al.: The Assessment of Television Viewing Behavior of Older Adults. In: Journal of Broadcasting 1976. S. 68 - 76.

R.H. Davis / R.W. Kubey: Growing Old on Television and with Television. In: David Pearl et al. (eds): Television and Behavior. Vol. II. Rockville 1982.

R.H. Davis / E.J. Westbrook: Television in the Lifes of the Elderly: Attitudes and Opinions. In: Journal of Broadcasting and Electronic Media 1985. S. 209 - 214.

S. DeGrazia: The Uses of Time. In: R.W. Kleemeier (ed.): Aging and Leisure. New York 1961.

J. Doolittle: News Media Use by Older Adults. In: Journalism Quarterly 1979. S. 311 - 317, 345.

J. Eckhardt: Fallstudien zum Fernsehnutzungsverhalten älterer Menschen. In: Media Perspektiven 1988. S. 569 - 576.

R. Frank / M. Greenberg: Zooming in on TV Audiences. In: Psychology Today 1979. S. 92 - 114.

F. Gehrmann: Einkommen und Konsum alter Menschen. In: H. Reimann/H. Reimann: Das Alter. München 1974.

G. Gerbner et al.: Aging with the Television: Images on Television Drama and Conceptions of Social Reality. In: Journal of Communication 1980. S. 37-47.

I.O. Glick/S. Levy: Living with the Television. Chicago 1962.

R. Gorney et al.: Impact of Dramatized Television Entertainment on Adult Males. In: American Journal of Psychiatry 1977. S. 170-174.

M.J. Graney: Media as a Substitute Activity in Old Age. In: Journal of Gerontology 1974 (a). S. 322-324.

M.J. Graney: Communication Uses and the Social Activity Contrast. In: Communication Research 1974 (b). S. 347-366.

M.J. Graney/E. Graney: Communication Activity Substitutions in Aging. In: Journal of Communication 1974. S. 88-96.

J. Hoar: A. Study of Free Time Activities of 200 Aged Persons. In: Sociology and Social Research 1961. S. 157-163.

I. Horn/J. Eckhardt: Ältere Menschen und Medien in der Bundesrepublik Deutschland. In: Media Perspektiven 1986. S. 90-111.

K. Jensen/J.-U. Rogge: Everyday Life and Television in West Germany: An Empathic-Interpretive Perspective on the Family as a System. In: James Lull (ed.): World Families Watch Television. Beverly Hills 1988.

M.L. Kiefer: Vielseher und Vielhörer — Profile zweier Mediennutzungsgruppen. In: Media Perspektiven 1987. S. 677-692.

F. Korzenny/K. Neuendorf: Television and Self-Concept of the Elderly. In: Journal of Communication 1980. S. 71-80.

R.W. Kubey: Television and Aging: Past, Present und Future. In: Gerontologist 1980. S. 16-35.

U. Lehr: Psychologie des Alterns. Heidelberg 1979.

U. Lehr: Psychologische Aspekte des Alterns. In: H. Reimann/H. Reimann: Das Alter. München 1974.

R. Meyersohn: A Critical Examination of Commercial Entertainment. In: R.W. Kleemeier (ed.): Aging and Leisure. New York 1961.

E.P. Nystrom: Activity Patterns and Leisure Concepts among the Elderly. In: American Journal of Occupational Therapy 1974. S. 337-345.

N. Oberleder: Emotional Breakdown in Elderly People. In: Hospital and Community Psychiatry 1969. S. 191-196.

C. Peters: Self-Conceptions of the Aged, Age Identification and Aging. In: Gerontologist 1971. S. 69-73.

H. Reimann: Wohnverhältnisse und Wohnbedürfnisse älterer Menschen. In: H. Reimann/H. Reimann: Das Alter. München 1974.

R. Reimann: Interaktion und Kommunikation im Alter. In: H. Reimann/H. Reimann: Das Alter. München 1974.

J.-U. Rogge: Erfahrungen mit einem am Alltagshandeln, an der Alltags- und Familienwelt orientierten medienwissenschaftlichen Vorgehen. In: Reiner Bohn u.a. (Hrsg.): Ansichten einer künftigen Medienwissenschaft. Berlin 1988.

L. Rosenmayr: Soziologie des Alters. In: R. König (Hrsg.): Handbuch der Empirischen Sozialforschung. Stuttgart 1969.

L. u. H. Rosenmayr (Hrsg.): Der alte Mensch in der Gesellschaft. Reinbek 1978.

L. Rosenmayr/E. Köckeis: Umwelt und Familie alter Menschen. Neuwied 1965.

A.M. Rubin: Directions in Television and Aging Research. In: Journal of Broadcasting 1982. S. 537-551.

A.M. Rubin/R.B. Rubin: Older Persons' TV Viewing Patterns and Motivations. In: Communication Research 1982 (a). S. 287 - 313.

A.M. Rubin / R.B. Rubin: Contextual Age and Television News. In: Human Communication Research 1982 (b). S. 228 - 244.

A.M. Rubin / R.B. Rubin: Age, Context ans Television Use. In: Journal of Broadcasting 1981. S. 1 - 13.

W. Schramm: Aging and Mass Communication. In: N. Riley et al. (eds): Aging and Society. Vol. II. New York 1969.

H.P. Tews: Alter und das Altern in industrieller Gesellschaft. In: H. Reimann / H. Reimann: Das Alter. München 1974.

W. Voges (Hrsg.): Soziologie der Lebensalter. München 1983.

E. Wallerstein / C. Marshall: Telecommunications: An Approach to the Deisolation of the Elderly. In: Perspektive on Aging 1974. S. 3 - 6.

L. Wenner: Functional Analysis of TV-Viewing for Older Adults. In: Journal of Broadcasting 1976. S. 77 - 88.

Eckart Gottwald

Bürgerbeteiligung mit politisch-kultureller Zielsetzung
Ein Ausblick

Die schillernd-faszinierende Palette neuer Informations-, Unterhaltungs- und Dienstleistungstechniken verändert unser Leben, das ist keine Frage mehr. „Mediatisierung“ und „Informatisierung“ unseres Alltags schreiten mit hohem Tempo voran, mit der „Computerisierung“ banaler wie komplizierter Alltagstechniken leben wir rund um die Uhr. Sie sind uns selbstverständlich geworden, wir nehmen sie kaum noch wahr. *Wie* sich die neuen Informations- und Kommunikationstechniken im privaten und im öffentlichen Leben dauerhaft auswirken werden, ist weithin noch offen und beschäftigt Wissenschaftler, Politiker und Praktiker aus unterschiedlichen Beweggründen. Positiven Versprechen und hochgestochenen Erwartungen stehen Befürchtungen und Besorgnisse gegenüber, je nachdem, von welchen Positionen aus jemand die gerade in Gang gekommene Entwicklung abschätzt. *Ob* wir die neuen Informations- und Kommunikationstechnologien kulturell und sozial gestalten und kreativ nutzen können, ist noch nicht ausgemacht, die soziale Bewältigung hinkt der Installation der Technik weit hinterher.

Ambivalente Fakten

Die Beiträge dieses Bandes zur medienpädagogischen und gesellschaftspolitischen Diskussion um die neuen Informations- und Kommunikationstechniken bestätigen diesen Eindruck. Die Gesellschaft verändert sich unter dem Einfluß der technischen Innovationen, der Wandel wird aber mehr von technischen und ökonomischen Interessen diktiert als von kulturellen und politischen Konzepten geleitet. Die „alte“ Gesellschaft hat die „neuen“ Technologien noch keinesfalls bewältigt, mit ihrer Einführung wurden aber bereits Tatsachen geschaffen, die die weitere Entwicklung bestimmen. Der Band gibt die Referate und Diskussionsbeiträge des Forum Kommunikationskultur 1987 in Bielefeld wieder. Es wurde unter dem gleichen Titel von der Gesellschaft für Medienpädagogik und Kommunikationskultur in der Bundesrepublik und der Kulturpolitischen Gesellschaft zusammen mit der Stadt Bielefeld veranstaltet.

Vertrauen und Phantasie

Analysen und Projekte, von unterschiedlichen Fragestellungen und Zielsetzungen her unternommen, fügen sich dabei zu einem Bild, das trotz weißer Flecken und unscharfer Ränder doch allmählich Konturen zeigt: Grundfragen schälen sich heraus, die weiter verfolgt werden müssen, Interessengegensätze werden deutlich, die die Einschätzung der aktuellen Entwicklungen erschweren, und Projekte zeichnen sich ab, in denen exemplarische Möglichkeiten der politischen und kulturellen Bewältigung erprobt werden.

Positiv fallen auf das Vertrauen, das einige Autoren in die „alten“ Kräfte unserer Kultur setzen (z.B. Baacke, aber auch Glaser und Kübler) und die Phantasie, mit der verschiedene Gruppen in den unterschiedlichsten Projekten die neuen Medien erproben, aber dabei auch die „alten“ Medien neu entdecken. Gleichzeitig prüfen sie ihre eigenen Fähigkeiten, die neuen Möglichkeiten für sich zu nutzen und zu gestalten. Das zeigen die Szenarien aus den verschiedenen Arbeitsfeldern.

Chancen und Defizite

Doch das, was in Gruppen und Einzelprojekten oft mit sachlichem Erfolg und persönlicher Befriedigung geschieht, ist nicht repräsentativ für die Gesellschaft insgesamt (vgl. z.B. Kübler). Den Versuchen und Lernprozessen hier steht die geballte ökonomische Macht gegenüber, mit der Geräte und Programme massenhaft produziert, verkauft und eingesetzt werden. Dabei werden bestenfalls vage gesellschaftspolitische und kulturelle Perspektiven mitgeliefert oder zur vordergründigen Legitimation nachgereicht. Doch was die zukünftige „Informationsgesellschaft“ für die Humanisierung von Arbeit und Freizeit, von privatem und gemeinschaftlichem Leben wirklich austrägt, bleibt unklar, und erst recht wird verschwiegen, wer welchen Preis für den technischen Fortschritt zu bezahlen hat. So wird nicht wirklich öffentlich diskutiert, wie denn der Übergang in die High Tech-Zukunft so unternommen werden kann, daß er allen Betroffenen eine für sie selbst sinnvolle Beteiligung ermöglicht. Doch erst, wenn mehrheitlich überzeugende Zielvorstellungen und ein ausreichendes Maß an Mitbestimmung breiter Kreise bei der Gestaltung dieser politisch wie kulturell tiefgreifenden Neuerungen realisiert werden kann, erscheint die massive Verbreitung der neuen Technologien auch moralisch vertretbar. Allein technische Machbarkeit und angebliche ökonomische Sachzwänge reichen als Rechtfertigung nicht aus. Nicht zuletzt wegen schwerwiegender Versäumnisse im gesellschaftspolitischen „Streit“ um diese Fragen „verspäten“ wir uns gegenüber der technologischen Erneuerung (Baacke), aber auch, weil wir langsamer lernen, mit den modernen Errungenschaften zu leben, als wir Zeit benötigen, um sie zu entwickeln und zu installieren.

Drängende Fragen

Wie also ist die humane und deshalb notwendigerweise sozialintegrative Gestaltung der „informatisierten" Gesellschaft zu denken und vor allem zu realisieren, wenn Freiheit und Selbstbestimmung gefördert, aber nicht mit totaler Beliebigkeit verwechselt werden sollen? Kann das „anything goes" (Glaser) mehr und anderes sein als der Ausdruck verbreiteter Orientierungslosigkeit und praktischer Resignation?

Wie können wir mit dem „Individualisierungsschub", den die neuen Technologien ja auch auslösen (vgl. Kübler), für unser Erleben und Handeln Authentizität und emotionale Qualität gewinnen und zugleich die soziale Integration und Kommunikation befördern?

Wie können wir erreichen, daß die „Abschaffung" der Arbeit nicht nur den geschäftigen, kommerzialisierten und vorrangig der Reproduktion dienenden Freizeitkonsum vermehrt und verschärft, sondern die zunehmende „freie" Zeit durch neue „sinnvolle" Tätigkeiten gefüllt wird, die persönliches wie gemeinschaftliches Leben qualitativ fördern und nicht nur funktional Wachstum und Produktivität sichern?

Wie kann die verbleibende und in Zukunft vielleicht auch neue „gesellschaftlich notwendige" Arbeit unter Mitwirkung der Arbeitenden selbst neu qualifiziert werden (vgl. Briefs, Mohn)?

Wie kann schließlich der Sog der industriell produzierten Massen-„Unterhaltung", die symbolische Konstruktion von Wirklichkeit immer mehr an sich zu ziehen und so die sozialen Subjekte „sprachlos" zu machen, aufgehoben und wirksam für die politische und kulturelle Kommunikation und Kompetenz aller in die Pflicht genommen werden?

Öffentlich zu diskutierende und herzustellende Orientierungen, Partizipation möglichst aller Betroffenen an Entscheidungs- und Gestaltungsprozessen und damit die Verbesserung der Kommunikationsfähigkeit sowie der Kommunikationskultur in unserer Gesellschaft bleiben die aktuellen und bedrängenden Herausforderungen bei dem Versuch, die „neuen Medien" als Chance für die „alte Gesellschaft" zu begreifen und zu bewältigen.

Orientierung und Beteiligung

„Medienethische" Leitlinien für die Installierung und Anwendung der neuen Informations- und Kommunikationstechnologien werden seit einiger Zeit diskutiert. Der Rat der Evangelischen Kirche in Deutschland z.B. hat solche „Orientierungen" von einer interdisziplinär zusammengesetzten Kommission erarbeiten lassen und im Rahmen einer umfangreichen Studie zu den neuen Kommunikationsmitteln publiziert (vgl. EKD 1985 und ZEE 1986).

Sechs generelle Kriterien sollen demnach gewährleisten, daß technische Kommunikationsmittel in Zukunft nur so eingesetzt werden, daß sie der gesellschaftlichen und kulturellen Entwicklung insgesamt dienen, d.h. möglichst allen Beteiligten nützen und nicht etwa nur partikulare Gruppeninteressen befördern — wenn diese allgemeinen Leitsätze konkretisiert und kommunikationspolitisch umgesetzt werden können! Demnach sollen die neuen Technologien nur dann installiert werden, wenn folgende Aspekte praktisch weitgehend realisiert werden können:

- Allen Menschen sollen die neuen Einrichtungen zugute kommen und nicht etwa nur einigen und womöglich anderen schaden; und weil die neuen Technologien zur globalen Anwendung tendieren, wird hier ausdrücklich die Verantwortbarkeit ihrer Installation vor der ganzen Menschheit und ihrer Zukunft angemahnt;
- Mögliche Fehlentwicklungen müssen jederzeit korrigiert werden können, damit die technologischen Neuerungen auch in Zukunft sozial beherrschbar bleiben;
- Eine breite öffentliche Meinungsbildung muß erfolgen, damit möglichst alle Betroffenen ihre „unverzichtbaren Lebensinteressen“ geltend machen können;
- Menschliches Leben muß in seiner Würde und Ganzheitlichkeit gefördert und darf nicht etwa technischen Zwängen und wirtschaftlichen Interessen unterworfen werden;
- Soziale Konflikte müssen vermindert und die Chancengleichheit verbessert werden, gesellschaftliche Probleme dürfen nicht etwa verschärft werden;
- Schließlich muß soziale Kommunikation in ihren zukünftigen Formen in dem Sinne „glaubwürdig“ sein, daß ihre Anlässe und Inhalte der menschlichen Würde dienen, Vorurteile abbauen und „Hoffnung begründen“; die technischen Kommunikationsmittel müssen die personale Kommunikation bereichern und ergänzen, sie dürfen diese auf keinen Fall einschränken oder verdrängen.

Solche allgemeinen ethischen Prämissen müssen allerdings für die verschiedenen Handlungsfelder im Bereich der Herstellung und Nutzung der neuen Informations- und Kommunikationstechniken konkretisiert werden, wenn sie praktische Geltung erlangen sollen. Zugleich bedarf es neuer Wege, eine Mehrzahl von Bürgern meinungsbildend und mitbestimmend zu beteiligen, wo neue Kommunikationssysteme eingeführt werden.

Peter C. Dienel berichtet mit seinen Mitarbeitern unter dem Titel „Bürgergutachten. Regelung sozialer Folgen neuer Informationstechnologien“ von einem „Beteiligungsmodell“, in dessen Rahmen eine größere Anzahl Bürger den Dialog mit Experten aus Technik, Sozialwissenschaft, Politik und Verwaltung führen konnte und die Teilnehmer auf der Basis ihrer eigenen Urteilsbildung Politiker und regionale Verwaltungseinrichtungen beraten konnte. (vgl. Bürgergutachten 1987) In dem hier berichteten Projekt der Universität Wuppertal wurden 363 Bürger einer Region nach dem Zufallsprinzip ausgewählt, eine Woche lang von ihren beruflichen Pflichten freigestellt und — gegen Vergütung! — zur Mitarbeit an einem Gutachten eingeladen. Die Zusammenarbeit mit Experten, methodische Hilfestellung und der Zugang zu den erforderlichen Informationen waren im Rahmen von „Planungszellen“ geregelt. Die Teilnehmer konnten sich so lernend in ausgewählte Teilprobleme der neuen Technologien wie Teleheimarbeit oder voll computergesteuerte Produktionsweisen einarbeiten und deren Auswirkungen diskutieren. Sie konnten ihre Befürchtungen und Erwartungen artikulieren und sich qualifiziert in einem Gutachten äußern, dies auch und gerade gegenüber politisch verantwortlichen Stellen.

Im Amt des Schöffen ist uns die repräsentative Bürgerbeteiligung an öffentlich bedeutsamen Prozessen und Entscheidungen selbstverständlich geworden — könnte sie nicht auch verstärkt in der Politikberatung praktiziert werden? Bürger, die sich in größerer Zahl an politischen Entscheidungen und an Projekten beteiligen, die ihren Lebensraum zentral berühren, haben, wie die Erfahrungen zahlreicher Bürgerinitiativen inzwischen beweisen, neue Formen der Kommunikation und der politischen Kultur entwickelt und damit vielerorts auch eine neue Qualität der kommunalen Politik und der regionalen Kultur bewirkt. Die Bürger selber entscheiden wieder direkt über wesentliche, sie betreffende Planungen und Veränderungen mit. Dabei erarbeiten sie sich an konkreten Problemen ihres eigenen Lebensraumes sachliche und kommunikative Kompetenz und üben praktische Verantwortung für das Gemeinwohl aus. Modelle der Bürgerbeteiligung, wie das von Wuppertal, bilden insofern einen hoffnungsvollen, unverzichtbaren Schritt, die neuen Technologien in einem zwar langwierigen, auf jeden Fall aber praktischen und wirkungsvollen Lernprozeß vielleicht doch noch sozial und kulturell „einzuholen".

Literatur

Dienel, P.C. (Hg.): Bürger Gutachten. Regelung sozialer Folgen neuer Informationstechnologien, IGEBP Verlag Leverkusen, 3. Auflage 1987

Evangelische Kirche in Deutschland (EKD), Kirchenamt (Hg.): Die neuen Informations- und Kommunikationstechniken. Chancen, Gefahren, Aufgaben verantwortlicher Gestaltung, Gütersloh 1985

Zeitschrift für Evangelische Ethik (ZEE), hg. v. R.-P. Callies u.a., Gütersloher Verlagshaus Gütersloh, 30. Jg. 1986, Heft 1 (Schwerpunktthema: Medienethik)

Die Autoren

Dieter Baacke, Dr., Professor für außerschulische Pädagogik an der Universität Bielefeld. Medienpädagogik und Medienforschung. Jugendforschung. Jugendarbeit. Erwachsenenbildung;
Universität Bielefeld — Fakultät für Pädagogik, Postfach 8640, 4800 Bielefeld 1.

Ulrich Briefs, Dr., MdB DIE GRÜNEN, System-Analytiker
Diplomvolkswirt; Lehrbeauftragter für Informatik an der Universität Bremen; Mitglied u.a. der Gesellschaft für Informatik, der International Sociological Association, der International Federation for Information Processing; u.a. Mitherausgeber von „Wissenschaft und Frieden“ und „Artifical Intelligence for Society“;
Bundeshaus, 5300 Bonn 1

Hermann Glaser, Prof. Dr., Berufsmäßiger Stadtrat Nürnberg; Dezernent für Schule und Kultur, Institut für Kommunikationswissenschaft, Medienwissenschaft und Musikwissenschaft Technische Universität Berlin; Mitglied des PEN;
Schul- und Kulturreferat der Stadt Nürnberg, Rathaus, Hauptmarkt 18, 8500 Nürnberg

Eckart Gottwald, Dr., Akademischer Oberrat am Seminar für Evangelische Theologie der Universität GH Duisburg; Religionspädagogik, Medienpädagogik, Kirche und Medien;
Mendener Str. 89B, 4330 Mülheim a.d. Ruhr

Regina Hibbeln, Diplompädagogin, Mitarbeiterin in der Geschäftsstelle der Gesellschaft für Medienpädagogik und Kommunikationskultur;
Alter Markt 1, 4800 Bielefeld 1

Hans-Dieter Kübler, Dr., Professor für Publikations- und Medienwissenschaft an der Fachhochschule Hamburg, Fachbereich Bibliothekswesen, Privatdozent für Deutsche Sprache und Literatur und ihre Didaktik an der Westfälischen Wilhelms-Universität Münster; Theorie und Methodologie qualitativer Medienforschung, Lese(r)forschung, Fernsehgeschichte und -ästhetik (in Zusammenarbeit mit dem Sonderforschungsbereich der Universität GH Siegen), Medienpädagogik in Schule und außerschulischen Kontexten;
Barenhorst 53, 4806 Werther

Dieter Klumpp, MA., Leiter der Stabsstelle Technik und Gesellschaft bei SEL Standard Elektrik Lorenz AG; Geschäftsführung der SEL — Stiftung für technische und wirtschaftliche Kommunikationsforschung im Stifterverband für die Deutsche Wissenschaft; Kommunikationsforschung, Technologiepolitik, Technikfolgenabschätzung, technische und wirtschaftliche Aspekte der Kommunikations- und Informationstechnik;
SEL-Stiftung, Lorenzstr. 10, 7000 Stuttgart 40

Jürgen Lauffer, Diplomsoziologe (Sozialplanung, öffentliche Verwaltung) Sekretär der Gesellschaft für Medienpädagogik und Kommunikationskultur
Alter Markt 1, 4800 Bielefeld 1

Erich Mohn, Dr., MA, medienpädagogische Lehre und Forschung, wissenschaftlicher Mitarbeiter an der PH Weingarten (Baden Württemberg)
Marktstr. 12, 7980 Ravensburg

Stefan Müller-Dohm, Dr., Professor für Soziologie im Fachbereich Sozialwissenschaften der Universität Oldenburg mit dem Schwerpunkt Gesellschaftstheorie, Medienforschung, kultursoziologische Forschung;
Universität Oldenburg, Postfach 2503, 2900 Oldenburg

Cristina Perincioli, Regisseurin und Autorin, Initiatorin und seit 1986 Dozentin für Video und Computergrafik im Modellprojekt „Auge & Ohr — Computer und Kreativität" (Trägerin: Bildungsstätte „Wannseeheim" in Berlin); Entwicklung und Erprobung von Bildungs- und Fortbildungskonzepten für Mädchen bzw. Frauen in Kulturberufen auf dem Gebiet synästhetischen, künstlerischen Arbeitens mit Computern;
Hohenstaufenstr. 50; 1000 Berlin 30

Klaus Raatz, Diplom-Volkswirt; Fachjournalist, Publizist und Medienpädagoge; Neue Medien, Neue Techniken;
c/o Süddeutscher Rundfunk, Postfach 106040, 7000 Stuttgart 10

Cillie Rentmeister, Dr. Autorin und Musikerin, Initiatorin und seit 1986 Dozentin für Computermusik und -grafik im Modellprojekt „Auge & Ohr — Computer und Kreativität" in Berlin (Bildungsstätte „Wannseeheim"); Entwicklung und Erprobung von Bildungs- und Fortbildungskonzepten für Mädchen bzw. Frauen in Kulturberufen auf dem Gebiet synästhetischen, künstlerischen Arbeitens mit Computern;
Hohenstaufenstr. 50, 1000 Berlin 30

Uwe Sander, Dr., Wiss. Mitarbeiter an der Fakultät für Pädagogik der Universität Bielefeld, Arbeitsbereich Jugend und Medien;
Universitätsstr. 4800 Bielefeld 1

Jan-Uwe Rogge, Dr., freiberuflicher Kultur- und Kommunikationswissenschaftler, von 1976 - 1986 Forschungstätigkeit an der Universität Tübingen, gegenwärtig Leiter des Modellversuchs „Medienerziehung und Familienberatung" beim Niedersächsischen Kultusminister;
Bachstr. 140, 2072 Bargteheide

Christoph Seeger, Diplompädagoge (Medien- und Kulturpädagogik); Kulturarbeit, wissenschaftliche Mitarbeit im Begleitforschungsprojekt der Evangelischen Kirche „Kommunikationsverhalten und neue Medientechniken" in Berlin;
Hauptstr. 160, 1000 Berlin 62

Ralf Vollbrecht, Dr., Wissenschaftlicher Mitarbeiter an der Fakultät für Pädagogik der Universität Bielefeld, Arbeitsbereich Jugend und Medien;
Universitätsstr., 4800 Bielefeld 1